한국 석탑의 양식 기원

- 미륵사지석탑과 분황사모전석탑 -

한국 석탑의 양식 기원
- 미륵사지석탑과 분황사모전석탑 -

2016년 5월 6일 초판 1쇄 인쇄
2016년 5월 11일 초판 1쇄 발행

지은이 · 박경식
펴낸이 · 권혁재

편집 · 권이지, 김경희
출력 · CMYK
인쇄 · 한일프린테크

펴낸곳 · 학연문화사
등록 · 1988년 2월 26일 제2-501호
주소 · 서울시 금천구 가산디지털1로 168 우림라이온스밸리 B동 712호
전화 · 02-2026-0541~4
팩스 · 02-2026-0547
E-mail · hak7891@chol.net

ISBN 978-89-5508-344-6 93910
ⓒ 박경식, 2016
협의에 따라 인지를 붙이지 않습니다.

한국 석탑의 양식 기원

- 미륵사지석탑과 분황사모전석탑 -

박 경 식 지음

학연문화사

책을 펴내며

1978년 7월 중순경 강원도 양양군 강현면 둔전리에 소재한 진전사지 발굴조사 현장에 대학 2학년생이었던 필자가 있었다. 연일 작열하는 태양열을 벗 삼는 발굴 작업이 계속되던 중, 어느 날인가 점심시간 후의 휴식시간에 은사이신 정영호 선생님의 진전사지 삼층석탑에 대한 현장 강의가 있었다. 그리고 바로 그 시간이 필자가 한국미술사 그것도 석조미술의 세계라는 심연의 늪으로 빠져드는 계기였다.

당시 필자는 한국미술사는 물론 석탑이라는 대상을 연구하는 분야가 있다는 사실조차 알지 못했다. 때문에 선생님의 강의를 들으며 느꼈던 그때의 강렬한 전율이 지금까지 생생하다. 당시 옆에 있던 선배에게 지금 듣는 내용이 대체 어떤 분야에 속하는 것이냐고 물었고, 그로부터 '미술사'라는 답을 듣게 되었다. 발굴조사를 마친 후 서울로 돌아와 석탑에 대한 책을 탐문했더니 우현 고유섭 선생의 『한국탑파의 연구』를 읽으면 된다는 조언을 구할 수 있었다. 그 뒤에는 무작정 이 책을 찾아 나섰다. 여러 서점을 전전한 끝에 인사동에 있던 통문관에서 우현 선생님의 책을 마주했다. 당시 사장이셨던 이겸노 선생님은 "보아하니 대학생 같은데, 이런 책을 찾다니 참 기특하다"하시며 저렴한 가격에 책을 구입할 수 있도록 배려해 주셨다. 하지만, 여러 서점을 전전한 끝에 구한 책의 내용이 도통 무슨 말인지 알 수가 없어 이를 이해하기 위해 쏟았던 노력을 생각하면 지금도 고개를 절레절레 흔들게 되지만, 고생했던 그 시간들이 이제는 즐거운 추억이 되었다. 한국의 석조문화에 대한 공부를 계속하고 있는 현재까지도 20대 초반에 접했던 진전사지 석탑에 대한 강의만큼 매혹적인 만남은 찾아보기 어렵다.

대학원에 진학하면서 석탑에 대한 관심이 석등 · 석조부도 · 석불 등 다른 조형물을 아우르는 방향으로 점차 확대되었는데, 연구를 통해 이들이 서로 유기적인 관계를 맺으면서 발전해왔다는 사실을 깨닫게 되었다. 이런 와중에서 2016년 1월에 작고하신 남석환 선생님의 배려로 일본 · 중국 · 인도 · 파키스탄 지역을 답사할 수 있었다. 1996년 1월에 남석환 선생님과 처음으로 중국을 답사했는데 기간은 비록 11일에 불과했으나 북경 · 서안 · 낙양 · 태원에 이르는 지역을 살펴본 덕분에 상당히 많은 불탑들을 실견할 수 있었다.

여러 유적에 있는 중국의 불탑들을 보면서 당시 우리를 지배하던 "한국 석탑의 원류는 중국 전탑에 있다"는 명제가 조금은 이상하다는 생각을 하게 되었다. 아무리 비교해 보고 또 봐도 필자의 눈과 머리에는 이들에서 한국 석탑의 원형이 그려지지 않았기 때문이었다. 그러나 안타깝게도 당시 필자의 수준은 답사를 통해 얻은 통찰을 학문적으로 풀어내기에는 역부족이었다. 그러기에 훗날 반드시 풀어야할 숙제로 남길 수밖에 없었다. 그러다 1999년에 이르러 신라문화선양회가 개최한 "분황사의 재조명" 학술대회에서 마음속에 품어왔던 이 문제가 다시 부상하는 계기를 맞이하게 되었다. 당시 분황사모전석탑에 대해 발표주제를 맡았던 필자에게 이 석탑의 기원에 대한 문제 제기는 자연스러운 것이었다.

중국 불탑에 대한 지식이 짧았던 필자는 정영호 선생님께서 중국 답사 시 구입해 선물로 주셨던 『中國古塔』에 소개된 몇 장의 사진만을 근거로 "분황사모전석탑은 기원은 사문탑에 있다"고 발표했었다. 그런데 그 이후, 시간이 흐를수록 분황사모전석탑과 사문탑과의 연관성에 대한 문제가 계속 머리에 맴돌았다. 이는 도록에 소개된 몇 장의 사진만을 기반으로 논구한 탓에, 이 탑의 현지 조사에 대한 필요성을 누구보다 절실히 느끼고 있었기 때문이라 생각된다. 그러나 이런저런 일에 묶여있느라 실행에 옮기지 못하다가, 2005년 1월에야 비로소 제남에 있는 신통사를 찾아 사문탑을 실견할 수 있었다. 동학 엄기표 교수와 함께 했던 현지답사에서 필자가 받았던 충격을 지금도 기억하고 있다. "百聞이 不如一見"이라는 은사님의 말씀이 귓전을 때리는 생생한 체험의 순간이었다.

이후 3번에 걸쳐 이 탑을 조사한 결과, 사진을 통해 외형만을 보고 판단했던 이 석탑의 실체는 분명 분황사모전석탑과는 다른 양식을 지니고 있다는 확신을 가지게 되었다. 더불어 사문탑과의 첫 만남을 계기로 중국 초기 불교문화의 양상을 파악하는 것이 한국 석조문화의 기원을 찾아내는 첩경임을 깨닫게 되었다. 이후 10여년에 걸쳐 여름·겨울 방학 기간을 이용해 중국의 북조시대는 물론 수·당대의 문화유산을 조사하기 위해 전력을 다했다. 연구가 진행되면서 한국을 대표한 석조문화의 기원을 논구하는 문제의 대상이 석탑은 물론 석조부도와 석등에 이르기까지 점차적으로 확대되었고, 각각의 경우에 대한 필자의 견해를 발표한 바 있다.

이 책에서는 미륵사지석탑과 분황사모전석탑의 양식 기원이 과연 중국 전탑에 있는가에 대한 문제를 해결하기 위해 그간 조사한 내용과 연구 결과를 집약했다. 당초 분황사모전석탑이 과연 중국 전탑과 연관성이 있는가 하는 문제 규명을 위해 시작된 문제의식이 미륵사지석탑에 대하서도 그대로 적용되었다. 이 석탑의 양식 기원문제 역시 2011년 10월 19일에 국립문화재연구소에서 개최한 "국제포럼 미륵사지석탑"에서 「미륵사지석탑을 통해 본 백제 석조문화의 독창성」에 대한 주제 발표를 하면서 그간의 연구 결과를 정리한 바 있다.

이후 미륵사지석탑에 대한 해체 조사의 결과가 공개되면서 관심의 범위가 양식에서 구조에 이르는 분야로까지 넓어져, 여기에 적용된 관점을 수·당대에 건립된 전탑은 물론 분황사모전석탑으로까지 확대 적용하게 되었다. 이처럼 한국과 중국의 초기 석탑에 대한 관심이 양식과 구조적인 문제를 아우르게 되면서 필자가 깊게 된 확신은 "석답의 나라"로 불리는 한국은 "전탑의 나라"로 알려진 중국과는 서로 다른 명명만큼이나 확연히 구분되는 불탑문화를 이룩했다는 사실이다.

결국 불탑이라는 신앙의 매체를 건립하는 모티브는 중국으로부터 취한 것일지언정, 백제와 신라의 사람들은 이를 한국의 기술력과 자연환경에 걸맞은 새로운 유형의 문화를 창출했음을 확인할 수 있었다. 중국과 한국은 불교라는 같은 종교를 믿고 이를 누리고 생활했음에 불구하고, 문화라는 측면에서는 자연환경과 기술력 그리고 민족성에 대한 분명한 차이점을 지녔기 때문이다. 비록 불탑이라는 불교문화의 한 장르를 통해 파악한 내용이지만, 향후 이 같은 관점은 다른 분야로 확대될 것으로 믿는다.

　이 책이 출간되기까지에는 많은 분들의 도움이 있었다. 필자를 석조미술의 세계로 이끌어 주신 정영호 선생님과 한결같은 믿음과 관심을 주시는 단국대학교 장충식 이사장님과 장호성 총장님께 먼저 감사의 말씀을 올린다. 더불어 필자와 함께 상당기간 중국의 유적을 답사했던 동학 엄기표 교수와 박성상 박사, 수년간에 걸쳐 현지 안내와 통역을 담당해준 권오청 선생(연변거주)과 항상 필자의 건강을 염려하며 정성을 다해주시는 채장성, 한상엽, 박성수 선생님께 감사하다는 말씀을 드린다. 더불어 난잡한 원고를 수차례에 걸쳐 윤독하고, 문장을 바로 잡아준 동학 이해주 박사에게도 감사한 마음을 전한다. 늘 공부한답시고 집을 비우기 일쑤인 필자를 이해하고 배려해준 가족의 희생을 잊을 수 없다. 더

불어 여러모로 어려운 사정에도 불구하고 이 책의 출간을 기꺼이 승낙
해준 학연문화사 권혁재 선생님과 직원 여러분께 고마움을 전한다.

끝으로, 필자에게 비교미술이라는 장르에 걸맞은 안목과 식견을 갖
출 수 있는 계기를 마련해 주신 고 남석환 선생님과 6.25때 월남해 4형
제를 올바로 키우시기에 전력을 다하시다 지난 3월에 소천하신 어머님,
지금 계신 그 곳에서는 病苦없이 평온한 삶이 이어지시기를 간절히 기
원하며 두 분의 영전에 이 책을 바친다.

2016년 5월
박 경 식

목 차

Ⅰ

머리말

佛家의 신앙에서 가장 중요한 위치를 점하는 조형물은 단연 불탑과 불상이다. 前者가 사리를 봉안함으로써 내부에 부처가 있다는 지극히 상징적인 신앙의 대상이라면, 後者는 석가모니의 형상을 조성하고 이에 예배를 올리기에 불탑에 비해 적극적이면서도 현실적인 신앙의 대상이다. 때문에 예로부터 불교를 신봉했던 여러 국가에서는 불탑과 불상을 조성하는데 주력했고, 이 같은 전통은 오늘날까지 그대로 전승되고 있다. 인도에서 시작된 불교의 東漸은 필연적으로 불탑과 불상의 전래를 수반했다. 동아시아에서 가장 먼저 불교를 수용한 중국도 예외는 아니었고 이같은 전통은 한국에도 그대로 전래되었다. 이로 인해 불교 수용 이후 한국의 모든 사찰에 불탑이 건립되었고, 중국에서와 같이 목탑이 중심을 이루었다. 하지만, 시간이 흐름에 따라 내구성과 영속성이 떨어지는 등 목재가 지닌 한계가 드러나자 재료상의 변화가 요청되었다. 그 결과 중국과 차별화된 자연환경과 기왕에 구축된 석재를 다룰 수 있는 기술력이 구축되어 있었던 한국에서는 중국과 서로 다른 유형의 탑이 조성되었다. 즉, 중국에서는 풍부한 황토를 소재로 사용한 塼塔이, 한국에서는 풍부한 화강암을 주재료로 한 석탑이 건립된 것이다.

현존하는 한국의 석탑은 천여기에 이르는 것으로 알려져 있다. 이들 가운데서 가장 먼저 건립된 석탑은 각각 백제와 신라에서 건립된 미륵사지석탑과 분황사모전석탑이다. 이들은 현존하는 석탑 중에서 가장 초기적인 양식을 지니고 있어 한국 석탑 발달사에서 가장 중요한 위치를 점하고 있다. 게다가 화강암과 안산암이라는 재료적인 차이점에도 불구하고, 양식적인 면에서 공통점과 차이점을 수반하고 있다. 이로 인해 백제와 신라석탑에 구현된 조탑술의 차이점과 공통점을 파악할 수 있는

단초를 제공한다.[1]

미륵사지석탑과 분황사모전석탑에 대해서는 그간 다각적인 측면에서 연구가 진행되어 왔다. 먼저 639년에 건립된 미륵사지석탑에 대한 연구는 한국 석탑의 시원양식으로서의 의의[2]와 고려시대에 건립되는 백제계석탑의 기원으로서의 위치[3]를 조명하는 측면에서 이루어졌다. 더불

1 이 같은 면면은 양식적인 문제뿐만 아니라 구조적으로도 다른 양상을 보이고 있어 다양한 측면에서 비교 연구가 가능하다. 이에 대해서는 이 책 Ⅲ장에서 서술되어 있다.

2 한국석탑의 시원양식이라는 관점에서 진행한 연구 중 저서로는 高裕燮,『韓國塔婆의 研究』, 乙酉文化社, 1948;『韓國美術史 及 美學論攷』, 通文館, 1963;『韓國建築美術史草稿』, 考古美術資料 第6輯, 考古美術同人會, 1964;『韓國塔婆의 研究-各論草稿』, 考古美術資料 第14輯, 韓國美術史學會, 1967;『韓國塔婆의 研究』, 同和出版公社, 1975; 장충식,『신라석탑연구』, 일지사, 1991; 박경식,『한국의 석탑』, 학연문화사, 2008. 논문으로는 이경회,『한국석탑양식과 그 변천에 관한 계통적 연구』, 연세대학교 건축공학과 석사학위논문, 1964; 김정기,「전형양식의 석탑과 미륵사지석탑」,『백제연구』1, 원광대학교 마한백제문화연구소, 1975;「미륵사탑과 정림사탑」,『고고미술』164, 한국미술사학회, 1984; 정주성 외,「한국석탑의 백제 양식에 관한 연구」,『대한건축학회 학술대회논문집』8-2, 대한건축학회, 1988; 장경호,「백제 탑과 건축에 관한 연구」,『백제논총』3, 백제문화개발연구원, 1992; 林永培·千得琰·朴益秀,「韓國과 中國의 塔婆形式에 관한 硏究(Ⅱ)-初期塔婆의 類型을 중심으로」,『대한건축학회논문집』통권 44호, 1992; 엄기표,「백제석탑의 선후에 대한 고찰-목조건축 요소를 중심으로」,『문화사학』16호, 2001; 조은경,「미륵사지석탑의 목구조 표현과 해석」,『대한건축학회논문집』통권 266호, 2010; 조은경·박언곤,「고대 동아시아 불탑 구조체계를 통해 본 미륵사지석탑」,『건축역사연구』통권 78호, 2011; 박경식,「미륵사지석탑과 수·당대 정각형 불탑과의 비교」,『백산학보』92호, 백산학회, 2012 등이 대표적이다.

3 미륵사지석탑이 백제계석탑의 시원양식으로 보는 연구 중 저서로는 천득염,『백제계석탑 연구』, 전남대학교 출판부, 2003이 있고, 논문으로는 李殷昌,「百濟樣式系石塔에 대하여」,『佛敎學報』3·4, 佛敎文化硏究所, 1966; 齊藤忠,「백제계석탑의 특징」,『백제연구』10, 원광대학교 마한백제문화연구소, 1987; 정주성,「한국석탑의 백제양식에 관한 연구」, 전남대학교 건축공학과 석사학위논문, 1989;「백제양식계 석탑의 조형특성에 관한 연구」,『대한건축학회논문집』5-3, 대한건축학회, 1989;「백제계석탑의 구성 요소 분석에 관한 연구」,『대한건축학회논문집』6-1, 대한건축학회, 1990;「백제계 석탑의 조영특성과 변천에 관한 연구」,『건축역사연구』2-1, 한국건축역사학회, 1993;「백제계석탑과 신라석탑의 비교론적 고찰」,『건축역사연

어 근년에 진행된 발굴조사와 해체과정을 연구한 보고서[4] 등이 발표되어 다양한 견해들이 주창된 바 있다. 한국 미술사 연구에서 한 기의 석탑에 대해 이처럼 다양하고 많은 연구가 진행된 경우는 미륵사지석탑이 유일하다. 아마도 기왕에 목재가 주로 사용되었던 불교건축에 화강암이라는 새로운 소재가 채용된 최초의 석탑으로 가장 초기적인 양식을 지니고 있을 뿐만 아니라 규모에서도 최대라는 점이 관심의 주된 원인이라 생각된다. 게다가 이 석탑의 건립을 계기로 향후 한국이 "석탑의 나라"라는 별칭으로 불리는 전기가 마련되었을 뿐만 아니라 여기서 확립된 기술력은 향후 신라석탑의 양식발달에 지대한 영향을 주었기 때문으로 판단된다.[5]

한편 芬皇寺模塼石塔은 한국 석탑의 발달사에서 미륵사지석탑과 더불어 가장 초기적인 양식을 지닌 석탑이다. 더욱이 안산암을 사용해 模

구』4-1, 한국건축역사학회; 정선종, 「백제계 석탑에 관한 일고찰」,『사학지』20, 단국사학회, 1986; 홍재선, 「백제계 석탑의 연구」,『초우 황수영박사 고희기념 미술사학논총』, 통문관, 1988; 박경식, 「백제계석탑의 건립 배경에 대한 고찰」,『문화사학』24, 한국문화사학회, 2005; 전지혜, 「백제양식석탑의 형성과 전개의 시발점」,『문화재』42-4. 국립문화재연구소, 2009 등이 대표적이다.

4   원광대마한백제문화연구소, 「益山 彌勒寺址 東塔址 및 西塔 調査報告書」,『마한백제문화』 창간호, 1975 및『彌勒寺址 東塔址 二次發掘 調査報告書』, 1977; 전라북도,『익산 미륵사지 서탑실측 및 동탑복원설계보고서』, 1979; 문화재관리국 문화재연구소,『미륵사 유적발굴조사보고서Ⅰ』,1989; 문화재관리국,『彌勒寺址 東塔址 復元設計報告書』, 1990; 국립부여문화재연구소,『益山 彌勒寺址 東塔址 基壇및 下部調査報告書』, 1992; 문화재관리국 문화재연구소,『미륵사 유적발굴조사보고서Ⅱ』, 문화재관리국 문화재연구소, 1996;『국립부여문화연구소『미륵사지 서탑-주변발굴조사 보고서』, 국립부여문화재 연구소, 2001; 미륵사지유물전시관,『미륵사지석탑』, 2001 및『기록으로 보는 미륵사』, 2004; 국립문화재연구소 · 전라북도,『미륵사지석탑 해체조사보고서Ⅰ · Ⅱ · Ⅲ · Ⅳ』, 2003 · 2004 · 2005 · 2011; 국립문화재연구소 · 전라북도,『미륵사지석탑 사리장엄』, 2013.

5   미륵사지석탑에 구현된 이층기단과 더불어 석재의 치석과 결구방법은 향후 건립된 신라석탑에서 무수히 확인되기 때문이다. 이에 대해서는 필자에 의해 상세한 고찰이 진행된 바 있다. 박경식, 「미륵사지석탑의 기술력이 신라석탑에 미친 영향」,『신라문화』45집, 동국대학교 신라문화연구소, 2015. pp. 67~102.

塼石塔으로 건립했다는 점에서 미륵사지석탑과는 완전히 다른 양상을 지닌 석탑이기도 하다. 이 석탑은 신라석탑 중에서는 가장 먼저 건립되었기에 일제강점기부터 주목되었고[6] 우현 고유섭 선생에 의해 "중국 전탑의 영향을 받아 건립된 신라석탑의 始原樣式"으로 정착되었다.[7] 이러한 학문적 토대 위에서 張忠植·朴洪國·鄭永鎬·천득염·申龍澈·이희봉 선생에 의한 연구가 진행되었다.[8] 이와 더불어 1991년 10월 28일부터 1992년 3월 31일에 걸쳐 문화재관리국의 주관 하에 석탑에 대한 실측조사가 진행되었고,[9] 1999년에는 "분황사의 재조명"이라는 주제 하에 학술대회가 개최된 바 있다.[10] 이처럼 분황사모전석탑에 대한 연구는 일제강점기 이래 연구가 지속되기는 했지만, 그 바탕에는 "중국 전탑의 영향을 받아 건립되었다"는 데서 시작되었다는 공통점이 있다. 특히 석재를 벽돌과 같이 다듬어 구축했다는 점과 옥개석의 상·하면이 층단형을 이루는 양식이 이 같은 전제를 뒷받침하는 중요한 근거로 작용했다.

---

6 關野貞, 『韓國建築調査報告』, 1904; 朝鮮總督府, 『朝鮮古蹟圖譜』, 3, 1915; 藤島亥治郎, 『建築雜誌』 1930.5 및 1933.12; 金禧庚, 『韓國塔婆研究資料』, 考古美術同人會, 1968, p.160.

7 高裕燮, 『韓國塔婆의 研究』, 乙酉文化社, 1947 및 『韓國塔婆의 研究』, 同和出版公社, 1975; 「朝鮮의 塼塔에 대하여」, 『韓國美術史及美學論考』, 通文館, 1963, pp.123-132. 우현 선생은 기왕에 건립되던 목탑과 중국 전탑의 영향을 받아 건립된 것으로 보고 있다.

8 張忠植, 「新羅 模塼石塔考」, 『新羅文化』 1, 1984, pp.145~169 및 『新羅石塔研究』, 一志社, 1987; 朴洪國, 『韓國의 塼塔研究』, 學研文化社, 1998; 정영호, 『한국의 석조미술』, 서울대학교 출판부, 1998; 천득염, 『백제계석탑 연구』, 전남대학교 출판부, 2000; 申龍澈, 『統一新羅 石塔 研究』, 東國大學校大學院 美術史學科 博士學位論文, 2006; 周炅美, 「분황사 석탑 출토 불사리장엄구의 재검토」, 『시각문화의전통과 해석』, 예경, 2007, pp. 277~297; 이희봉, 「신라 분황사 탑의 '模塼石塔 說'에 대한 문제 제기와 고찰」, 『건축역사연구』 20-2, 대한건축학회, 2011, pp.39-54; 박경식, 「분황사 보선탑의 양식 기원에 대한 고찰」, 『신라문화』 41집, 동국대학교 신라문화연구소, 2013, pp. 163-194.

9 文化財管理局, 『芬皇寺石塔實測調査報告書』, 1992.

10 新羅文化宣揚會, 『芬皇寺의 諸照明-新羅文化祭學術發表論文集』, 1999.

이처럼 양 석탑에 대한 연구는 일제강점기 이래 지속적으로 진행되어 왔는데, 기왕에 진행된 연구의 공통점은

첫째, 석탑에 구현된 목조건축적인 특징 조명,

둘째, 시원양식으로서의 의미 고찰,

셋째, 중국 전탑으로부터의 영향 규명에 집중되었다는 것으로 집약된다.

양 석탑에 대해서는 이처럼 다양한 연구 성과가 있음에도 불구하고, 미륵사지석탑은 한국 초기 석탑으로서의 의의와 더불어 고려시대에 건립된 백제계석탑의 시원양식으로의 위상을 규명하는데 치중했기에, 정작 이 석탑이 지닌 양식과 구조적인 독창성에 대한 논의는 활발하지 못했다. 분황사모전석탑에 대한 논의 역시 크게 다르지 않았다. 기왕의 연구에서 중국 전탑의 영향 하에 건립되었다는 설을 그대로 추종한 탓에 이 석탑이 지닌 다양한 고유성에 대한 고찰이 등한시되어, 의성 탑리오층석탑과 더불어 신라석탑의 시원양식으로서의 의의만이 부각된 측면이 있다. 그 결과 정작 양 석탑이 지닌 독창적인 면과 중국의 불탑과 차별화되는 한국 불탑 문화의 고유한 특성은 규명되지 못하고 있다. 따라서 이 같은 면면을 규명하기 위해서는 이들 석탑이 건립되던 7세기를 전후한 시기의 중국 불탑과의 비교연구가 반드시 수행되어야한다.

한국에서 미륵사지석탑과 분황사모전석탑이 건립된 7세기를 전후한 시기에 중국에서는 다양한 불탑이 건립되었다. 중국의 불탑은 양식에 따라 크게 佛塔과 文峰塔으로 나뉘고, 다시 佛塔은 樓閣式塔, 密檐式塔, 過街塔, 造像塔, 幢式塔, 無縫塔(窣屠婆式塔), 異形塔, 金剛宝座塔, 宝篋印塔(阿育王式塔), 經塔, 法輪塔, 多寶塔, 喇嘛塔, 五輪塔, 墓塔 등으로 세분된다.[11] 또한 佛塔 유형을 크게 樓閣式塔, 密檐式塔, 亭式塔, 異形塔 등

---

11 張馭寰, 『中國塔』, 山西人民出版社, 2000, pp. 94~95.

으로 구분하기도 하고,[12] 비슷하지만 樓閣式塔, 密檐式塔, 亭閣式塔, 花塔, 覆鉢式塔, 金剛宝座式塔 등으로 분류하기도 한다.[13] 이처럼 다양한 양식으로 건립된 중국의 불탑의 양식 연원은 樓閣式塔과 亭式塔에서 찾을 수 있는데, 보다 시원적인 양식은 亭式塔(亭閣型佛塔群)에 있다. 이 탑은 평면 방형의 탑신을 구비하고 사모지붕 형태의 옥개석을 구비한 불탑의 한 유형인데, 누각식탑과 동시대에 건립되었을 뿐만 아니라 중국에서 기원한 양식으로 알려져 있다.[14] 게다가 북위시대에 건립된 실물이 현존하고 있을 뿐만 아니라 중국 불탑사에서 가장 초기적인 양식을 지니고 있어, 한국과 중국에서 진행된 불탑 건립의 양상을 비교할 수 있는 다양한 요인을 내포하고 있다.[15] 석탑을 비롯한 다양한 조형물의 연구에서 양식의 근원을 밝히는 문제는 미술사 연구에서 핵심적인 과제 중의 하나이다. 이를 통해 한국 불교문화가 지닌 보편성과 특수성의 논리를 파악할 수 있는 단초가 마련되기 때문이다. 이 책은 앞서 언급한 바와 같이 선학들에 의해 진행된 다양한 연구 성과를 토대로 다음과 같은 주안점을 가지고 작성되었다.

첫째, 한국 탑파사에서 미륵사지석탑과 분황사모전석탑이 지닌 의미와 더불어 동아시아 불탑에서 이들이 차지하는 위상을 규명하고자 한다.

둘째, 미륵사지석탑과 분황사모전석탑에서 확인되는 초기적인 양식의 근원을 밝히고자 한다.

셋째, 이러한 작업을 통해 한국의 석탑문화는 중국의 영향을 받아 이룩된 것이 아님은 물론 백제와 신라에서 건립된 석탑 역시 각각 독자적

---

12 蕭黙 主編, 『中國建築藝術史』, 文物出版社, 1999, pp. 332~340.

13 朱耀廷 外, 『古代名塔』, 遙寧師範大學出版社, 1996, pp. 20~31.

14 朱耀廷 外, 위의 책.

15 정각형 불탑은 누각식 탑에서와 같이 중국 불탑사에서 가장 초기적인 양식을 보이고 있다. 따라서 미륵사지석탑과 분황사모전석탑에서 확인되는 다양한 양식은 물론 구조적인 면에서의 비교연구가 가능하다.

인 영역을 구축하며 발전되었음을 규명하고자 한다. 이 같은 내용을 논
증하기 위해 다음과 같은 내용으로 서술하고자 한다.

Ⅰ장에서는 기왕에 이룩된 미륵사지석탑과 분황사모전석탑은 물론
중국에서 진행된 연구 성과를 집약하고, 이를 통해 이 책을 집필하게 된
이유를 명확히 한다.

Ⅱ장에서는 7세기를 전후한 중국과 한국의 불탑 건립 양상을 살펴볼
것이다. 먼저 중국의 불탑은 북위시대로부터 당대에 이르기까지 건립된
정각형 불탑의 양상과 특성 및 변천과정을 검토하고, 백제와 신라에서
건립한 미륵사지석탑과 분황사모전석탑의 양식과 구조적인 특성에 대
해 고찰하고자 한다.

Ⅲ장은 중국 정각형 불탑과 미륵사지 및 분황사모전석탑과의 다양한
면에서의 비교와 더불어 양 석탑의 양식과 구조적 특징에 대해서도 비
교 분석하는 장이다. 특히 611년에 건립된 神通寺 四門塔은 그간 분황사
모전석탑과의 연관성을 두고 논의가 진행되어온 탑인데,[16] 건립연대와
평면구도 및 내부구조에 이르기까지 다양한 측면에서 분황사모전석탑
뿐만 아니라 미륵사지석탑과도 일정 부분 양식상의 차이점을 지니고 있
다. 이런 까닭에 이 장에서는 이 석탑과 한국의 양 석탑을 비교함으로써
중국과 한국·백제와 신라석탑이 지닌 특성을 보다 입체적으로 규명하
고자 한다.

Ⅳ장에서는 미륵사지석탑과 분황사모전석탑이 후대의 석탑에 끼친

16　필자는 이 같은 사실에 주목해 중국에 현존하는 정각형 불탑은 물론 이들과 양 탑
　　의 비교연구를 진행한 바 있다. 朴慶植,「四門塔에 관한 小考」,『文化史學』27집, 韓
　　國文化史學會, 2007;「隨·唐代 佛塔硏究(1)- 亭閣型 石造塔婆」,『文化史學』29
　　집, 韓國文化史學會, 2008;「미륵사지석탑과 수당대 정각형 불탑과의 비교」,『백산
　　학보』92호, 백산학회, 2012;「隨·唐代 佛塔硏究(2) 亭閣型 塼造塔婆」,『東洋學』
　　53집, 단국대학교 동양학연구소, 2013;「분황사모전석탑의 양식 기원에 대한 고
　　찰」,『신라문화』41집, 동국대학교 신라문화연구소, 2013.

영향에 대해 양식과 기술사적인 측면에서 다룰 것이다.

　Ⅴ장에서는 앞서 서술한 총체적인 내용 정리와 더불어 미륵사지석탑과 분황사모전석탑이 지닌 정체성 즉, 한국석탑의 특수성에 대해 논하고자 한다.

II

7세기 전·후 중국과
한국 불탑의 건립 동향

7세기는 중국과 한국이 모두 통일왕조가 들어섬에 따라 정치적인 혼란으로부터 벗어나 안정을 이룩한 시기였다. 중국은 수나라에 의해 전국이 통일되었고, 이어 당나라에 의한 재통일을 기반으로 정치적인 안정을 되찾고 문화적으로 융성을 꾀했다. 한국은 통일신라라는 강력한 통일 왕조가 이룩됨에 따라 정치ㆍ사회적인 안정과 더불어 盛唐期에 버금가는 문화적 번영을 구가했다. 이 같은 상황을 보면 중국과 한국에서 7세기는 역사ㆍ문화적인 측면에서 안정과 발전이라는 동일한 양상을 띠고 있던 시기였다. 이러한 양국의 문화적 융성은 불교문화에서 가장 돋보이는 결실을 맺었다. 더욱이 불탑에 있어서는 중국과 한국에서 그간의 목탑일변도에서 벗어나 재료상의 변환을 시도하고, 양식적인 정착을 이룩했다.

7세기를 전후한 시기, 중국에서의 불탑은 전탑을 중심으로 실로 다양한 유형의 탑이 건립되었다. 즉, 북조시대에 이르러 본격적으로 축조되기 시작한 전탑을 비롯해 누각식탑과 더불어 亭閣型 佛塔이 축조되고 있는데, 이들 중에서 가장 많은 유례를 남기고 있어 주목되는 형식은 亭閣型 佛塔이다.[1] 이 유형의 탑은 북위시대에 등장한 이래, 당나라에 이르기까지 지속적으로 조성되고 있다. 더욱이 평면 방형의 양식은 물론 탑 신부에 공간을 지니고 있어 한국 초기 석탑과의 연관성 문제를 파악하는데 가장 중요한 단서를 제공하고 있다. 한편 같은 시기의 한국에서는

한국 석탑의 양식 기원 – 미륵사지석탑과 분황사 모전석탑 –

24

1 물론 누각식 불탑도 많이 건립된 것으로 판단된다. 운강석굴의 浮彫塔에서 확인되는 여러 유형 중 누각식 불탑도 상당수가 확인되기 때문이다. 그렇지만, 실물로 전하는 바가 없어 정각형 불탑이 주목의 대상이 된다. 더불어 密檐式塔은 숭악사 12각 15층전탑에서 볼 수 있다. 아울러 목탑으로는 북위시대인 516년에 靈太後胡氏에 의해 건립된 永寧寺木塔의 탑지가 전하고 있다.

그간 삼국시대에 주로 건립되던 목탑 일변도에서 벗어나 석탑이 건립되던 시기였다. 이를 통해 한국이 "석탑의 나라"로 불릴 수 있는 계기가 구축되었다.

한국석탑에서 가장 많이 사용된 화강암을 이용한 석탑의 건립은 백제에서 시작되었다. 바로 이 책의 주제인 미륵사지석탑이 그것이다. 뿐만 아니라 정림사지오층석탑을 세움으로써 백제석탑의 완성을 이룩하고 있다. 더불어 신라에서는 시원기의 양식으로 분류되는 분황사모전석탑에 이어 의성 탑리오층석탑과, 통일 직후 감은사지 동·서삼층석탑이 건립됨으로써 典型樣式이 확립된 시기였다.

이처럼 7세기에 이르러 나타나는 중국과 한국에서의 탑파 건립 양상은 재료와 외형적인 면에서도 확연한 차이를 보이고 있음을 알 수 있다. 때문에 이 시기 중국과 한국에서 건립된 불탑에 대한 다양한 문제에 대한 비교 연구는 양국이 지닌 불교문화적인 특징을 파악할 수 있는 계기와 상호 문화적인 영향관계를 파악하고 논할 수 있는 단서를 제공할 것이라 생각한다. 이에 본 장에서는 7세기를 전후한 시기에 건립된 중국과 한국의 불탑 건립 동향과 이들이 지닌 양식적인 특징에 대해 살펴보고자 한다.

1. 중국의 불탑

앞서 언급한 바와 같이 7세기를 전후한 시기에 중국에서는 樓閣式塔, 密檐式塔, 亭式塔 등을 비롯해 목탑에 이르기까지 다양한 불탑이 건립되고 있다. 이 중에서 가장 많은 건탑 예를 보이는 불탑은 亭式塔 즉, 亭閣型 佛塔이다. 이 유형의 탑은 낮은 단층기단위에 1층 탑신을 구축하고 사모지붕 형태의 옥개석을 지닌 양식을 지니고 있다. 탑신에는 감실을 조성하고 내부에는 불상을 봉안하고 있는데, 운강석굴의 부조탑에서 그 기원을 찾을 수 있다. 뿐만 아니라 양식적인 면에서 목조건축을 충실히 반영하고 있어 한국 최초의 석탑인 미륵사지석탑과 분황사모전석탑의 양식 기원을 파악하는데 중요한 위치를 차지하는 것으로 판단된다. 본 장에서는 중국의 불탑 중 정각형 불탑을 중심으로 7세기를 전후한 시기에 이룩된 중국 불탑에 대해 고찰하고자 한다.

1) 북조시대

북조시대는 386년부터 581년까지 존속했던 시대로, 北魏(386-534)·西魏(535-557)·東魏(534-550)·北周(557-581)·北齊(550-577)의 5개국이 부침을 거듭했던 시기였다. 이 시기에 이르러 중국에서의 탑파 건립은 활발하고 다양하게 진행되었는데, 이 중에서도 가장 많은 실물이 남아있는 시기는 북위와 북제시대이다. 특히 이 시기는 한국 초기 석탑과 비교의 대상이 될 수 있는 정각형 불탑이 건립되고 있어 주목된다. 이 양식의 초기 作으로 추정되는 불탑이 확인되는 유적은 운강석굴이다. 이 석굴은 460년부터 494년까지 약 30여년에 걸쳐 이룩된 유적으로 불상은 물론 북위시대에 이룩한 불탑 건립 양상을 고스란히 보여주고 있다. 이와 더불어 山西省 五臺縣에 소재한 佛光寺에는 祖師塔이, 숭악사에는 12각 15층 전탑이 건립되고 있어 이 시대 불탑의 건립 동향을 확인할 수 있다. 이어 북제시대에 이르러는 하남성 안양시에 소재한 영천사와 북향 당산석굴의 부조상에도 정각형 불탑이 확인되고 있는바, 북위와 북제시대에 건립된 불탑의 양상에 대해 살펴보면 다음과 같다.

(1) 북위시대
① 운강석굴의 불탑

운강석굴에는 다양한 양식의 불탑이 불상과 함께 석굴의 탑주로 건립되거나 벽면에 부조되어 있는데,[2] 이들 중 가장 주목되는 양식은 정각형 불탑이다. 이 유형은 1굴 1점, 2굴 3점, 14굴 9점등 모두 13점이 확인된다.[3] 이들은 모두 벽면에 부조된 형태로 확인되는데, 대체로 다음과 같은 공통적인 양식을 보이고 있다.

‖운강석굴 제1굴 정각형 불탑‖

‖운강석굴 제2굴 정각형 불탑‖

---

2 운강석굴에 부조된 불탑에 대한 연구로는 長廣敏雄,「雲岡の中層塔」,『中國美術論集』講談社,1984. pp.422~430; 朱耀廷 外,『古代名塔』, 遙寧師範大學出版社, 1996, pp.84~85; 張馭寰,『中國塔』, 山西人民出版社, 2000 및 『中國佛塔史』, 科學出版社, 2006 등이 있다.

3 13점의 정각형 불탑은 필자가 석굴 안을 들어가서 확인한 것이 아니라 바깥쪽에서 사진 촬영한 자료를 검토한 결과이기에 실제로는 더 많은 수가 조성되어 있을 가능성이 충분하다.

‖운강석굴 제14굴 정각형 불탑(오른쪽 벽면)‖

‖운강석굴 제14굴 정각형 불탑(왼쪽 벽면)‖　　　　‖운강석굴 제14굴 정각형 불탑 세부‖

첫째, 평면 방형의 형태로 낮은 기단과 더불어 단층탑신을 구비하고 있다.

둘째, 탑신의 정면에는 넓은 스페이드형의 장식이 있는 아치형의 출입구를 마련하고, 내부에는 좌상이 1구씩 배치되었다. 이들은 모두 통견법의를 입고 가부좌를 튼 상태인데, 양 손은 배 부근에 모으고 있다. 머리에는 육계가 표현된 점으로 보아 불상으로 판단된다.

셋째, 정상에는 복발형 지붕을 덮고[4], 방형의 노반을 구성한 뒤 상륜부를 조성하는 공통적인 특성을 보이고 있다. 이와 더불어 14굴에서는 벽면의 중앙부에 부조된 여러 불상과 보살상의 가장 바깥쪽에서 마치 화불과 같은 양상을 보이며 상면으로 이어지고 있어 또 다른 조형미를 선사한다. 이는 불상 광배의 화불에서와 같이 독립적이면서 대칭성을 드러내는 것이 아니라 탑과 탑이 연속적으로 이어지고 있어 마치 중층의 누각식 탑을 구현한 것과 같은 착각을 느끼게 한다.[5] 이처럼 중국 불탑사에 있어 운강석굴에서 처음으로 검출되는 정각형 불탑은 長廣敏雄에 의해 "탑 C"로 구분되어 고찰된 바 있다.

이 탑은 본래 單層塔으로서 의미를 갖는 것이지만, 雲岡에서는 단독으로 나타내는 경우는 없고 佛龕의 좌우 兩翼에 장식 기둥으로서 사용되었다.[6]

이를 보면 長廣敏雄 선생은 정각형 불탑이 사리를 봉안한 불교적인 의미로 조성된 것이 아니라 석굴에서 불상의 장엄을 위한 것으로 해석한 것으로 판단된다. 하지만, 14굴의 경우를 제외하면 정각형 불탑은 각각 독립적인 위치에 건립되고 있음을 볼 수 있다. 따라서 운강석굴에 부조된 정각형 불탑이 "장식기둥"으로 사용되었다는 견해는 재고를 요한다. 더불어 운강석굴에서 확인되는 정각형, 누각형 등 모든 불탑에서 탑

---

4 복발형의 지붕은 간다라 지방의 불탑에서 주로 보이는 양식으로, 이들 탑의 양식이 중국에 전파된 신강지역의 모르불탑과 스바시불교유적의 서쪽 사원지 불탑에서 확인되고 있다. 이로 보아 탑신은 재래의 목조건축의 양식을 채용하고, 지붕은 신강지역으로 전파된 간다라 불탑의 양식이 채용된 것으로 생각된다.

5 운강석굴에는 6굴을 비롯한 여러 석굴에서 중층의 누각식 불탑이 부조되고 있어 14굴에서 보여주는 연속되는 정각형 불탑은 필자가 보기에 그렇다는 것이지, 실제로 누각식 불탑을 구현한 것은 아님을 밝힌다.

6 長廣敏雄, 앞 책, p.427.

신마다 불상이 봉안되어 있음을 볼 수 있다. 이 같은 양상은 중국의 초기 불탑에 대한 인식이 한국과 같은 사리신앙의 중심이 아닌 불상을 봉안 한 전각이라는 思惟에 근거하는 데서 비롯된 것이다. 이는 後漢 이래 탑을 佛堂, 宗廟, 堂宇로 보았으며, 인도에서는 墓의 의미로써 건립되었던 스투파가 중국에서는 墓의 본의와 함께 廟라는 자신들의 전통으로써 재해석되었음을 알 수 있다.[7] 이 같은 관점에서 보면 정각형 불탑의 탑신에 불상을 봉안하는 것은 그들의 관념에서 볼 때 당연한 결과라 생각된다. 탑을 廟로 보았던 초기의 관념은 窄融의 浮屠司(寺)에서 잘 나타난다.[8] 이 기록에 근거하면, 부도사는 상륜부를 구비한 대형 건물로서 내부에는 像을 봉안하고, 많은 사람들이 예불을 할 수 있는 공간이 마련된 전각이

▌아잔타 19굴 석탑 ▌

▌아잔타 26굴 석탑 ▌

7 曺忠鉉, 「後漢代 佛塔 認識과 起源 問題」, 檀國大學校 大學院 史學科 碩士學位論文, 2010, pp. 18~19.

8 "부도사를 세우고, 銅으로 사람을 만들어 황금으로 몸을 칠하고, 채색한 비단으로 옷을 입혔다. 銅盤을 구중으로 드리우고 樓閣道를 두었다. 삼천여명을 수용할 수 있었다" 曺忠鉉, 위 논문, pp.50~51에서 재인용.

| 모르유적 동탑 | | 고창고성 대불사 불탑 |

었음을 추론할 수 있다. 결국 탑을 廟의 관념으로 본 후한대의 인식은 북
위시대에 이르러 정각형 불탑에 불상이 봉안될 수 있는 논리를 제공한
것으로 보인다.[9] 이러한 문헌 기록 외에도 인도와 신강지역에서는 불상
을 봉안한 탑이 건립되고 있어 주목된다. 즉, 5세기에 축조된 인도 아잔
타 석굴 19굴과 26굴의 불탑이 그것이다.[10] 이 탑들은 각각 석굴 내의 主
塔으로서 탑신의 중앙부에 감실을 조성하고 각각 1구씩의 불상을 봉안
했다. 따라서 塔과 佛을 동일하게 인식한 사유는 이곳에서 비롯되었을
개연성이 있다고 생각된다. 이처럼 인도에서 시작된 탑 내부에 불상을
봉안하는 양식은 그대로 중국으로 전래되고 있다. 즉, 新疆지역에 위치
한 喀什 모르불탑 중 東塔 · 투르판 고창고성 내 대불사 불탑 · 교하고성

---

9 이처럼 후한대 이래의 탑에 대한 인식은 내부에 像을 봉안하고, 이후 북위시대에 이
   르러 불상을 봉안하고 있다. 운강석굴의 부조탑에서 알 수 있듯이 정각형 불탑은 물
   론 누각식 탑파에서도 매 층마다 불상을 조성하고 있어 더욱 그러하다. 그렇지만,
   탑이 사리의 봉안처라는 본래의 인식은 불상이 사리로 대체되는 결과를 맞이한 것
   으로 보인다. 이에 따라 후와 당대에 이르러 탑이 佛舍利와 僧舍利를 봉안하는 두
   갈래로 발전한 것으로 생각된다.
10 SUSAN L. HUNTINGTON, THE ART OF ANCIENT INDIA, WEATHERHILL New
   York · Tokyo, 1993, pp. 249~251.

내 불탑과 소불탑·동북소사 불탑 등에서 모두 기단으로부터 탑신에 감실을 조성하고 불상을 봉안했던 흔적을 찾을 수 있다.[11] 이와 더불어 신장지역에 위치한 克孜爾石窟 38굴 및 171굴[12]과 吐峪溝石窟 44굴에 그려진 불탑[13]에서도 탑신 안에 불상이 봉안된 것을 볼 수 있다. 이 같은 면면들을 모두 종합해 보면 감실 내에 불상을 봉안하는 정각형 불탑의 공통양식은 문헌에 기록된 바와 같이 불교 전래 초기 중국인들의 탑에 대한 사유, 전통적인 건축양식, 그리고 인도와 간다라지역을 통해 전래된 불탑의 양식에 모두 기반을 두고 있다고 생각된다. 이처럼 중국 불탑에서 가장 초기적인 양식을 지니고 있는 정각형 불탑은 이 시기 불탑의 주류가 아닌 것으로 보는 견해가 있다. 즉, "비록 窣堵波와 중국 원래의 건축 형식을 서로 결합한 산물이기는 했지만, 그것을 건축한 사람들이 대부분 보통 백성이었고 탑의 규모도 크지 않았기 때문에, 이 시기 불탑건축의 주류가 아니었다"라는 주장이 그것이다.[14] 그러나 정각형 불탑의 양식은 비록 운강석굴에서는 비록 부조탑으로 등장했지만, 불광사 조사탑에서 보듯이 실제 건축으로 등장해 적어도 宋代에 이르기까지 중국불탑의 한 양식을 이룩하고 있어 주목된다.[15] 이처럼 장기간에 걸쳐 건립된

---

11 신강지역의 불탑에서는 불상을 봉안한 예외에도 간다라지역의 불탑과 양식상 매우 유사한 탑들이 건립되고 있어 주목된다. 즉, 모르유적의 동탑, 화전 라와사원지의 불탑, 쿠차 스바시유적 중 서쪽 사원지의 불탑, 투루판 교하고성 내 탑림 주탑, 과주 쇄양성 내 사원지의 불탑은 모두 탑신이 원구형의 형태로 조성되어 있다. 이를 통해 불탑의 양식 역시 영향을 미친 것으로 생각된다.

12 新疆美術撮影出版社, 「克孜爾」1, 『中國新疆壁畵全集』, 1995, p.102 및 p.195. 이들 불탑은 克孜爾石窟의 초창기인 3세기 말에서 4세기 중엽 사이에 조성된 것으로 연구되어 있다. 같은 책, p.3.

13 新疆美術撮影出版社, 「吐峪溝」, 『中國新疆壁畵全集』, 1995, p.19. 불탑이 그려진 44 굴은 고창국 시기인 327년에서 640년에 조성된 것으로 연구되어 있다. 같은 책, p.3.

14 朱耀廷 外, 『古代名塔』, 遼寧師範大學出版社, 1996, pp.9~10.

15 박경식, 「隨·唐代 佛塔硏究(2): 亭閣型 塼造塔婆」, 『東洋學』53집, 단국대학교 동양학연구소, 2013, p.17.

┃ 교하고성내 불탑 ┃

┃ 교하고성내 소불탑 ┃

┃ 교하고성 동북소사 불탑 ┃

┃克孜爾石窟 38굴 불탑┃

┃克孜爾石窟 171굴 불탑┃

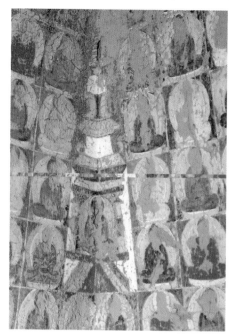

‖吐峪溝石窟 44굴 불탑‖

것은 "아마도 구조가 간단하고 비용이 크지 않으며 축조하기 쉽다"[16]는 이유가 작용했기 때문인 것으로 생각된다. 나아가 운강석굴은 武州山 제2기 동굴조상 공정기인 북위 孝文帝 시기인 서기 471년에서 494년까지의 23년 사이에 조성된 것으로 보고 있다.[17] 따라서 정각형 불탑은 5세기 후반 북위에서 시작된 새로운 유형의 불탑양식으로 구체적으로 가옥의 형태를 지니고 있어 인도불탑의 양식이 중국식 불탑으로 이행되어 가는 예라 판단된다.

16 朱耀廷 外, 위 책, p.25.
17 解金昌,「北魏王朝與雲岡石窟」,『北朝研究』總第15期, 平城北朝研究會, 1994, p.151.

② 佛光寺 祖師塔

∥ 불광사 조사탑 ∥

운강석굴에서 부조된 탑으로 등장한 정각형 불탑은 태원 불광사에
이르러 祖師塔으로 조성된다. 이 탑의 건립연대에 대해서는 대체로 북위
시대에 건립된 것으로 보고 있어[18] 정각형 불탑 중 가장 먼저 건립된 예

18 조사탑에 대한 論據로는 張馭寰, 『中國塔』, 山西人民出版社, 2000, p.4 및 『中國佛
    塔史』, 科學出版社, 2006, pp.78-80; 常靑, 『中國古塔』, 陝西人民美術出版社, 1998,
    p.197; 羅哲文, 『中國古塔』, 中國靑年出版社, 1985, pp.133~134 및 『中國古塔』, 河
    北少年儿童出版社, 1991, p.98 등이 있다. 이처럼 중국 학자들 역시 조사탑을 주목
    하고 있는데, 張馭寰 선생은 북위시대, 羅哲文 선생은 북제시대에 건립된 것으로
    보고 있다. 필자는 탑에 나타난 감실부의 아치형 장식이라던가, 연화문 등의 양식이

라 생각된다. 山西省 五臺縣에 위치한 불광사는 北魏 孝文帝때인 太和5年(481)에 창건된 사찰로 알려져 있다. 조사탑은 857년에 중건된 東大殿의 동쪽에 건립되어 있다. 전체적으로 볼 때 육각형의 평면을 지녔으며, 낮은 기단 위에 2층의 탑신 그리고 상륜부로 구성되어 있다. 조성재료는 벽돌인데, 표면에는 강회를 칠했다. 기단은 높직한 전체 각형 5단으로 벽돌을 들여쌓기 수법으로 구축했다. 하면으로부터 2단까지는 비교적 높지만, 이후 상면으로 갈수록 일정한 비율로 축소되어 안정적인 구조를 보이고 있다. 상면에는 높직한 탑신받침을 두고, 상면에는 부연이 있는 갑석을 마련했다. 받침의 각 면에는 2구씩 감실을 마련했다. 감실의 형태는 하면에 비해 상면이 길게 조성되었고, 좌·우측면이 弧形을 이루고 있어 전체적으로는 사다리꼴 형태이다. 감실은 바닥 평면이 벽돌 한 장 정도의 너비이며, 벽체가 짧게 조성된 점으로 보아 본래부터

▌불광사 조사탑 기단부 ▐

이곳에는 별도의 장엄이 조성되지 않았던 것으로 판단된다.

탑신부는 상·하 2층으로 구성되었는데, 중국의 탑파에서 이처럼 탑신을 2층으로 조성한 예는 매우 드문 것으로 알려져 있다.[19] 양 층의 사이에는 2층 탑신을 받을 수 있도록 받침부가 마련되어 있다. 1층 탑신은 평면 6각형의 형태로 전면에만 내부로 들어가는 문을 조성했고, 나머지 면에는 아무런 조식이 없다. 전면에 개설된 문은 장타원형으로 상면에는

운강석굴에서 확인되는 점으로 보아 북위시대에 건립된 것으로 생각한다.
19　張馭寰, 『中國塔』, 山西人民出版社, 2000, p.4.

┃ 불광사 조사탑 탑신부 및 출입문 ┃

┃ 불광사 조사탑 탑신내 봉안 승상 ┃

스페이드형의 화문을 조식했다.[20] 이 같은 문 상단의 장식은 조사탑이라는 명칭에 걸맞게 탑 내부에 대한 신성성과 장엄을 극대화시켜 주는 효과를 보이고 있다. 나머지 면에는 아무런 조식 없이 강회를 칠하고 있는데, 전체적으로는 상단이 하단에 비해 짧게 조성되어 탑 전체에 상승감을 부여하고 있다. 내부에는 높직한 단을 조성하고, 상면에 2구의 승려상을 봉안하고 있다. 이 상은 조각수법으로 보아 후대에 봉안된 것으로 보이지만, 조사탑이라는 명칭에 어울리게 본래부터 祖師像을 봉안했던 것으로 추정된다.[21] 내부의 천장부는 육각형의 평면인데, 상부로 갈수록 내어쌓기가 진행되어 전체적으로는 고깔형의 형태이다.[22]

---

20 이 같은 형태의 문 장식은 523년에 건립된 숭악사전탑, 북제시대에 조성된 향당산 석굴과 563년에 조성된 安養 靈泉寺 道憑法師塔 및 사역내 석굴을 비롯해 唐代에 건립된 여러 탑에서 보이고 있다.

21 필자가 본래부터 조사상이 안치되었을 것으로 보는 이유는 앞서 언급한 바와 같이 운강석굴의 정각형 불탑에는 모두 좌상이 봉안되어 있고, 산동성 청주박물관에 소장된 북제시대의 청주 용흥사 출토 불상광배에서 정각형 탑과 내에 승려상이 조식된 예와 박흥현 박물관에서도 같은 예를 볼 수 있기 때문이다.

22 이처럼 벽돌로 지붕을 상면으로 갈수록 좁혀가는 방식은 漢代로부터 축적된 전축분에서 천장을 막음하는 수법과 일맥상통한 것으로 생각된다. 뿐만 아니라 단층탑이고 사모지붕을 구비한 구조적인 면이 고려된 결과라 생각된다. 이처럼 감실부의 천장을 고깔형 내지는 아치형으로 조성한 양식은 唐代에 건축된 많은 전탑에서 많은 예를 볼 수 있다.

옥개석은 하단과 상단의 조성 수법이 다르다. 하단에는 벽체의 상면에 돌출된 보를 마련한 후 상단에 1개씩, 벽체는 7개씩의 양각된 공포를 두었다. 이 같은 부재의 상단은 다시 1단의 벽돌을 길이로 놓아 공간을 구획한 후 상면에는 복엽단판 앙연을 3중으로 배치해 화사한 옥개반침을 구성하고 있다. 이처럼 옥개반침으로 대체된 연화문은 목재로 뼈대를 구성한 후, 진흙으로 일일이 조성한 것으로 보인다. 아울러 상단으로 갈수록 花瓣이 증가되어 아무런 조식 없이 벽체만 올린 탑신부의 밋밋함을 상쇄하고 있다. 연화문의 상단에는 각형 3단의 받침을 두었다. 옥개석의 상면은 각형 9단의 받침이 층단형을 이루고 있는데, 하단으로부터 상단으로 갈수록 들여쌓기 수법이 나타난다. 아울러 하단이 각형받침, 연화문, 각형받침으로 순으로 다소 두텁게 조성되어 무게감이 있는 반면, 상면은 받침부에 비해 지붕면을 낮게 낙수면의 경사 역시 평박하게 조율하여 안정감을 추구하고 있다. 아울러 받침부에 연화문을 장식한 중국 탑파로서는 가장 빠른 예를 보이고 있어 주목된다.

▌불광사 조사탑 천장 구조 ▌

2층 탑신부 역시 1층과 같이 평면 육각형의 구조를 지니고 있는데, 탑신받침부와 탑신으로 구성되어 있다. 받침부는 전체적인 양상으로 보아 須彌座를 구현한 것으로 생각된다. 하단은 지붕을 구성하는 층단형 받침과 연접되어 있다. 탑신받침은 가장 하단에 벽돌

▌불광사 조사탑 옥개석 ▌

의 모퉁이를 밖으로 돌출시켜 마치 삼각형 벽돌을 놓은 것 같은 양식을 보이고 있다. 하단에 벽돌의 모서리를 돌출시켜 축조하는 방법은 후대에 건립되는 唐代博塔의 가장 보편적인 양식 중의 하나인데, 이 탑에서 그 양식적인 원류를 볼 수 있다. 받침부의 각 면은 전체적으로 3중의 구조를 지니고 있다. 즉, 가장 외곽에는 삼각형의 벽돌과 옥개받침부의 좌·우측에 寶甁角柱[23]를 놓아 벽체와 분리된 장방형의 틀을 구성했다. 벽체에는 兩 隅柱와 3개의 撑柱를 놓아 4개의 장방형 감실을 조성하고, 내면에는 前面을 둥글게 처리했다. 감실 내부의 부재는 각각 단일재가 아니라 전체 벽면을 가로지르며 조성되었다.

이처럼 탑신받침부의 벽체를 3중의 구도로 조성한 것은 일차원적 단순성에서 벗어나 공간적인 깊이를 부여하고자 했던 당시 조탑공들이 지닌 예술의식의 발로라 생각된다. 받침부의 상면에는 1층 옥개석의 하면과 같이 복엽단판의 앙련이 3중으로 배치되었는데, 하단으로부터 상단으로 갈수록 꽃의 크기가 커지는 것으로 보아 만개한 연화문을 의도한 것으로 판단된다. 탑신부는 탑신석과 옥개석으로 구성되어 있다. 육각형 탑신의 각 모서리에는 탑신받침부의 상면과 옥개받침석 사이에 각각 竹節形의 마디가 있는 원형 기둥을 두었다. 각 기둥의 하단과 중단 그리고 상단에 단엽단판 앙연을 조식하고 있는데, 인도에서 전래된 양식으로 해석하고 있다.[24]

전면에는 문을, 좌·우측면에는 각각 영창을 조식했고, 나머지 면에는 아무런 장엄이 없다. 전면에 개설된 문은 1층 탑신과 같은 양식이지

---

23 외곽 기둥의 모양이 중심부가 배가 불러 마치 병과 같은 형상을 하고 있어 命名한 것으로 보이는데, 조성 수법은 중심에 나무를 놓고 진흙을 붙여가며 조성한 것으로 추정된다. 이 명칭은 이 탑에 대해 기술한 연구자들의 명칭을 그대로 채용했다. 羅哲文. 張帆, 『中國古塔』, 河北少年儿童出版社, 1991, p.98; 朱耀廷 外, 『古代名塔』, 遼寧師範大學出版社, 1996, p.90.

24 張馭寰, 『中國塔』, 山西人民出版社, 2000, p.4.

┃ 불광사 조사탑 상층부 ┃

만, 문짝을 표현하고 있다. 하지만, 문은 개방된 것이 아니라 엇갈려 있어 누군가 살며시 열고자 했던 의도가 반영된 것으로 보인다. 이 같은 문짝의 표현은 1층 탑신의 천장부에서 보듯이 벽돌로 충적된 2층 탑신의 내부에 공간성을 부여한 장엄으로 해석된다.[25] 다른 한편으로는 개방된 문과 문짝만을 표현한 다른 탑의 문과는 달리 실제로 문을 여닫을 수 있다는 사실적인 표현에 주력했던 의사의 표현이라 생각된다. 문의 좌·우측에 표현된 영창은 방형의 감실 내에 소형의 창을 표현했는데, 세로방향의 창살 3개가 조각되었다. 이처럼 문과 창을 구비한 2층 탑신은 결국 1층으로 개설된 문을 통해 내부로 들어와 상층으로 오를 수 있고, 내부에는 공간이 있다는 사실을 적극적으로 표현한 것이라 판단된다. 이 같

---

25 이처럼 문짝을 엇갈리게 표현하는 수법은 唐代의 전탑에서는 거의 볼 수 없는데, 北宋 淳化元年(990년)에 건립된 태원 開花寺 連理塔에서 그 예를 볼 수 있어 후대까지 계승된 것으로 생각된다.

은 구조를 볼 때 조사탑은 궁극적으로 2층의 누각을 벽돌로 재현했음을 명확히 보여주는 반증이라 하겠다. 이와 더불어 "2층 탑신의 표면에 土朱로 목조구조의 장식을 그렸고, 券門 안에 內門額을 그렸던 흔적이 있다. 서북쪽의 직령창 위에 액방 2층을 그렸고 두방 사이에 작은 기둥이 5개 있고 액방 위에 인자형 보간포작을 그렸다."[26]는 견해가 있다. 옥개받침은 탑신의 모서리에 표현된 기둥 상면에 약화된 柱頭를 놓고 이를 보로 연결한 후 상면에 3단의 단판복엽 앙연을 배치했다. 연화문의 조형에서 특이한 점은 주두의 상면에 놓인 화문이 층단형을 이룬다는 점인데, 마치 목조건물의 공포가 상단으로 갈수록 출목의 길이가 길어지는 현상과 같이 정연하게 배치되어 있어 이채롭다.

2층 탑신의 정상에는 벽돌로 조성된 상륜부가 놓여있다. 방형으로 조성된 1단의 노반 상면에는 모서리에 한 葉씩, 각 면에 3엽씩의 복엽단판 앙연을 놓고, 다시 상면에는 각 모서리에만 큼직한 복엽단판 앙연을 놓아 화사한 仰蓮部를 구성했다. 상면에는 다시 복엽8판의 단판 앙연을 두고 상면에 6엽의 화문으로 조성된 寶瓶을 두었다. 이의 상부에는 다시 2중의 복엽단판 앙련대를 구성한 후 하면에는 대형보주를, 상단에는 소형보주를 놓아 마무리했다. 이 같은 형식의 상륜부는 찰주를 꽂아 구성하는 唐代 密簷式塼塔 혹은 한국의 석탑의 그것과는 완전히 다른 양식으로 주목된다. 이 탑의 경우에는 별도로 찰주를 꽂지 않고, 노반 위에 벽돌로 전체적인 틀을 조성한 후 다시 진흙을 발라 각종 화문 및 조형을

---

26 주 23과 같음. 필자는 조사탑을 2005년과 2009년에 걸쳐 답사한 바 있다. 첫 번째 답사 시에는 탑신 전면에 걸쳐 강회를 발랐던 흔적과 더불어 세월이 흐름에 따른 손상으로 인해 벽체와 탈락되어 가는 현상을 볼 수 있었다. 이후 2009년의 답사 시에는 다시 강회를 발라 이 같은 흔적을 확인할 수 없었다. 따라서 비록 상기의 주장을 직접 확인할 수 없었지만, 앞서 언급했듯이 조사탑이 목조건축의 충실한 飜案인 점을 감안할 때 이 같은 목조건축의 요소를 반영했을 충분한 가능성이 인정된다. 아울러 人字形 包作은 운강석굴에서도 확인된다.

▌불광사 조사탑 상륜부 ▌

완성하고 회칠을 한 것으로 생각된다.

(2) 북제시대

① 靈泉寺 道憑法師塔

▌영천사 도빙법사탑 ▌

靈泉寺는 河南省 安養市에 있는 寶山 南麓에 자리한 사찰로 남북조 시대로부터 수·당대의 저명한 사찰이었다. 사찰의 서쪽 대지에는 높이 1.46m 규모의 道憑法師塔이 3.2m의 거리를 두고 쌍탑으로 건립되어 있다. 2기의 탑은 석재로 조성되었는데, 모두 정각형 불탑의 양식을 보이며, 기단부·탑신부·상륜부로 구성되었는데, 이 중 서쪽 탑의 탑신의 상단과 측면에 寶山寺大論師憑法師燒身塔 大齊河淸二年三月十七日'이라 각자되어 있다. 이를 통해 이 탑은 563년 3월 17일에 조성되었다는 사실과 憑法師 즉, 道憑法師의 燒身塔으로 조성되었음을 알 수 있다. 따라서 법사의 사리를 봉안한 사리탑과 배탑의 형식으로 2기가 건립된 것으로 판단된다.

석탑의 양식을 보면 기단은 높직하게 석재를 정방형으로 치석해 2단으로 구성했는데, 표면에는 아무런 조식이 없다. 탑신부는 받침과 탑신, 옥개석 및 노반석이 일석으로 조성되었는데, 탑신에는 감실을, 주변에는 화염문이 시문된 스페이드형의 장엄이 조식된 문을 조각했다. 옥개석의 하면과 상면에는

┃영천사 도빙법사탑 탑신부┃

높직한 각형 1단의 받침을 두었는데, 상면에는 중앙에 시문된 반원형의 운문과 이중 원문을 두고 네 귀퉁이에는 화문이 조식되어 있다. 지붕은 복발형을 취하고 있어 운강석굴의 정각형 불탑과 동일한 양식을 지니고 있다. 정상에는 고사리형 문양이 시문된 노반석 위에 일석으로 조성된 3중 보륜과 보주를 놓았다. 배탑 역시 동일한 양식으로, 감실 입구의 장엄을 스페이드형이 아닌 아치형으로 구성한 점만

┃영천사 도빙법사탑 탑신부 감실┃

II
7
세
기
전
·
후
중
국
과
한
국
의
불
탑
건
립
동
향

┃영천사 도빙법사탑 옥개석 및 상륜부 ┃

┃영천사 도빙법사탑 배탑 ┃

다르다.[27] 이 탑에 나타나는 단순하면서도 소박한 풍모에 근거할 때, 이 탑은 북위시대의 운강에서 확인되는 정각형탑의 양식을 충실히 계승한 작품이며, 석재로 조성된 정각형 불탑으로는 가장 시대가 앞서는 유물로 판단된다.

② 北响堂山石窟의 亭閣型 佛塔

운강석굴과 도빙법사탑에서 확인되는 정각형 불탑의 시원적인 양식이 河北省 邯鄲市에 소재한 北响堂山石窟 중 大佛洞에 이르러는 매우 화려한 양식으로 변화된다. 이곳에서 확인되는 정각형 불탑은 기단부·

27 영천사에는 이 석탑 외에도 당대에 건립된 석탑 2기와 더불어 宝山을 중심으로 인근에 동서 1.5km, 남북 1km에 걸쳐 북제시대로부터 수와 당대에 조성된 수많은 승탑이 부조되어 있는데, 이에 대해서는 河南省古代建築形究所·河南人民出版社, 『宝山靈泉寺』, 1991에 현황과 도면 및 사진이 상세히 수록되어 있다. 한편, 마애 탑형으로 조성된 정각형탑의 성격에 대해서는 林葬의 결과로 보는 견해도 있다. 金善卿, 「靈泉寺 塔林研究 試論」, 『美術史學研究』260, 韓國美術史學會, 2008, pp.105-141.

| 북향당산석굴 대불동 정각형 불탑1 |

| 북향당산석굴 대불동 정각형 불탑2 |

탑신부·상륜부로 구성되어 있
다. 기단부는 방형으로 감실 내에
봉안된 불상으로 인해 마치 불상
대좌 같은 양식을 보이고 있다.
탑신부는 2개의 기둥 사이에 감
실을 조성했는데 내부에는 불상
을 봉안하고 있다. 옥개석 주연의
3개소에 화염문을 조식했는데,
지붕은 복발형으로 조성되었다.
상륜부는 중앙부의 찰주를 화려
한 하연보주가 시문되어 있다. 이
와 더불어 산동성 청주박물관에
소장된 용흥사지 출토 불상의 광

| 북향당산석굴 대불동 정각형 불탑3 |

‖ 청주 용흥사지출토 불상 광배 정각형 불탑1 ‖

‖ 청주 용흥사지출토 불상 광배 정각형 불탑2 ‖

‖ 청주 용흥사지출토 불상 광배 정각형 불탑3 ‖

‖ 청주 용흥사지출토 불상 광배 정각형 불탑4 ‖

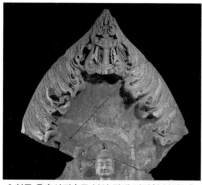

┃ 청주 용흥사지출토 불상 광배 정각형 불탑5 ┃

┃ 청주 용흥사지출토 불상 광배 정각형 불탑6 ┃

┃ 청주 용흥사지출토 불상 광배 정각형 불탑7 ┃

┃ 청주 용흥사지출토 불상 광배 정각형 불탑8 ┃

┃ 청주 용흥사지출토 불상 광배 정각형 불탑9 ┃

┃ 청주 용흥사지출토 불상 광배 정각형 불탑10 ┃

배에서 상당수의 정각형 불탑이 확인된다.[28] 광배에 조성된 불탑은 운강석굴에서 보여준 양식과 모두 일치하는데, 이들은 광배의 상단에 위치하며, 이를 중심으로 좌우에서 비천상이 받드는 형상이다.

이상에서 북위와 북제시대에 조성된 정각형 불탑의 면면을 고찰해 보았다. 전체적인 양상은, 불광사 조사탑을 제외하면 대형 건축물이라기 보다는 소형이며, 석굴사원의 벽면에 부조탑으로 조성되었음을 알 수 있다. 그럼에도 불구하고 기능적인 측면에서는 운강석굴과 북향당산의 석굴에서 보듯이 불상을 봉안하기 위한 전각으로, 불광사 조사탑과 영천사 도빙법사탑에서와 같이 입적한 승려를 기리기 위한 부도로서의 건립 목적이 분명했던 것으로 생각된다. 이처럼 초기적인 형태의 정각형 불탑은 이후 수와 당대에 이르러 대형 건축물로 건립되기 시작했고, 건립의 목적 역시 점차 명확해져 중국 불탑사의 한 장을 구성하게 되었다.

2) 수 및 당시대

陳을 병합해 전국을 통일한 수 문제는 지속적인 불교 중흥정책을 시행했는 바, 그의 불교정책 중 가장 주목되는 것은 仁壽年間(601-604)에 진행한 전국적인 사리탑의 건립이었다. 인수연간에 건립된 불탑은 112 기를 상회하는 것으로 전해지는데, 각 지역의 탑지에서 확인된 사리기에 의해 그 실체가 확인되고 있다.[29] 비록 인수연간에 건립된 탑의 양식을 확인할 수 있는 실물은 없지만, 신통사의 사문탑이 현존하고 있어 관심의 대상이 된다.

한국 석탑의 양식 기원 – 미륵사지석탑과 분황사모전석탑 –

---

28 용흥사지에서 출토된 유물은 북위시대로부터 북제시대에 조성된 불상이 중심을 이루고 있는데, 이들 중 삼존불의 광배 상단에 조식된 정각형 불탑을 볼 수 있다.

29 이에 대해서는 주경미 선생에 의해 상세한 분석과 고찰이 진행된 바 있다. 주경미, 『중국 고대 불사리장엄 연구』, 일지사, 2003, pp. 96~160.

당나라에 들어서면 중국의 불탑은 다양한 양상으로 전개됨과 동시에 재료에서는 전탑이 주종을 이루게 된다. 불탑의 발달사에서 보면 唐代는 북위와 수대에 이룩한 제반양식에서 보다 진일보해 중국 나름대로의 불탑 양식을 완성한 시기로 생각된다. 마치 한국에서 통일신라시대에 한국 석탑의 양식이 완성된 것과 같은 맥락에서 이해된다. 이 시대의 불탑은 주로 당시의 수도였던 서안과 황하유역을 중심으로 건립되고 있다. 이와 더불어 북위시대로부터 건립되어 온 정각형 불탑 역시 석재와 벽돌로 각각 재료만 달리하며 그 계보가 이어지고 있어 주목된다. 따라서 앞서 언급한 바와 같이 이 계통의 탑은 널리 활용되지 못한 양식이 아니라 엄연히 당대에 이르기까지 명맥을 이어온 중국 탑파사에서 매우 중요한 건축물임을 알 수 있다. 수와 당대에 건립된 정각형 불탑을 정리해 보면 다음의 〈표-1〉로 집약된다.

〈표-1〉 수와 당대에 건립된 정각형 불탑

塔 銘	建立時期	사용자재	所在地
神通寺 四門塔	611년	석재	山東省 濟南市
安養 修定寺塔	642년	벽돌	河南省 安養市
法興寺 舍利塔	673년	석재	山西省 長治市
少林寺 法如禪師塔	689년	벽돌	河南省 登封市
靈岩寺 慧崇塔	天寶 年間 (742~756년)	석재	山東省 濟南市
少林寺 同光禪師塔	770년	벽돌	河南省 登封市
少林寺 法玩禪師塔	791년	벽돌	河南省 登封市
法王寺 塔(3基)	唐 中期	벽돌	河南省 登封市
草堂寺 鳩摩羅什舍利塔	唐 中期	석재	陝西省 西安市
海會院 明惠大師塔	877년	벽돌	山西省 平順縣
炳靈寺 3號石窟 石塔	唐代	석재	甘肅省 蘭州市
神通寺 千佛崖 磨崖石塔	唐代	석재	山東省 濟南市

이 표는 필자의 현지답사를 통해 확보한 자료인 바, 수와 당대에 이르러 정각형 불탑은 611년에 건립된 신통사 사문탑으로부터 당대 말기

∥ 신통사 사문탑 ∥

∥ 수정사탑 ∥

∥ 법흥사 사리탑 ∥

┃ 소림사 법여선사탑 ┃

┃ 영암사 혜숭탑 ┃

┃ 소림사 동광선사탑 ┃

| 소림사 법완선사탑 |

| 법왕사 1탑 |

| 법왕사 2탑 |

▍법왕사 3탑 ▍

▍초당사 鳩摩羅什 사리탑 ▍

▍海會院 명혜대사탑 ▍

┃ 신통사 천불애 석탑 ┃

한국 석탑의 양식 기원 ~ 미륵사지석탑과 분황사 모전석탑 ~

● ● ●

에 이르기까지 지속적으로 건립되었음을 알 수 있다.[30] 이 불탑들은 앞 시대의 그것과 같이 평면 방형의 형태에 낮은 기단과 1층 탑신은 물론 정면에는 출입문을 개설한 공통점을 지니고 있다. 더불어 사모지붕의 상면에는 모두 상륜부를 구성하고 있다. 이에 반해 재료면에서는 석재와 벽돌이라는 두 계통으로 구분되는데, 석탑과 전탑으로 구분해 각 유형의 양식과 특성을 살펴보면 다음과 같다.

---

30 이 유형의 불탑은 소림사 탑림에서 보면 송과 명대에 이르기까지 지속적으로 건립 되고 있음을 알 수 있다. 즉, 791년에 축조된 법완선사탑 전면에서 이를 모방한 普 通塔(宋代), 明代 불탑에서 그 예를 볼 수 있다.

(1) 亭閣型 石造塔婆

① 神通寺 四門塔

사문탑은 山東省 歷城縣 柳埠村 靑龍山에 자리한 신통사의 동쪽 구릉에 위치하고 있다. 일반적으로 중국의 탑이 전탑으로 알려져 있음에 비해 이 탑은 석탑이라는 점에서 주목된다. 이 석탑은 당초 544년(東魏 武定2年)에 건립된 것으로 알려져 왔지만, 1973년 濟南 文化局에 의한 수리 시 탑의 상면 내부 拱板에서 "大業七年造"라 명문이 확인되어 隋煬帝 7년(611년)에 건립된 석탑으로 판명되었다.[31] 비교적 널찍한 대지에 축조되어 있는데, 벽체에서 느껴지는 회백색의 색감과 더불어 푸르른 주변의 경관이 조화를 이루고 있다. 평면 방형의 일층탑으로 전체적인 외관은 우리나라의 분황사모전석탑의 일층탑신에 마지막 층의 옥개석을 올려놓은 양식이다. 석탑에 대해 외관과 내부로 구분해 살펴보면 다음과 같다.

● 外觀

사문탑은 평면방형의 구도를 지닌 일층석탑이다. 하지만, 전체적인 양상으로 볼 때 목조건축을 염두에 두고 건립한 것으로 보인다. 왜냐하면 동·서·남·북 네 곳에 아치형의 문을 개설했고, 이를 출입하기 위한 계단까지 설치했기 때문이다. 더불어, 내부에는 공간을 구성하고 심주는 물론 각 벽면에 불단을 마련하여 불상까지 봉안하고 있어 더욱 그러하다.

현재는 높직한 신축 기단 위에 건립되어 있지만, 계단의 일부가 새로 깐 바닥전과 수평면을 이루고 있어 본래는 현재보다 좁은 기단 위에 건립되었을 것이라 여겨진다. 육안으로 관찰되는 본래 기단의 규모가 980

31 張馭寰, 주 19의 책, p.6.

┃ 신통사 사문탑 ┃

$cm \times 984cm$의 방형인 점을 고려할 때 이 같은 추정이 가능하다. 석탑은 일변 7.4m 높이 10.4m의 규모로 각 벽은 $170cm \times 43cm$, $124cm \times 57cm$, $87cm \times 30cm$ 크기의 장방형 석재를 20단 정도 고른층쌓기로 축조했다. 각 벽면에는 강회를 발랐던 흔적이 역력히 남아 있는데, 이의 고착을 위해 석재의 표면을 빗살무늬처럼 가공한 흔적이 뚜렷하다. 아치형으로 개설된 각 문은 높이 291cm, 너비 142cm 정도의 규모로 벽체의 중앙에 개설했다. 문 입구에는 양 쪽에 소맷돌을 두고 각각 3단의 계단을 쌓아 상면에는 문지방돌을 놓았다. 장방형 출입구는 너비 142cm, 높이 195cm 규모

❙ 신통사 사문탑 기단 및 탑신부 ❙

❙ 신통사 사문탑 탑신 축조상태 ❙   ❙ 신통사 사문탑 남쪽 출입문 ❙

로, 상면은 아치형으로 처리했다. 아치는 모두 11매의 석재로 구성되었
는데, 이로 인해 벽체는 반원형을 이루고 있다. 벽체 역시 아무런 문양이
없지만, 외벽과 같이 빗살무늬를 조각했고, 강회를 발랐던 흔적이 역력
하다.

벽체의 상단에는 각형 4단의 받침을 두고 옥개석을 구성했다. 옥개석
의 상면에는 각형 22단의 받침을 구비했는데, 들여쌓기의 비율이 일정
한 탓에 자연스레 곡선미가 조성되었다. 전체적인 옥개석의 양식은 전탑
에서 보는 것과 일치하고 있지만, 곡선미를 지니고 있다는 차이점이 드
러나고 있다. 옥개석의 상면에는 방형의 노반 위에 상·중·하대로 구성
된 방형 불단과 같은 받침을 놓은 후 네 귀퉁이에 꽃이 핀 형상의 방형
앙련을 놓았다. 중앙에는 원통형의 석재 위에 5단의 원형 보주를 중첩한
보주를 놓았다.

1993년 수리 시 탑의 고주 1.6*m* 지점에서 사리석함이 발견되었는데, 석함은 길이 30.8*cm*, 높이 29.9*cm*의 크기로 내부에는 방형으로 조성된 銅函이 안치되어 있었다. 동함은 길이 9*cm*, 높이 13*cm*의 크기로 내부에서는 구멍이 관통된 수정 4과, 黃琉璃 구슬 7과, 綠琉璃 구슬 9과를 비롯해 파손된 녹색 유리병 1개, 隋 文帝의 "五銖" 동전 2매와 약초, 香物 등이 출토되었다고 한다.[32]

한편 사문탑은 일견 분황사모전석탑과 유사한 양식을 지니고 있어 주목된다. 즉, 기단과 더불어 벽체를 가공한 석재로 쌓아올렸고, 네 곳에 출입문을 개설했으며, 옥개석의 낙수면이 층단을 이룬다는 점 등에서 그러하다. 이럼에도 불구하고 과연 분황사석탑과 같이 모전석탑의 범주에서 이해해야 할 것인지에 대해서는 의구심이 든다. 분황사 석탑은 벽체를 이루는 석재가 벽돌과 같은 크기로 건립되었지만, 이 석탑에 사용된 석재는 벽돌의 크기보다는 장대석과 같은 규모로 치석해 축조했기 때문이다. 한편 唐 咸亨 4년(673)에 건립된 법흥사 사리탑과 唐 天寶年間(742-756)에 건립된 것으로 추정되는 靈巖寺 慧崇禪師塔 등 일련의 정각형 석탑에서도 같은 양상을 볼 수 있어 중국에서는 장방형의 석재를

▌신통사 사문탑 옥개석 ▌

▌신통사 사문탑 상륜부 ▌

32 劉繼文, 濟南神通寺』, 山東友誼出版社, 2005, p.39. 사리장엄에 대해서는 周炅美 선생에 의해 고찰이 진행된 바 있다. 「분황사 석탑 출토 불사리장엄구의 재검토」, 『시각문화의 전통과 해석』, 예경, 2007, pp.277~297.

치석해 축조한 석탑이 한 계열을 이루었던 것으로 생각된다.

● 內部

석탑의 내부는 문이 개설되어 있어 출입이 가능했음을 알 수 있다. 내부는 일변 580cm 정도의 방형 공간으로 구성되어 있다. 중앙에는 석재로 구성된 길이 410cm, 높이 82~84cm 정도의 기단을 구성했다. 기단의 각 면에는 높이 67cm, 너비 38cm 크기의 우주를 세운 후 중앙에 같은 규모의 탱주 1주를 놓았다. 우주와 탱주 사이는 일석으로 조성된 면석이 안쪽으로 감입되어 우주와 탱주가 돌출되어 있다. 기단의 상면에는 상면에 너비 223cm, 높이 268cm 정도의 석재로 구성된 高柱를 놓았다. 고주의 규모가 큰 탓에 자연스럽게 네 벽체가 형성되었고, 이에는 각각 석불을 1구씩 봉안했다. 벽

❙ 신통사 사문탑 탑신 내부 답도 ❙

❙ 신통사 사문탑 불단 ❙

❙ 신통사 사문탑 불단 및 고주 ❙

체와 기단 사이에는 너비 81~86㎝ 정도의 통로가 개설되어 내부를 일주하도록 되어있어, 우리나라의 법주사 팔상전 내부와 동일한 양상을 지니고 있다.

내부 구조에서 특히 주목되는 부분은 천장부이다. 사문탑은 전체적인 면에서 볼 때 사다리꼴의 형태를 지니고 있다. 따라서 내부 천장 역시 평천장이 아닌 특이한 형태로 구성되어 있다. 즉 기단 중앙에 놓인 고주의 상면은 2단의 턱을 지어 내어쌓기 기법으로 마무리했는데, 벽체의 내부 상면 역시 같은 양식으로 일단 통로부 상면의 공간 너비를 좁혔다. 각 석재의 상단에는 빗변이 긴 오각형의 보를 모서리에 한 주씩 斜角으로 배치하고, 공간에 같은 형식의 보를 3주씩 놓은 후 삼각형의 석재를 덮어 천장을 구성했다. 따라서 통로부의 천정은 삼각형의 형태를 지닌 특수한 일면을 보이고 있다. 결과적으로 사문탑의 내부 천장은 평면적으로 보면 평천장이지만, 실제로는 양측 통로는 맞배지붕의 형식을, 중앙은 평천장을 이루는 특이한 구조로 되어 있다. 이는 내부에 넓은 공간이 구축된 까닭에 평천장을 구성할 수 없었던 구조적인 원인에서 기인한 것으로 판단된다. 즉, 사문탑의 내부는 일변 5.8m 규모의 정방형 공간이 조성된 탓에 이를 평천장으로 구축하기에는 구조적으로 한계성을 지니고 있다. 따라서 고주의 상면은 자연스럽게 평천장을 구성했지만, 비좁은 통로에는 삼각형의 맞배지붕형 천장부를 구축하여 내부 공간을 좀 더 높임으로써 쾌적함을 주고자 했던 의도라 생각된다.

각 면에 봉안된 석불은 높이 1.4m 정도의 좌상인 바, 남면 불상 하단에 '東魏 武定 2年'의 명문이 확인됨으로써[33] 東魏 孝靜帝 2년(544년)에 조성된 석불임이 밝혀졌다. 4구의 불상은 동·서의 불상, 그리고 남·북 불상이 대체로 양식적인 공통점을 지니고 있다. 전자의 불상은 하대·중대·상대석을 구비한 장방형의 대좌 위에 봉안되었다. 장방형의 하대석 상면에는 높직한 각형 1단의 받침을 놓아 중대석을 받고 있는데, 장방형으로 사면에는 아무런 조식이 없다. 상대석 역시 장방형으로 하면에는 높직한 각형 1단의 받침석을 놓은 후 같은 양식의 받침석을 두었다. 동방불은 나발의 두정에 육계는 표현되지 않은 것으로 보이는데, 널찍한 상호에 눈·코·입의 표현이 또렷하며, 양 귀는 짤막하고, 상호에 비해 목은 길다. 통견인 법의는 왼쪽 어깨의 매듭으로 보아 가사를 걸친 것으로 보인다. 양 어깨에서 팔목에 이르기까지 소략한 의문이, 드러난 가슴에는 속옷의 결대가 각각 표현되어 있다. 양 손은 배꼽 부근에 가지런히 모은 수인을 취하고 있다. 신체부에 비해 낮게 조성된 무릎에는 법의 자락이 유려하게 흐르고 있다. 전체적으로 볼 때 신체부에 비해 무릎이 넓게 조성되어 불균형을 이루고 있지만, 이로 인해 안정감을 얻었다. 서방불은 동방불과 같은 양식인데, 상호에 미소가 표현되었으며, 원만상에 가까운 모

한국 석탑의 양식 기원 – 미륵사지석탑과 분황사 모전석탑 –

---

33 劉繼文, 앞의 책, p.47.

▮ 신통사 사문탑 동쪽 출입구 석불좌상 ▮

▮ 신통사 사문탑 서쪽 출입구 석불좌상 ▮

▮ 신통사 사문탑 남쪽 출입구 석불좌상 ▮

▮ 신통사 사문탑 북쪽 출입구 석불좌상 ▮

습이다. 상호의 전체 분할에서 눈·코·입에 비해 턱이 넓은데, 살이 도 드라지고 뭉툭하게 표현되어 이채롭다. 수인은 선정인을 결하고 있다. 동 방불은 1997년 3월 7일 밤에 도난당했다가, 2002년에 대만에서 되찾아 왔다고 한다. 필자가 현지에서 사진 촬영할 당시 공안들이 들이닥쳐 잠시 자리를 피한 적이 있었는데, 도난사건 때문에 그렇다는 현지인의 말을 들 은 바 있고, 이에 대한 상세한 내용은 『濟南神通寺』에 소개되어 있다.[34]

남·북의 불상 역시 앞의 불상과 같은 형식의 대좌 위에 봉안되어 있 는데, 옷주름이 상대석을 덮은 상현좌로 조성되어 있어 대비된다. 나발의 두정에 육계가 큼직한데, 후자는 전자의 불상에 비해 상호가 길게 조성 되어 약간 갸름한 인상이다. 이와 더불어 눈썹이 위로 치켜 올려져 이마 가 좁게 조성되었으며, 백호가 표현되어 있다. 눈썹과 눈 사이의 공간이 넓어 부조화를 보이는 가운데, 눈두덩이 두터워 자연스레 반개한 눈이 표현되었다. 법의는 통견으로 왼쪽 어깨에서 오른쪽으로 흐르는 의문으 로 인해 가사를 걸친 것으로 보인다. 이상에서 살펴본 바와 같이 탑 내에 봉안된 불상 4구는 약간의 차이에도 불구하고 대체로 같은 양식을 지니 고 있다. 그러나 석탑의 건립연대는 611년임에 비해 불상은 544년 작으 로 판명되어 석불은 탑이 조성된 이후에 봉안되었다. 즉, 석탑의 내부에 는 넓은 기단이 조성되어 불단으로 활용할 수 있었고, 목조건축이란 관 념 하에서 탑을 불당으로 이해한 결과 불상을 봉안한 것으로 추정된다.

② 法興寺 舍利塔

山西省 長子縣 慈林山에 있던 것을 현재의 山西省 長治市 法興寺 경 내로 이전 복원하였는데, 673년(唐 咸亨 4년)에 건립되었다.[35] 낮은 단층 기단 위에 방형의 탑신을 놓고, 상륜부를 구성했다.

---

34 劉繼文, 앞의 책, pp.47-48.
35 郭學忠 外, 『中國名塔』, 中國攝影出版社, 2002, p.358.

┃ 법흥사 사리탑 (정면) ┃

┃ 법흥사 사리탑 (측면) ┃

┃ 법흥사 사리탑 기단부 ┃

● 外觀

　기단은 일변 980cm 크기의 정방형으로 수십 매의 판석으로 지반을 구축한 후 치석된 장대석을 3단으로 쌓아 구축했다. 전면과 후면의 중앙에는 각각 6단과 7단으로 구성된 계단을 두어 내부로 출입하도록 했다. 기단의 상면에는 판석으로 조립된 갑석을 두었는데, 기단과 규모가 같다. 상면에는 높고 낮은 각형 3단의 받침을 마련해 탑신을 받고 있다. 탑신부는 일변 730cm 크기의 방형으로 일변 30~50cm, 높이 20cm 정도 크기의 치석된 석재를 9단으로 구축했는데, 앞쪽과 뒤쪽 중앙에는 아치형 문이 개설되었다. 전면의 문은 벽면보다 안쪽으로 약간 들어간 상태로 개설되었는데, 출입부는 장방형의 형태이다. 상인방 및 하인방과 기둥은 모두 일석으로 조성했고 閣峠方石이 마련되어 있다. 뒷면의 문 역시 같은 양상이나, 문짝을 구성하는 부재에 일단의 원형 몰딩을 둔 점만 다르다. 탑신의 서쪽 면에는 방형의 작은 창호를 조성했는데, 이는 내부의 공기 순환을 위한 시설로 판단된다.

　옥개석은 탑신과 비례해 비교적 넓게 조성되어 안정감을 주고 있다. 하면에는 각형 2단의 옥개받침이 조출되었고, 상단에도 각형 5단의 층단형 받침을 두었다. 아울러 옥개석의 처마 끝과 상단 옥개받침의 끝에

‖ 법흥사 사리탑 정면 출입문 ‖   ‖ 법흥사 사리탑 후면 출입문 ‖

약간의 반전을 두어 다른 탑과는 달리 날렵한 느낌을 주고 있다. 특히 소형의 석재로 구축된 탓에 수평을 이루는 추녀 및 5단으로 축조된 낙수면을 구성하는 마지막 부재에 반전을 줌으로써 전체적으로 상승감을 유도하고 있다. 옥개석의 처마 길이가 탑신과 어울리는 비례를 보이고, 옥개받침의 높이도 적당한 비율로 치석되어 전체적으로 안정감 있는 형태가 갖춰졌다. 옥개석의 상단은 탑신석과 같은 규모로 다듬은 석재를 4단으로 구축했는데, 중앙에는 환기를 위해 상면이 둥글게 치석된 장방형의 창이 개설되어 있다. 옥개석 역시 탑신부와 같은 양상으로 하면에는 각형 3단, 상단에는 각형 4단의 받침을 두었다.

상륜부는 2층탑신의 상면에 넓은 판석을 놓고, 노반, 앙화, 보륜, 앙화, 보주의 순으로 구성되어 있다. 부연은 높직한 1단의 받침 위에 놓였는데, 낮은 탑신과 함께 하면에는 각형 2단의 받침을 조출했다. 상단의 앙연은 길이가 긴 단엽단판 16판의 앙연을 조식했다. 보륜은 높이가 낮은 편구형으로 면에는 圓紋에 마름모꼴이 있는 기하학적 문양이 조식되었다. 상면에 놓인 앙연 역시 단엽단판 16판의 연화문을 조식했고, 상면

| 법흥사 사리탑 옥개석 |

| 법흥사 사리탑 상층부 및 상륜부 |

에는 연봉형의 보주를 놓았다.

● 內部

　사리탑은 동남향으로 개설된 아치형의 문을 통해 진입해 내부를 일
주한 후 뒷면에 개설된 문을 통해 나가는 구소이나. 뿐만 아니라 내부는
벽체를 따라 답도가 형성되어 있어 전체적으로 '回'자형의 구조를 지니
고 있다. 아울러 중앙부를 이루는 고주의 정면에는 불상을 안치해 예배

| 법흥사 사리탑 내부 답도(정면) | | 법흥사 사리탑 내부 답도(배면) |

공간으로서의 기능성을 확보하고 있다.

정문을 통해 내부로 들어서면 중앙에 일변 410㎝ 규모의 방형 高柱를 중심으로 160㎝의 너비를 지닌 답도가 개설되어 벽체를 따라 내부를 일주할 수 있다. 답도에는 방형의 전을 깔았고, 고주 및 탑신의 안쪽 벽체는 모두 강회를 발랐다. 천장부는 벽체로부터는 3단, 고주로부터는 1단씩 내어쌓기를 해 상면의 폭을 최대한 좁힌 후 석재를 잇대어 마감했다. 이 같은 구조를 지닌 탓에 언뜻 보면 천장부에 배수로가 개설된 듯한

| 법흥사 사리탑 천장 구조 | | 법흥사 사리탑 내부 천장 회절부 |

착각이 든다.

高柱의 정면 즉, 출입문 쪽으로는 감실을 조성하고 내부에 석조여래좌상을 봉안했다. 감실의 정면에는 아치형의 문이 개설되어 있는데, 앞서 언급한 출입문과 같은 양식이다. 내부에 봉안된 석조여래입상은 身部

■ 법흥사 사리탑 내부 감실 ■

와 대좌 그리고 광배가 모두 일석으로 조성되었다. 광배는 주형거신광배로 상단부에 파손이 있으며 주연에는 아무런 조식이 없다. 장방형의 대좌에 조성된 석불은 무릎에 비해 신체가 높게 조성되어 안정감을 잃었고, 신체에 비해 광배가 크게 조성된 느낌을 준다. 갸름하게 조성된 상호는 소발의 두정에 큼직한 육계가 솟았다. 이마에는 백호공이 있으며, 두 눈은 눈두덩이 두텁게 묘사된 杏葉形으로, 명상에 잠긴 듯 半開하고 있다. 오뚝한 코와 두툼한 입술 그리고 상호 전면에서 배어나오는 미소가 잘 어울려 唐代 불상의 면모를 보이고 있다. 법의는 통견으로 오른쪽 어깨에서 흐르는 굵은 의문이 왼쪽 팔목을 감싸며 흘러내리고, 양손은 시무외여원인을 결했다. 하면과 같은 규모로 조성된 천장부는 각면 3단씩 내어 쌓기로 구축돼 상면의 면적을 좁힌 후 8엽 연화문이 선각된 판석으로 막았다. 천장의 북쪽 모퉁이에는 깔대기형의 구멍이 개설되었는데, 환기를 위한 시설로 생각된다.

■ 법흥사 사리탑 감실 내 석불입상 ■

③ 靈岩寺 慧崇塔

▌영암사 혜숭탑(정면) ▌

▌영암사 혜숭탑(측면) ▌

山東省 濟南市 長淸區 万德鎭에 長淸縣에 소재한 영암사의 탑림 북쪽에 세워져 있다. 唐 天寶年間(742~755)에 세워진 석탑으로 전면과 양 측면에 아치형의 문이 설치되어 있고 내부에는 조사상이 안치되었던 대좌가 남아있다.[36] 평면방형의 일층 탑신에 상륜부를 구비한 높이 5.3m의 규모이다.

● 外觀

지대석으로부터 기단과 탑신에 이르기까지 방형의 평면을 지니고 있다. 여러 매의 판석으로 조립된 지대석 위에 높직한 각형 2단 그리고 낮은 각형 1단의 받침을 조성한 후 낮은 기단을 두었다. 기단의 각 면에는 양 우주와 3개의 탱주를 모각했다. 기단의 남쪽 정면부의 중앙에는 장방형으로 돌출된 단을 마련해 마치 무덤 앞의 상석과 같은 구조를 갖췄다. 상

36   郭學忠 外,『中國名塔』, 中國撮影出版社, 2002, p.120.

석으로 추정되는 부분의 하
면에는 낮고 굵은 양 우주를
모각해 안정감을 더하고 있
다. 기단의 상면을 덮은 갑석
의 하면에는 각형 2단의 받
침을 조출했다. 갑석의 상면
은 편평하게 치석되었는데,

▌영암사 혜숭탑 기단부 ▌

하단에 초출된 각형 2단의 받침으로 인해 비교적 넓게 조성되었다.

탑신은 사문탑과 비슷한 규모의 석재를 10단으로 쌓아 구축했다. 각
면에는 강회를 발랐던 흔적이 역력히 남아있으며, 북면을 제외한 3면 모
두 문을 개설했다. 이 중 남쪽면만 실제 내부로 통하고, 나머지 면은 문
비형을 모각했다. 출입시설로 사용된 남문은 전체적으로 아치형이지만,
출입부는 장방형이다. 문의 상단은 보주형의 半圓圈으로 윤곽을 두른 후
하단에 아치형의 문을 설치했다. 보주형의 석재와 탑신을 구성하는 장방
형 부재는 서로 맞닿은 면을 따라 그랭이질이 되어 있어 무척 정교한 인
상을 준다. 부재의 상단에는 눈을 아래로 부릅뜬 鬼面이 두터운 양각으

▌영암사 혜숭탑 탑신 축조상태 ▌

∥ 영암사 혜숭탑 정면 출입문 ∥

로 조성되었다. 콧등이 넉넉한 코와 크게 뜬 눈이 매우 사실적인 느낌을 주고 있어, 문 안으로 사악한 것이 들어오면 가차 없이 징벌하겠다는 의지가 돋보인다. 양쪽 하단에는 안으로 말려들어가는 듯한 느낌을 주는 원문이 양각되어 있다. 문은 아치형으로 半圓의 아치와 출입문이 각각 별개의 석재로 조성되었다. 반원의 부재는 상인방까지 일석으로 조성되었는데, 각 부재 간에는 일단의 경계선을 두어 구분하고 있으며, 반원 내에는 아무런 조식이 없다. 문을 구성하는 양 기둥은 각각 일석으로 세웠는데, 상인방으로부터 내려오는 굵은 반원의 기둥이 표현되었다. 양 기둥은 하단에 놓인 높직한 閣峙方石이 받치고 있다. 양 부재 사이에는 문지방돌이 놓여 있다. 뿐만 아니라 문 안쪽에서 보면 문지방돌의 양 끝에 개설된 지도리 구멍은 본래 문짝을 달았던 사실을 추정케 한다. 동문은 남문과 같은 양식이지만, 아치형의 상단에 2구의 비천상이 마주보며 날고 있고, 중간부에 운문이 조각된 점이 다르다. 아울러 남문이 실제 출입시설로 마련된 반면, 동문은 문비형 모각에 그쳐 실질적인 출입 기능보다는 내부에 공간이 있음을 암시한다. 장방형의 문짝은 전체 2매의 판석으로 조성되었고, 왼쪽 문에는 정병을 든 신장이 조식되어 있다. 아마도 문을 지키는 역할로 추정되지만, 마멸이 심해 정확한 형상을 파악하기 어렵다. 문짝의 전면에는 판문을 보강하기 위해 박았던 쇠못을 상징하는 원형의 조각이 4개씩 4단에 걸쳐 양각되어 있다. 서문 역시 남문과 같은 양식이지만, 아치형의 상단부에 나신의 상체를 드러낸 신장상을 중심으로 주악상이 조각되어 있고, 그 주변에 유려한 운문이 조식되었다. 아치형의 내부와 문짝의 구성은 동일한 양식이다. 다만 동

| 영암사 혜숭탑 서문 | | 영암사 혜숭탑 동문 |

문과 비교하자면 오른쪽에 신장상이, 왼쪽에는 鬼面의 문고리가 장식되어 있는데, 이것으로 미루어 볼 때 본래 동문도 이 같은 양식이었을 것으로 추정된다.

옥개석은 옥개받침과 낙수면 그리고 처마석에 이르기까지 많은 석재가 사용되었다. 탑신의 상단에는 높직한 일단의 받침을 마련한 후 이로부터 각형 7단의 받침을 조출했다. 각 받침은 높이에 비해 너비가 길게 조성된 탓에 상단에 놓인 지붕석은 넓은 낙수면을 확보하여 전체적으로 안정감 있는 형상을 보여주고 있다. 처마는 중단에서 양 끝에 이르기까지 일정한 높이를 지니고 있으며, 전각에 이르러 반전 없이 수평을 유지하고 있다. 옥개석의 상면에는 전탑에서와 같이 9단의 층단형의 받침이 조출되어 있다. 각 받침은 높이가 낮고, 사이의 간격이 넓어 경사가 완만하다. 옥개석의 상면에는 또 한 층의 탑신을 올렸는데, 아래층과 같은 재질의 석재를 2단으로 구축하고, 하면에 각형 4단의 옥개받침이 조출된 같은 양식의 옥개식을 놓았다. 이 같은 지붕의 구성은 사문탑과는 사뭇 다른 양식인데, 이러한 차이는 후술할 내부구조의 천장과 연관이 있는 것으로 보인다.

상륜부는 노반석과 앙화석 그리고 상면에 놓인 보주로 구성되어 있다. 노반석은 면석과 상단 갑석이 각각 별석으로 조성되었다. 갑석의 하면에는 각형 2단의 받침이 조출되어 비교적 널찍한 상면이 마련되었는데, 네 모퉁이와 중간에 각각 1구씩 모두 8엽의 연화문이 베풀어졌다.[37] 앙화석은 원형으로 판내에 화문이 2중 연화문을 2단으로 조식하고, 상면에 원형의 보주를 놓았다.

● 內部

혜숭탑의 남쪽 문을 통해 내부로 들어가면 각 변 2.2m 크기의 방형 공간이 조성되어 있다. 내부에는 아무런 시설이 없고, 북쪽 벽에 잇대어 혜숭선사의 상을 놓았던 것으로 추정되는 장방형의 대좌가 놓여있다. 대좌는 지면으로부터 각형 4단의 받침을 마련한 후 상면에 높직한 대좌를 형성했는데, 상면은 평평하게 치석하였다.[38] 감실 내부의 바닥은 치석된

┃영암사 혜숭탑 내부 대좌 및 구조 ┃

┃영암사 혜숭탑 내부 대좌 ┃

37 이 같은 양식의 노반은 唐代에 건립된 대부분의 탑파에서 볼 수 있어 이 시기 상륜의 한 특성이라 여겨진다.

38 이처럼 탑파 내부에 승려의 상을 안치한 예로는 불광사 조사탑을 들 수 있다. 조사

장방형의 판석으로 정교하게 조성했
으며, 네 벽은 지면으로부터 5단까지
는 수직으로 조성한 후 이로부터 안쪽
으로 기울여 쌓아 상면에 이르기까지
좁아져 1매의 판석으로 천장을 마감
했다. 따라서 실내 공간의 입면은 자
연스레 아치형의 구조를 지니게 구성
되었다. 이 같은 내부 벽면의 구조는

┃ 영암사 혜숭탑 내부 모서리 구조 ┃

앞서 외관에서 보듯이 1층 탑신 위에 다시 소형의 탑신을 둔 결과라 생
각된다. 즉 실내의 상면을 평천장으로 구성했을 경우 공간이 협소해지
고, 구조적으로는 완전히 상자형을 이루게 되어 필연적으로 공간의 활용
에 답답함을 느꼈을 것이다. 따라서 탑신 상단에 소형의 2층 탑신을 두

┃ 영암사 혜숭탑 천장구조 ┃

탑은 북위시대에 건립된 것으로 추정되고 있어, 탑내에 상을 안치하는 예가 당대 이
전부터 있었음을 알 수 있다. 羅哲文. 張帆,『中國古塔』, 河北少年儿童出版社, 1991,
p.98.

고 이를 바탕으로 내부 공간의 천장부를 높게 조성함으로써 禪師의 像
또한 입상으로 모실 수 있는 공간을 확보하기 위한 의도로 보인다.

(2) 亭閣型 塼造塔婆

현재 중국 내에 현존하고 있는 亭閣型 塼造塔婆는 佛光寺 祖師塔, 少
林寺 경내에 있는 法如禪師塔(689年)·同光禪師塔(771年)·法玩禪師塔
(791年), 法王寺 墓塔群(3기), 安養 修定寺塔 등 모두 8기이다. 이들 중
북위시대에 건립된 것으로 알려진 불광사 조사탑을 제외하면 모두 唐代
에 건립된 것으로 파악되고 있다. 따라서 이들 탑에 대한 양식분석은 정
각형 불탑의 계보를 파악함은 물론 전탑과의 연관성 또한 두루 살펴볼
수 있는 의미있는 작업이라 생각된다.[39] 뿐만 아니라 이를 통해 唐代 전
탑의 양식 전개는 물론 한국 초기 석탑의 양식 규명에 결정적인 단서를
찾을 수 있을 것이라 판단된다. 唐代에 건립된 정각형 전조탑파는 기단
과 탑신부 그리고 상륜부로 구성되어 있는데, 이들이 지니고 있는 공통
적인 양식을 정리해 보면 다음과 같다.

첫째, 기단부는 탑신에 비해 현저히 낮은 높이를 지니고 있다.

정각형 전조탑파의 기단부가 낮게 조성된 예는 운강석굴 14굴에 부
조된 정각형 불탑에 나타나는데, 불광사 조사탑에서도 같은 양식을 찾아
볼 수 있어[40] 이 같은 전통이 계승된 것으로 생각된다. 뿐만 아니라 수와
당대에 건립된 수많은 전탑에서도 기단의 존재가 미미한 점을 보면 중

39　唐代부터 중국의 대표적인 양식의 탑으로 건립된 전탑은 대부분이 평면 방형의 형
　태를 지니고 있으며, 초층 탑신에는 문을 개설하고 있다. 뿐만 아니라 옥개받침과
　상면이 모두 층단형을 이루고 있는 등 양 유형의 탑에서는 상당한 공통점이 존재한
　다. 뿐만 아니라 현존하는 중국 전탑 중 건립연대가 확실한 香積寺 先導大師塔이
　681년작임을 고려할 때 상호 영향을 주고받았을 것으로 추정된다.

40　불광사 조사탑의 기단은 5단으로 벽돌을 사용해 들여쌓기 수법으로 구축했는데, 하
　면으로부터 2단까지는 비교적 높지만, 이후 상면으로 갈수록 일정한 비율로 축소되
　는 안정적인 구조를 보인다.

국 전탑에서의 기단은 그리 중시되지 않았음을 알 수 있다. 唐代에 건립된 전탑의 양상이 대부분 空筒式이었다는 점에 근거할 때,[41] 아마도 이러한 양상은 상부에서 누르는 하중의 분산 문제를 크게 고려하지 않았던 결과로 생각된다. 이와 더불어 정각형 불탑의 양식은 목조건축의 그것을 그대로 재현하고 있는 점에서 탑신에 비해 낮은 기단이 조성됨은 당연한 귀결이었다고 할 수 있다.[42] 이러한 가운데서 석재로 구축된 높은 단위에 건립된 법여선사탑은 이와 구분되는 양상을 보이고 있어 주목된다.[43] 이밖에 법왕사 2탑 및 3탑과 같이 낮은 기단 상면에 다시 높은 기단이 구축된 이층기단의 형태를 지닌 사례도 확인된다.

둘째, 탑신은 방형의 평면을 지녔으며 단층으로 조성되었다.

정각형 전조탑이 지닌 평면구도는 같은 유형의 석조탑과 동일한 양상을 보이고 있다. 벽체는 모든 탑에서 장병형의 벽돌을 고른층쌓기 수법으로 축조되었다. 전체적으로 볼 때 눈에 띄는 특징은 없지만, 대체로 2종류 이상의 벽돌을 사용한 것으로 판단된다. 즉, 높이는 일정하지만, 길이가 긴 것과 그것의 절반 정도의 규격을 지닌 벽돌을 교대로 쌓았다. 이를 자세히 보면 한 단에는 길이가 긴 벽돌을 놓고, 그 상단에는 다시 하단 벽돌 길이의 반 정도 크기의 벽돌을 놓아 벽돌이 맞닿은 면이 서로

---

41 張馭寰, 주 19의 책, p.156.

42 이 같은 면면은 한국의 시원양식기 석탑의 기단과는 완전히 다른 양상이라는 점에서 주목된다. 689년에 법여선사탑이, 이어 同光禪師塔(771年), 法玩禪師塔(791年)이 건립되고 있어 7세기 후반에서 8세기 후반에 이르는 동안 정각형 불탑에서의 기단은 대체로 소략한 양식이 유지되었던 것으로 보인다. 그러나 한국에서는 이 시기에 이르면 이층기단의 양식이 정형화되고 있어 대조적인 양상을 띤다.

43 정각형 불탑 중 법여선사탑은 가장 높은 기단 위에 건립되어 있다. 장방형의 석재로 구축되어 있는데, 이음새는 모두 시멘트로 마감되어 있어 근대에 보수된 것으로 생각된다. 그러니 이 불탑은 민상으로 모아 본래부터 높직한 지형을 이용해 건립되었을 것으로 판단되며, 시간이 지남에 따라 지형의 변형으로 인해 현재의 모습으로 변화된 것으로 여겨진다. 이와 더불어 법왕사에 건립된 불탑에서도 매우 높직한 기단을 형성하고 있어 법여선사탑 역시 본래는 같은 모습이었을 것으로 추정된다.

┃ 수정사탑 탑신 문양전 ┃

┃ 수정사탑 동벽 문양전 세부 ┃

┃ 수정사탑 서벽 문양전 세부 ┃

┃ 수정사탑 남벽 문양전 세부 ┃

┃ 수정사탑 북벽 문양전 세부 ┃

교차되는 소위 '品자형 쌓기' 방식으로 구축했다. 아마도 수직하중으로 인한 벽돌 이탈 방지와 벽돌끼리 맞닿은 면의 접지력 향상을 위한 방편이라 생각된다.[44] 반면, 수정사탑은 다양한 문양이 조식된 벽전으로 건립되고 있어, 새로운 양식으로 주목된다. 이 탑은 唐太宗 貞觀年間(서기627~649년)에 축조된 것으로 추정되고 있는데, 벽체는 직사각형·마름모형·오각형·삼각형과 직선과 곡선으로 구성된 조각 벽돌을 맞붙여 쌓아 구축했으며, 모두 3,442매의 벽전이 사용되었다. 탑신에서 확인되는 도안은 72종으로, 불교적으로는 天王·力士·飛天·사자·코끼리 象이 있고, 도교의 신인 靑龍과 白虎는 물론 眞人·童子·侍女까지 조각되어 있어 불교와 도교가 혼합된 양상이다.[45] 이 탑에 등장하는 다양한 유형과 문양은 다른 전탑에서는 거의 확인되지 않아 중국 내에

---

44 '品자형 쌓기'는 석조물의 건립에서도 그대로 적용되고 있는 가장 보편적인 방식이다. 특히 성곽이나 돌방무덤의 축조에서 그 예를 잘 볼 수 있다.

45 朱耀廷 外, 『古代名塔』, 遼寧師範大學出版社, 1996, p.112.

서도 唯一無二한 예라 생각된다. 뿐만 아니라 앞서 언급한 바와 같이 정각형 불탑의 탑신은 대개 단순하면서도 소박한 반면, 수정사탑은 화려함의 극치를 보인다는 점에서 대조된다. 현존하는 唐代의 전탑 중 이 같은 양식을 지닌 예를 찾을 수 없는 까닭은 아마도 문양이 새겨진 벽돌 생산에 따른 시간과 경제적 효율성 측면에서 찾을 수 있을 것이다. 이와 더불어 법왕사 탑에서는 벽체 상단에 방형의 형태로 개설된 구멍을 볼 수 있는데, 이 구멍은 벽면의 좌·우에 대칭되게 뚫려있다. 이는 탑신이 높아짐에 따라 원활한 작업을 위해 시설한 발판의 橫木을 끼어 넣는 용도로 보고 있다.[46]

셋째, 정각형 불탑의 탑신 전면에는 출입시설이 마련되어 있다.

정각형 불탑을 위시한 중국의 전탑은 목조건축을 재현하고 있어, 어떠한 형태로든 내부에 공간이 있음을 구현하고자 했다. 더욱이 외벽을 벽돌로 촘촘히 구축했기에 더욱 그러했을 것으로 생각된다. 실제 정각형 불탑의 가장 초기적인 양식을 보여주는 운강석굴의 1굴과 2굴 그리고 14굴의 부조탑에서도 아치형의 문을 설치하고 내부에 불상을 봉안하고 있다. 이 같은 양상은 불광사 조사탑은 물론 북제시대에 조성된 북향당산석굴 대불동이나 청주 용흥사 출토 불상의 광배에 조식된 불탑에서 계승되고 있다. 하지만, 운강석굴과 북향당산석굴 및 용흥사 출토 불상 광배에 등장하는 정각형 불탑은 浮彫塔인 탓에 내부 공간을 암시함으로써 그 내부에 불상을 봉안하는데 그치고 있다. 그러나 조사탑과 같이 지상의 건축물로 건립되었을 때는 구조적인 안정성 확보와 더불어 공간성 구현이라는 상징 그 이상의 현실적인 표현력이 요구되었다. 이에 따라 지상의 건축물로서 정각형 불탑이 본격적으로 건립되기 시작한 唐代에 이르면 보다 구체적이면서도 구조적인 면에서 안정성을 담보로 하는 출

---

46 위의 책, p.44.

▌법왕사 1탑 벽체 구멍 ▌

▌법왕사 1탑 출입문 ▌

한국 석탑의 양식 기원 – 미륵사지 석탑과 분황사 모전석탑 –

입시설이 등장하게 된다. 정각형 불탑에 등장하는 출입시설은 석재든 벽돌이든 모두 아치형 구조이다. 아마도 이 구조가 북위시대 이래의 전통을 계승하면서도 상부로부터 전달되는 하중을 분산하기에 가장 적합하기 때문에 자연스럽게 채용되었을 것으로 생각된다.[47] 뿐만 아니라 아치형 구조가 장방형의 벽체가 주는 경직성을 완화하여 조화를 이룰 수 있는 평면구도라는 점도 채택의 한 요인으로 작용했을 것이다.

한편, 정각형 전조탑파에 개설된 문은 ① 출입이 가능한 것, ② 출입은 가능하지만 소형으로 조성된 것, ③ 문비 형태를 띤 상징적인 것의 세 가지 유형으로 구분되는데, ①은 보통 사람이 쉽게 출입할 수 있는 규모로 수정사탑과 법왕사1탑에서 볼 수 있다. 이들은 내부에 예불이 가능할 정도의 공간을 확보하고 있는데, 내부에는 현대에 조성된 불상을 봉안하고 있다. ②의 경우는 법여선사탑 · 동광선사탑 · 법왕사2탑에서 볼 수 있다. 모두 전면에 아치형의 문이 개설되어 있지만, 규모가 작아 실제로 출입하기에는 어려움이 있다. 이들 탑에서는 문의 내부를 확인하지는 못했지만, 서안 홍교사의 예를 볼 때, 승려의

---

47 이 같은 양상은 불광사 조사탑의 아치형의 출입문에서도 볼 수 있으며, 누각식과 밀첨식 전탑에 등장하는 출입문에서도 확인 가능하다.

| 소림사 법여선사탑 출입문 |

| 소림사 동광선사탑 출입문 |

| 법왕사 2탑 출입문 |

상이 봉안되었었을 것으로 생각된
다.[48] ③의 경우는 법완선사탑이 해당
되는데, 석재로 조성한 장방형의 문
짝에 철 못을 표현하고, 중앙에는 자
물통까지 조식함으로써 완벽한 문의
형상을 구현했다. 문짝의 좌·우에
는 무기를 소지한 신장상을, 문지방
의 중앙에는 향로를 배치했고, 빈 여
백에는 초화문을 가득히 표현했다.
상면에는 문양이 조식된 굵은 선으
로 외연을 구획한 후 내부에는 迦陵
頻伽 한 쌍을 조식하고 있다. 이 같

| 소림사 법완선사탑 문비 |

은 양상을 볼 때 법완선사탑의 출입시설은 비록 문비형의 형태로 조성
되었지만, 탑신에 공간성을 부여하고 있음을 알 수 있다. 즉, 철못과 자

---

48 당대에 건립된 전탑에서도 이처럼 작은 문을 개설한 경우가 있다. 대표적인 예로는
　　서안 흥교사에 건립되어 있는 基師塔, 測師塔, 唐三藏塔를 들 수 있는데, 내부에는
　　각각 승려의 상이 봉안되어 있다.

물쇠가 표현된 문짝과 이를 지키는 신장상과 향로 그리고 가릉빈가는 문 안쪽에 공간이 있음을 암시하는 장치로 보인다. 이처럼 3가지 유형의 출입구 상면에는 법완선사탑에서와 같이 반타원형의 석판이 부착되었는데, 대체로 불상과 초화문이 장식된다.

넷째, 옥개석은 상 · 하면이 층단형을 이루고 있다.

옥개석에 구현된 층단형 받침과 낙수면은 수와 당대에 건립된 모든 유형의 전탑에서 공통적으로 보이는 수법으로, 벽돌로 조성한 전탑의 특성이 잘 드러난다. 그러나 누각형이나 밀첨식 전탑과는 달리 탑신부의 규모에 비례해 지붕의 규모가 넓게 조성됨으로써 나름 완만한 곡선미를 보이고 있다.

| 소림사 법여선사탑 옥개석 |

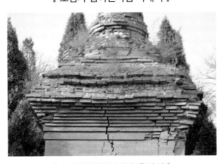

| 소림사 법완선사탑 옥개석 |

정각형 전조탑파에 구현된 옥개석의 양식을 살펴보면 옥개받침은 크게 받침부가 직선형을 이루며 상승미를 추구한 것과 완만한 곡선미를 보이는 두 가지 유형으로 구분된다. 전자는 법여선사탑, 법완선사탑, 법왕사1탑과 2탑에서 확인된다. 이들의 경우 하단으로부터 상면으로 갈수록 넓게 조성되어 상승감을 획득했다. 이에 반해 동광선사탑에서는 상단으로 갈수록 완만한 곡선미를 보이고 있다.[49]

---

49 양 탑은 옥개받침이 각각 15단으로 만약 전자의 방식을 따를 경우 지붕이 높게 조성되어 탑 전체의 균형과 조화를 깨트릴 수밖에 없는 구조이다. 이에 따라 내어쌓기

낙수면의 양식은 대체로 풀에 덮여있거나, 육안으로 관찰하기 어려운 높이를 지닌 탓에 자세한 정황을 파악하는데 어려움이 있다. 다만 수정사탑의 경우, 하단석은 벽전을 별도로 제작해 완만한 菱形을 이룬 반

▌ 법왕사1탑 옥개석 ▌

면, 상단부는 층단형을 이루고 있다. 그런데 이 이탑은 정각형 전조탑파 중에서도 크고 높게 건립되었기 때문에 같은 유형의 다른 탑에 비해 넓게 조성되었다. 이로 인해 각형 16단의 층단형 받침은 기울기가 비교적 완만하여 매우 안정적인 지붕면을 갖췄다. 뿐만아니라 소림사 법완선사 탑에서는 상단으로 갈수록 좁아지는 층단형의 받침이 확인된다. 한편, 동광선사탑에서는 암·수막새기와가 표현되어 비록 층단형의 받침을 지닌 지붕일지언정 목조건축의 양식을 구현하고자 했던 당시 조탑공의 굳은 의지를 엿볼 수 있다. 따라서 수정사탑과 같은 예외적인 사례를 제외한다면, 정각형 전조탑파에 구현된 옥개석의 양식은 수와 당대에 건립된 전탑과 동일한 양식으로 판단된다.

　다섯째, 정각형 전조탑파는 모두 화사한 상륜부를 구비하고 있는데, 특히 벽돌로 조성된 방형의 노반석은 공통적으로 확인된다. 일반적으로, 상면의 평면 구도는 방형과 원형이 조합된 경우와 원형으로만 이루어진 경우로 구분되고, 재료적인 측면에서는 모두 벽돌로 구성된 것과 벽돌과 석재가 혼합된 것으로 양분된다. 이를 정리해 보면 다음과 같이 집약된다.

───────────────

　로 구축한 벽돌의 간격을 절묘하게 조정함으로써 완만한 곡선미를 구현했다. 아울러 옥개받침의 가장 하단으로부터 상단으로 갈수록 조금씩 바깥쪽으로 벌어지며 구성되는 곡선미에서 당시 축조기술의 일면을 볼 수 있다.

∥ 법왕사2탑 옥개석 ∥

∥ 소림사 동광선사탑 옥개석 ∥

❚ 소림사 동광선사탑 처마 막새기와 ❚

〈표-2〉 정각형 전조탑파 상륜부 구성 표

탑명	평면구도	조성재료	구성요소	건립연대
소림사 법여선사탑	원형	석재	노반, 앙화, 보륜, 보개, 수연, 보주	689년
소림사 동광선사탑	방형+원형	벽돌+석재	노반, 복발, 앙화, 보주	770년
소림사 법완선사탑	원형	벽돌+석재	노반, 복발, 앙화, 보주	791년
법왕사 1탑	원형	석재	노반, 복발, 앙화, 보륜, 보병	唐 중기
법왕사 2탑	원형	벽돌+석재	노반, 복발, 앙화, 보병	唐 중기
법왕사 3탑	원형	벽돌+석재	노반, 복발, 앙화, 보륜, 보병	唐 중기
수정사탑	방형+원형	청동제	노반, 앙화, 복발, 보륜, 보주, 보병 明代 보수[50]	642년

위의 표를 보면 정각형 전조탑파의 상륜부는 동광선사탑과 수정사탑을 제외하면 모두 원형의 평면구도이다. 이 같은 경향은 방형으로 조성된 노반석 상면에 상륜부재를 놓기 위해서는 같은 형식보다는 원형의

---

50   朱耀廷 外, 앞의 책, p.113.

평면이 더 조화로울 수 있다는 착상의 발로라 생각된다. 뿐만 아니라 노반석 상면에 다양한 부재가 충적되는 까닭에, 전각형이나 밀첨식 전탑에서와 같이 찰주를 사용하는 대신, 부재를 그대로 쌓아 올린 방식을 택한 것도 하나의 계기로 작용했을 것이라 판단된다. 이와 더불어 사용 재료에 있어 절대다수가 벽돌과 석재를 혼용하고 있음도 알 수 있다. 이 경우 벽돌은 주로 받침부에 사용되어 아무런 조식이 없는 반면, 석재에는 연화문과 가릉빈가, 초화문 등 다양한 조각이 조식되어 있다. 이 같은 면은 상륜부를 화사하게 장식하고자 했을 때, 표면장엄을 구현하기 위해서는 벽돌보다 석재를 사용하는 것이 더 실용적이라는 판단이 작용한 결과로 생각된다.[51]

한편, 상륜부의 구성에서 가장 특이한 점은 지붕이 상면을 덮고 있는 원구형의 부분인데, 이 같은 양식은 운강석굴 14굴에 부조된 정각형 불탑에 등장한 이래[52] 법왕사에 소재한 3기의 탑에서 확인되고 있다. 이러한 양식의 근원을 중국화 경향에서 찾는 견해가 발표된 바 있지만[53] 필자는 간다라 불탑 양식의 여파라고 생각한다.[54] 상륜부 구성에 있어 또 다

51 수와 당대의 건립된 전탑 중에서 상륜부가 완전한 경우는 명혜대사탑(석재), 묘락사전탑(청동제), 정병사전탑(청동제), 정광탑(벽돌+석재), 범주선사탑(벽돌+석재), 정병사전탑(청동제) 등이 해당된다. 정각형 석조탑파에서는 신통사 사문탑만이 남아있는데, 이 탑은 석재이다.

52 운강석굴에 부조된 정각형 불탑의 옥개석 상면에는 모두 원구형 복발과 앙화가 표현되어 있다. 지붕 상면에 원구형의 복발이 표현된 것에 대해서 상륜부의 양식이 중국화된 것으로 보는 견해도 있다. 吳慶洲, 「中国佛塔塔刹形制研究 上·下」, 『古建园林技术』, 1994年 4期 및 1995年 1期. 이와 더불어 粟特地域의 건축과 밀접한 연관이 있다는 주장도 대두된 바 있다. 孫機, 「我国早期单层佛塔建筑中的粟特因素 下」, 『宿白先生八秩华诞纪念文集』, 2003.

53 吳慶洲, 「中国佛塔塔刹形制研究 上」, 『古建园林技术』1994年 4期.

54 간다라 지역으로부터 불교가 유입되는 주요 경로에 위치한 客什의 모르유적의 불탑과 庫車에 있는 스바시유적의 서쪽 사원지 불탑, 투루판에 있는 교하고성의 사원지(탑림)에는 원구형의 탑신을 지닌 불탑이 잔존하고 있다. 이들 탑에서 보이는 양식은 바로 인접한 간다라 지역에서 확인되는 불탑의 탑신과 완전히 일치하고 있다. 따

른 특징 중의 하나는 앙화인데, 이때 앙화로 보는 부분은 중국에서는 山花蕉葉으로 불린다. 이 부분이 인도 스투파에서 보이지 않는 중국 탑찰 특유의 소산으로 중국의 옥개척식(屋蓋脊飾)이 변천하여 생긴 것으로 보고 있다.[55] 그런데 정각형 전조탑파에서 보이는 앙화가 北魏 平城石塔과 더불어 운강석굴에 부조된 정각형 불탑에서도 나타나고 있어 북위시대에 등장한 상륜부의 新樣式임을 알 수 있다.[56] 한편, 소림사 동광선사탑과 법완선사탑에서는 상륜부의 정상에 원구형의 보주를, 법왕사의 불탑 3기에서는 寶瓶을 놓아 마감하고 있다.

라서 간다라의 불탑 양식이 투루판 지역까지 직접적으로 영향을 미치고 있음을 알 수 있는데, 이곳을 제외한 다른 지역에서는 이 같은 양식을 볼 수 없다. 이를 볼 때 투루판지역까지 전파된 간다라의 불탑양식이 중국화 되는 과정을 거치면서 초기 불탑의 양식을 지닌 정각형 불탑의 지붕 상면에 축소된 양식으로 등장하는 것으로 생각된다.

55 吳慶洲, 주 54의 논문.

56 吳慶洲, 위의 글. 대체적인 양식은 방형의 대좌를 중심으로 네 모퉁이와 중간부에 각각 앙련이 배치된 형태인데, 이는 신라석탑의 앙화에서도 확인되고 있어 주목된다.

(3) 亭閣型 石造塔婆와 塼造塔婆의 比較

정각형 불탑은 조성재료에 있어 석재와 벽돌의 두 가지가 모두 사용되었다. 따라서 정각형 불탑은 조성재료에 있어 두 가지 계통으로 전개되어 나갔을 것임을 알 수 있는데, 수와 당대에 건립된 정각형 불탑의 전체적인 양상은 앞의 〈표-1〉에서 정리한 바 있다. 앞서 언급한 정각형 석조 및 번조탑파의 다양한 내용들에 대해 비교 서술해 보면 다음과 같다.

첫째, 현존하는 12기의 정각형 불탑 중 석재는 5기, 벽돌은 7기로 단연 전탑이 수적으로 우세하다.[57] 이처럼 建塔의 재료로서 벽돌이 사용된 이유로는 먼저 석재보다 벽돌을 더 선호했던 당시 건축관을 꼽을 수 있다. 표에서 보듯이 사문탑을 제외하면 모두 唐代에 건립되었는데, 이는 당시 전탑이 축조되던 일반적인 문화적 풍조에 기인한 것으로 생각된다. 그리고 이들이 건립된 지역이 황하유역이라는 점은, 자연환경과 탑의 건축 소재의 밀접한 관계를 시사해준다. 또한 唐代에는 8세기 전반에 이르러서야 석탑의 건립이 시작되고 있어[58] 정각형 불탑이 건립되던 7세기에는 석탑의 건립이 활발하지 않았던 것도 주된 원인이라 생각된다.

둘째, 정각형 불탑은 조성재료에 관계없이 외형적으로는 낮은 기단을 구비한 단층의 탑신과 층단형을 이루는 옥개석 등에서 양식을 공유하는 반면, 내부구조에서 확연한 차이를 노정하고 있다. 큰 틀에서 볼 때, 정각형 불탑의 내부 구조는 실제로 출입이 가능한 경우와 내부가 협소하여 불상이나 승려의 상만을 봉안한 경우, 두 가지로 구분된다. 이 중

---

57 이중 병령사 3호 석굴 석탑과 신통사 천불애 석탑은 소형인 관계로 규모에 있어 비교의 대상으로 삼기에는 문제가 있다. 따라서 이 2기의 석탑을 제외하면 단연 전탑이 많이 건립되었음을 알 수 있다.

58 필자가 조사한 바로는 당대에 건립된 석탑은 약 30기가 현존하고 있는데, 이들 중 건립연대가 분명한 것으로는 靈岩寺 石塔(735), 神通寺 小唐塔(717), 云居寺 景云二年銘 石塔(711), 云居寺 太極元年銘 石塔(712), 石經山 金仙長公主 石塔(721), 云居寺 開元十年銘 石塔(722), 云居寺 開元十五年銘 石塔(727), 陽台寺 雙石塔(750), 內黃縣 二安鄕 雙石塔(743) 등이 있다.

전자의 경우는 석조탑파에 해당되는데, 모두 실제 출입이 가능할 뿐만 아니라 내부에 불상을 봉안하고 踏道까지 조성했다. 이와 상반되게, 전조탑파에서는 수정사탑에서만 활동이 가능한 공간을 확보하고 있을 뿐 나머지는 모두 소형의 공간만을 구비하고 있다. 이 같은 내부구조를 좀 더 구체적으로 구분해 보면 ① 탑 내부에서 불상을 봉안하고 예불은 물론 이를 일주할 수 있는 답도를 구비한 경우, ② 불상을 봉안하고 예불행위만이 가능한 공간을 지닌 경우, ③ 내부에 像만을 봉안할 수 있는 좁은 공간을 확보하고 있는 경우의 3가지 유형으로 구분된다. 이 같은 상황은 高柱의 유무와 천장부의 구조의 차이에서 기인한 것으로 생각된다.

즉, ①항의 경우는 신통사 사문탑과 법흥사 사리탑이 해당된다. 사문탑은 네 곳에 개설한 문을 통해 출입이 가능하다. 탑의 내부는 중앙에 놓인 高柱를 중심으로 불상을 봉안하고 있을 뿐만 아니라 개설된 답도를 통해 내부 공간을 일주할 수 있는 구조이다. 이와 마찬가지로, 법흥사 사리탑에도 전면과 후면에 출입문이 있고, 내부에는 중앙에 불상을 봉안했으며, 사방을 일주할 수 있는 답도가 구비되어 있다. 뿐만 아니라 양 탑의 천장은 모두 들여쌓기 수법이 적용되었다.[59] 그러나 ②와 ③의 경우는 내부에 고주가 없는 데다 천장부에 들여쌓기 수법을 전체적으로 적용한 탓에 상면으로 갈수록 점차 좁아지는 형태이다. 결국 정각형 전조탑파에 적용된 高柱의 생략은 천장부가 자연스레 고깔형을 띠게 된 주된 요인이라 생각된다. 정각형 불탑은 조성재료에 관계없이 모두 空筒式으로 건립된 탓에 옥개석의 하중분산 문제를 건탑 시 가장 먼저 고려하게 되기 때문이다. 따라서 중앙에 高柱가 있어 천장부가 일정 면적을 확보할 수 있는 구조에서는 탑신의 규모를 널찍하게 조성할 수 있지만, 상대적으로 그렇지 못할 경우에는 반대의 상황이 벌어짐은 필연적인 결과라 생각된

59 朴慶植, 「隋・唐代의 佛塔研究(Ⅰ): 亭閣形石造塔婆」, 『文化史學』29號, 韓國文化史學會, 2008, pp.125-150.

다. 뿐만 아니라 석재로 지붕을 조성할 경우에는 들여쌓기 수법과 장방형의 판석을 이용한 넓은 면적을 지닌 평천장의 조성이 가능하다. 하지만, 벽돌로만 구축할 경우 설사 고주가 있다 하더라고 평천장을 구축할 수 없다는 재료상의 한계가 있다. 이에 따라 정각형 불탑 중 석조탑파에서는 실제 예불행위가 가능한 공간이 확보되지만, 전조탑파에서는 像만을 봉안할 수 있는 매우 협소한 공간을 갖출 수 있을 뿐이다. 이러한 측면에서, 조성재료의 차이는 천장부를 변화를 초래하고, 이에 따라 감실 내부의 면적 역시 축소됨을 확인할 수 있다.

셋째, 정각형 석조탑파와 전조탑파에서 파악되는 양식의 차이는 상륜에서도 확연히 드러난다. 현존하는 정각형 불탑들은 대부분 상륜부를 구비하고 있어 이 같은 양상을 살펴볼 수 있다. 정각형 전조탑파에 대해서는 앞서 고찰한 바 있는데, 석조탑파와의 비교를 위해 전체적인 양상을 다시 정리해 보면 표-3으로 집약된다.

〈표-3〉 정각형탑의 상륜부 구성

탑명	평면구도	조성재료	구성요소
신통사 사문탑	방형+원형	석재	노반, 앙화, 보륜, 보주
법흥사 사리탑	방형+원형	석재	노반, 앙화, 보륜, 보주
영암사 혜숭탑	방형+원형	석재	노반, 앙화, 보주
소림사 법여선사탑	원형	석재	노반, 앙화, 보륜, 보개, 수연, 보주
소림사 동광선사탑	방형+원형	벽돌+석재	노반, 복발, 앙화, 보주
소림사 법완선사탑	원형	벽돌+석재	노반, 복발, 앙화, 보주
법왕사 1탑	원형	석재	노반, 복발, 앙화, 보륜, 보병
법왕사 2탑	원형	벽돌+석재	노반, 복발, 앙화, 보병
법왕사 3탑	원형	벽돌+석재	노반, 복발, 앙화, 보륜, 보병
수정사탑	방형+원형	청동제	노반, 앙화, 복발, 보륜, 보주, 보병
병령사 3호석굴 석탑	방형	석재	노반, 앙화
신통사 천불애 석탑	방형	석재	노반, 앙화, 보륜, 보병

이 표를 보면 정각형 불탑의 상륜부는 조성재료에 따라 차이가 있음을 볼 수 있는데, 이를 정리해 보면 아래와 같다.

① 석조탑파인 신통사 사문탑, 법흥사 사리탑, 영암사 혜숭탑은 상륜부의 평면구도가 방형과 원형의 결합체인 반면, 전조탑파는 대부분 원형의 평면이 중심을 이루고 있다. 이 같은 차이는 석재를 벽돌과 같이 자르고 다듬어 조성한 탓에 재료상의 차이가 크게 작용하지 않은 것으로 판단된다. 이와는 달리, 규모에 있어서는 주로 석조탑파가 옥개석 크기에 비해 소형으로 조성되고, 전조탑파는 상대적으로 이보다 크게 제작되었다.

② 구조적인 측면에서, 석조탑파는 주로 노반 · 앙화 · 보륜 · 보주가 중심을 이뤄 비교적 단순한데, 전조탑파에서는 이를 포함한 원구형의 복발이 채용되고 있다. 이에 대해서는 앞서 언급했듯이 정각형 불탑에 간다라 불탑의 양식이 반영된 결과로 생각된다.

③ 석조탑파에 비해 전조탑파의 상륜부가 훨씬 화려하게 조성되었다. 석조탑파의 상륜부는 앙화에 구현된 앙련이 전부이다. 그러나 전조탑파에서는 복발과 앙화는 물론 각 부재 사이에 놓인 모든 받침부에 다양한 장엄이 등장하고 있어 화려함의 극치를 보이고 있다. 이러한 측면은 법완선사탑에서 확연히 드러난다. 이를 보면 원형의 복발에는 볼륨이 강한 花紋사이에 가릉빈가를 조식했을뿐만 아니라, 연판 내부에 화문이 있는 3중 앙련이 조식된 앙화와 유려하게 조각된 소용돌이 화문 사이의 양각 천인상 및 공양상 등의 여러 조식을 가함으로써 상륜부를 한층 화려하게 장식했다. 이처럼 법완선사탑에서 보이는 화려한 상륜부는 비록 정도의 차이는 있을지언정 법여선사탑을 제외한 대부분의 전조탑파에서 공통적으로 관찰되는 양식이다. 결국 정각형 석조탑파와 전조탑파는 탑신에서 뿐만 아니라 상륜부에서도 확연한 차이를 지니고 있음을 알 수 있다. 더불어 석조탑파에서는 혜숭탑만이 승려의 사리탑으로 건립된 반면, 전조탑파는 모두 승탑으로 건립되고 있다. 이는 석탑과 전탑이라

▌신통사 사문탑 상륜부 ▌　　　　　▌법흥사 사리탑 상륜부 ▌

▌영암사 혜숭탑 상륜부 ▌

❚ 소림사 법여선사탑 상륜부 ❚

❚ 소림사 동광선사탑 상륜부 ❚

❚ 소림사 법완선사탑 상륜부 ❚

‖ 법왕사 1탑 상륜부 ‖

‖ 법왕사 2탑 상륜부 ‖

‖ 법왕사 3탑 상륜부 ‖

┃ 수정사탑 상륜부 ┃　　　　　┃ 병령사 3호석굴 석탑 상륜부 ┃

는 재료상의 차이와 더불어 佛舍利와 僧舍利의 봉안 여부에 따른 분명
한 차이가 노정된 것이라 생각된다.[60]

　④ 석조탑파에서는 모두 석재로 상륜부를 구성한 반면, 전조탑파에
서는 벽돌과 석재를 혼용하였다. 그런데 앞서 살펴본 바와 같이 다양한
장엄은 주로 석재를 사용한 부분에 조식되었다. 이처럼 벽돌과 석재의
조합을 통해, 한편으로는 벽돌이 지닌 재료적인 한계를 극복하여 화려한
상륜부를 구성함으로써 완전히 새로운 양식의 상륜부를 창출한 것은
정각형 전조탑파만이 지닌 특수성이다.[61]

60　이 같은 면면은 전각형과 밀첨식으로 건립되던 일반적인 唐代의 전탑에서 대부분
　　청동제로 상륜부를 구성하고 있을 뿐만 아니라 평면의 규모는 축소되었을지언정
　　화려한 상륜부를 구성하고 있는 것과 일치하다. 더불어 이들의 대다수가 승려의 사
　　리탑이라는 점에서 공통점을 보이고 있다.
61　주 58에서도 언급했듯이 정각형 전조탑파에 구현된 상륜부 양식은 더 이상 발전하
　　지 못한 것으로 보인다. 왜냐하면 唐代에 건립된 대부분의 전탑에서는 찰주를 중심
　　으로 구성된 청동제 상륜부 중심을 이루고 있기 때문이다.

넷째, 정각형 석조탑파를 양식분류상 모전석탑이라 칭할 수 있는가에 대한 문제이다. 신라석탑 발달사에서 초두에 놓이는 탑은 명실공히 분황사모전석탑이다. 이 석탑이 지닌 양식에 대해서는 중국전탑의 영향이란 설과 함께 사문탑에서 동질성을 구하는 견해가 지배적이다.[62] 하지만, 분황사모전석탑에 사용된 부재와 앞서 언급한 3기의 석탑에 사용된 부재는 크기 면에서 완전히 다른 양상이다. 다시 말해 분황사의 것은 실제 벽돌과 같이 길이 30-45cm, 두께 4.5-5cm의 크기로 치석되었다. 그렇지만, 정각형석탑은 석재를 170cm×43cm~50cm×20cm 크기로 치석해 건립했다. 일반적으로 볼 때 당대에 건립된 전탑에서 사용된 부재의 크기는 분황사모전석탑의 그것과 비슷한 크기이지만, 정각형 석탑은 완전히 다른 양상임을 알 수 있다. 아울러 앞서 언급한 중국 탑파의 분류에도 '모전석탑'이라는 용어는 사용되지 않는 점으로 보아 정각형 석조탑파를 모전석탑으로 분류하기에는 많은 문제가 따르는 것으로 판단된다. 따라서 정각형 석조탑파는 비록 조형상에서는 분황사모전석탑과 동질성을 인정할 수 있지만, 사용된 석재의 크기에 있어 모전석탑이라는 장르에 속할 수 없음을 알 수 있다. 그러므로 중국의 불탑에서 모전석탑으로 분류될 수 있는 석탑은 찾아보기 어려운 것으로 판단된다.[63]

---

62 분황사모전석탑을 중국전탑과 목탑의 양식의 재현이라는 견해는 우현 선생 이래 줄곧 우리를 지배하고 있는 논리이다. 뿐만 아니라 이 석탑의 양식이 사문탑과 친연성이 있다는 견해가 발표된 바 있다. 朴慶植,「芬皇寺 模塼石塔에 대한 考察」,『芬皇寺의 諸照明』, 新羅文化宣揚會, 1999, pp.161~197; 周炅美,「분황사 석탑 출토 불사리장엄구의 재검토」,『시각문화의전통과 해석』, 예경, 2007, p.280. 이 같은 견해는 분황사모전석탑의 양식 기원 문제를 다루면서 사문탑의 영향력이 배제된 석탑임을 밝힌 바 있다. 박경식,「분황사 모전탑의 양식 기원에 대한 고찰」,『신라문화』 41집, 동국대학교 신라문화연구소, 2013. pp.163-194.

63 이 같은 정황을 볼 때 분황사모전석탑이 탑신 네 곳에 문이 개설되어 있고, 3층 옥개석이 사모지붕형이라는 외형에서 사문탑과의 연관성이 제기었다. 하지만, 양 석탑은 구조는 물론 사용된 석재의 크기와 층수에 있어서도 확연한 차이를 보이고 있다. 朴慶植,「분황사 모전석탑의 양식 기원에 대한 고찰」,『신라문화』 41집, 동국대학교

다섯째, 중국과 한국의 탑파는 그 시원에 있어 목조건축의 양식을 모방해 건립했음은 주지의 사실이다. 앞서 언급한 정각형 석탑에서도 이 같은 요인을 찾을 수 있다. 먼저 전체적인 외형에서 낮은 기단과 이에 오를 수 있는 계단을 설치한 점, 방형의 탑신과 그것에 잘 어울리는 사모지붕을 옥개석으로 채용한 점을 들 수 있다. 따라서 전체적인 외형은 소형 가옥을 연상케 하는 양식을 구현하고 있음

┃ 신통사 천불애 마애탑 상륜부 ┃

을 알 수 있다. 뿐만 아니라 네 벽에 개설된 출입문은 모두 상면에 보주형의 장식부를 두었으며, 출입문은 장방형의 형태로 상·하인방석·기둥·지도리 구멍·閣峙方石을 마련해 완벽한 문을 구현하고 있다. 아울러 옥개석에 있어서도 벽체와 균형을 이루는 처마의 길이와 더불어 옥개석 상단 받침이 층단형임에도 불구하고 적당한 체감과 반전을 가미해 날렵하고 아름다운 곡선미를 보이고 있다.[64] 이 같은 면면은 정각형불탑 건립시 소형의 석재를 사용해 목조건축의 지붕을 재현하고자 했던 노력

신라문화연구소, 2013.

[64] 정각형 불탑은 재료에 관계없이 옥개석의 받침부와 낙수면이 모두 층단형을 이루고 있다. 이에 반해 사문탑과 법흥사 사리탑에서는 반전을 이루고 있어 특이한 양식을 보이고 있다.

의 산물이라 판단된다.

여섯째, 한국과는 달리 중국에서는 불탑과 승탑에 외형은 물론 양식적인 면에서 특별한 구분이 없었다. 실제 정각형 석조탑파에서 승려의 묘탑은 563년에 건립된 靈泉寺 道憑法師塔을 필두로 영암사 혜숭탑에 불과하다. 그러나 정각형 전조탑파에서는 북위시대에 건립된 불광사 조사탑을 필두로 앞서 살펴본 모든 탑파에서 승려의 墓塔이라는 공통점을 지니고 있다. 뿐만 아니라 소림사 법완선사탑과 동광선사탑에서는 탑비에 해당하는 壁碑가 탑신에 감입되어 있어 더욱 그러하다.[65] 이와 더불어 수와 당대에 건립된 정각형 불탑은 앞서 살펴본 바와 같이 정각형 석탑에서 시작되어 재료상 벽돌로 전환되며 발전되어 갔음을 알 수 있다.[66] 이처럼 정각형 불탑은 조성 재료에 관계없이 불탑과 승탑으로 활용되었음을 알 수 있다. 더불어 이 같은 양상은 수와 당대의 전탑에도 적용되고 있다. 이 시기에 건립된 대부분의 전탑에 승려의 이름이 수반됨은 바로 이를 반증한다. 다시 말해 중국 전탑의 절대다수는 승탑이라는 점이다. 따라서 전탑이 불탑과 승탑로 활용됨은 바로 정각형 불탑에서 비롯됨을 알 수 있다.

일곱째, 정각형 불탑은 내부 공간의 규모에 따라 이를 일주하며 예불행위를 할 수 있는 유형과 독립된 감실만을 구성해 단순 예불행위만이 가능한 유형의 2가지 계통으로 구분된다. 앞서 언급한 바와 같이 당대에 건립된 정각형 탑파는 석조탑파 외에도 佛光寺 祖師塔, 修定寺塔, 少林寺 同光禪師塔 및 法玩禪師塔과 등봉에 소재한 法王寺 僧墓塔群을 들

---

65 양 탑에 감입되어 있는 벽비에 대해서는 엄기표 선생이 그 내용을 발표한 바 있다. 嚴基杓, 「中國 小林寺의 唐代 僧墓塔 考察」, 『忠北史學』19집, 忠北大學校史學會, 2007, p.159 및 p.163.

66 정각형 탑파에서 가장 먼저 건축물로서 건립된 예는 불광사 조사탑이다. 하지만, 이 탑은 전체적인 외관에서는 그럴지언정 실제로는 방형의 벽체에 사모지붕을 갖는 전형적인 정각형탑에서 변화를 준 탑으로 생각된다.

수 있다.[67] 이들은 모두 평면방형의 탑신에 사모지붕의 형태의 옥개석을 올린 공통점을 지니고 있다. 하지만, 이들에서 보이는 차이점은 내부 공간의 규모에서 차이점을 찾을 수 있다. 이를 구체적으로 살펴보면 전자의 예에는 사문탑(611년) · 수정사탑(627-659년) · 법흥사 사리탑(673년) · 영암사 혜숭탑(742-755년)등이 해당되는데 이들은 모두 내부를 일주하거나 예불하기에 충분한 공간을 확보하고, 내부에 불상 또는 승려의 상을 봉안한 공통점을 지니고 있다. 반면 후자의 경우는 공간의 규모와 관계없이 정면에만 감실만을 조성했고, 내부에는 승려의 상을 봉안하고 있다. 이로 인해 전자의 경우와는 달리 출입이 불가능해 불탑의 전면에서 예불을 할 수밖에 없는 구조를 보이고 있다. 이 같은 양상은 당대에 건립된 밀첨식 또는 누각식 전탑의 양식과 동일한 구조를 지니고 있어 주목된다.

여덟째, 이들 불탑에서는 모두 탑신에 강회를 발랐던 흔적이 역력히 남아 있음을 확인할 수 있었다. 이처럼 탑신에 강회를 바르는 현상은 여기에만 국한되지 않고 唐代에 건립된 대부분의 전탑에서도 그 예를 볼 수 있다. 따라서 중국 탑에서 강회를 바르는 이유에 대해서는 ① 낱개의 벽돌로 구성된 탑신이 세월을 지나면서 점차 이격현상이 벌어져 파손될 것을 예견해 탑 표면을 고착하기 위한 수단으로, ② 건탑 후 시간이 지남에 따라 이격된 벽돌의 틈에 草本類가 자라는 것을 막을 수 있다는 보호대책으로, ③ 탑신 표면에 부처의 일생 또는 경전에 나타난 여러 정황을 그림으로 그리기 위한 방편으로 판단된다. 때문에 탑신에 강회를 바르는 방식은 한국의 석탑과는 달리 수백 장의 석재가 조립되어 건립된 정각형 석탑이나 다른 전탑에서도 같은 이유에 의해 채택되었을 것으로 생

---

67 山西 五臺山 佛光寺 祖師塔河, 河南 登封 淨藏禪師塔(746년), 山西 運城 泛舟禪師塔(822년), 陝西 草堂寺 鳩摩羅什塔(唐代), 山東 神通寺 龍虎塔(唐代)도 같은 정각현 탑파로 구분하고 있다. 주 17과 같음.

각된다. 앞서 언급한 정각형 석탑의 탑신 표면에서는 회화적인 요소는 찾을 수 없었다. 따라서 불교와 연관된 회화를 그렸다기보다는 석재의 이격에 대응하여 탑신을 보호하고, 초본류의 번성으로 인한 피해를 방지하기 위한 차원에서 행해졌던 것으로 보인다.

이상에서 정각형 석조탑파와 전조탑파에 대해 다각적인 비교 고찰을 진행해 보았다. 이 결과 단층으로 건립되었다는 점과 더불어 낮은 기단부, 방형의 평면, 탑신부에 개설된 출입문과 사모지붕이 공통점으로 파악되었다. 하지만, 내부구조와 상륜부에 있어서는 확연한 차이가 있음을 알 수 있었다. 즉, 정각형 석조탑파는 내부 공간이 일정 면적을 지니고 있어 이를 일주하거나 예불행위를 할 수 있다. 이에 반해 정각형 전조탑파는 수정사탑을 제외하면 공간이 협소해 예불은 고사하고 출입조차 어려운 면적을 지니고 있다. 이 같은 공간의 차이로 인해 이 유형의 탑을 2가지 계통으로 구분할 수 있었다. 즉, 전자는 사문탑(611년)·수정사탑(627-659년)·법흥사 사리탑(673년)·영암사 혜숭탑(742-755년)으로 발전하게 된다. 이에 반해 후자는 불광사 조사탑에서 시작되어 소림사 동광선사탑(770年)과 법완선사탑(791年) 그리고 법왕사 탑(3기)으로 계승되었다. 그리고 唐代에 이르러는 주로 승려의 묘탑으로 건립되고 있다. 따라서 정각형 탑파는 당초부터 한국과는 달리 불탑과 부도의 양식을 별도로 정립하지 않고 동시에 활용된 양식임을 알 수 있다. 양 탑이 지닌 양식적 차이는 상륜부에서도 확인된다. 즉, 석조탑파에 비해 전조탑파의 상륜부는 석재와 벽돌을 함께 사용했는데, 석재로 조성된 부분에 부조된 가릉빈가와 연화문 등 화사한 조식이 그 특징으로 파악되었다.

이처럼 양식상 공통점과 차이점을 지닌 정각형 불탑은 운강석굴에서 浮彫塔으로 등장한 이래 북제시대에는 불상의 광배와 북향당산 석굴에서 부조탑의 형태로 조식되었고, 563년에 건립한 도빙법사탑에 이르러 비로소 석조건축물로 등장하게 된다. 이후 수와 당대를 거치면서 석재와 벽돌로 조성됨으로써 중국 佛塔史에서 확고한 자리매김을 했다. 북위시대로부터 북제에 이르는 동안 건립된 정각형 불탑은 초층탑신에 감실을 조성하고 불상을 봉안하는 특징을 보이는데, 그 원인은 불탑을 佛堂, 宗廟, 堂宇의 관념으로 이해했던 後漢代 이래의 인식에서 찾았다. 더불어 인도에서 시작된 탑의 전면에 감실을 조성하고 불상을 봉안했던 양식이 신강지역에 전래되었고, 운강석굴에서 확인되는 정각형불탑에 까지 영향을 준 것으로 보았다. 이처럼 5세기 후반경 건립된 정각형 불탑은 수와 당대를 거치면서 승려의 사리탑으로 건립되면서 중국 불탑의 한 장르로 군건히 자리 잡았다. 그러므로 정각형 불탑은 後漢代 이래의 佛塔觀과 중국 건축의 특성은 물론 간다라 불탑 양식이 혼합되어 등장한 것이라 할 수 있다.

이상에서 고찰한 바와 같이 정각형 불탑은 양식적으로는 단순하지만, 가장 초기적인 중국 불탑의 양상을 파악하는데 매우 중요한 자료라 생각된다. 다음 장에서 진행될 정각형 불탑과 한국의 초기 석탑과의 비교 검토를 통해 양국의 탑이 지닌 연관성이 밝혀질 것이라 기대된다.

화엄사지 두순탑

화엄사지 두순탑 감실 내부 대좌

┃ 서안 흥교사 현장탑 ┃

┃ 서안 흥교사 현장탑 감실 내 현장법사상 ┃

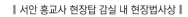

┃ 법왕사 1탑 감실 내 불상 ┃

2. 한국의 석탑

1) 백제시대 - 미륵사지석탑

　미륵사지는『삼국유사』의 기록에 의해 그간 백제 무왕 때 창건된 사찰로 알려져 왔는데, 사리장엄구가 출토됨으로써 639년(백제 무왕 40년)에 건립된 것으로 확인되었다. 미륵사지는 그간 「品자형」 또는 「쌍탑가람」으로 알려져 왔으나, 발굴조사 결과 동·서쪽에 석탑이, 중앙에는 목탑이 있었던 三塔三院式 가람배치임이 확인되어『삼국유사』에 기록된 「會殿塔廊廡各三所創之」라는 기사의 정확성이 입증된 바 있다. 三塔 중 동탑은 1993년에 9층으로 복원되었다.[68] 한편 서탑(국보 제11호)은 현존하는 석탑 중 가장 높고 오래된 석탑으로 알려져 있다. 낮게 조성된 이층기단 위에 건립된 평면 방형의 석탑으로 현재는 6층까지만 남아있지만,

---

68　이 석탑은 1934년에 보물 제59호로 지정된 후, 1962년에 국보 제11호로 지정되었다. 1964년에 석탑의 일부 보수가 이루어졌다. 1978년에 석탑에 대한 실측조사 및 동탑 복원 설계가 진행되었고, 1988년에 동탑 복원 설계의 기본방침이 설정되어 1989년부터 국립문화재연구소에서 발굴조사 당시 출토된 동탑 부재와 미륵사지석탑에 대한 실측조사가 이루어졌고, 1992년에 동탑은 복원되었다. 국립문화재연구소,『전리북도의 석탑』, 2004, pp.47-48. 이 같은 일련의 조사 과정은 모두 보고서로 발간된 바 있다. 이를 발간된 연대순으로 정리하면 다음과 같다. 원광대마한백제문화연구소, 「益山 彌勒寺址 東塔址 및 西塔 調査報告書」,『마한백제문화』창간호, 1975 및『彌勒寺址 東塔址 二次發掘 調査報告書』, 1977; 전라북도,『익산 미륵사지 서탑실측 및 동탑복원설계보고서』,1979; 문화재관리국 문화재연구소,『미륵사 유적발굴조사보고서 I』, 문화재관리국 문화재연구소, 1989; 문화재관리국,『彌勒寺址 東塔址 復元設計報告書』, 1990; 국립부여문화재연구소,『益山 彌勒寺址 東塔址 基壇 및 下部調査報告書』, 1992.

| 미륵사지전경(『조선고적도보』에서 전재) |

본래는 9층이었던 것으로 추정되고 있다.

　이러한 미륵사지석탑과 관련된 기록을 검토해보면 다음과 같다. 우선 미륵사지에 대해서는 『삼국유사』의 창건연기 및 『삼국사기』 성덕왕 18년 조에 「震 金馬郡 彌勒寺」와 922년 여름에 진행된 "彌勒寺開塔"[69]의 기록이 있다. 이 중 앞의 사료는 익히 알려져 있지만, 922년의 기록은 다양한 해석이 제시된 바 있다. 즉, 견훤이 탑을 복구하고, 백제의 미륵사상을 부활시킨 것으로 보는 설[70], 미륵신앙에 근거한 전제군주로서의 위상확립이라는 설[71], 전제군주로서의 자신의 정치적 권위를 강조하고자 노력했다는 설[72] 등 다양한 의견이 제기되고 있다. 필자는 이에 대해 탑

69　許興植, 「葛陽寺 惠居國師碑」, 『高麗佛敎史研究』, 일조각, 1986, p.592.

70　許興植, 위 논문, P.586.

71　이기백, 『한국사신론』, 일조각, 1999, p.119.

72　金壽泰, 「甄萱政權과 佛敎」, 『후백제와 견훤』, 서경문화사, 2000, p.64.

| 미륵사지석탑 전경 |

한국 석탑의 양식 기원 - 미륵사지석탑과 분황사 모전석탑 -

┃붕괴된 미륵사지석탑(『조선고적도보』에서 전재) ┃　┃미륵사지석탑 동쪽면(『조선고적도보』에서 전재)┃

이 파손되어 중수했을 가능성과 더불어 본래 네 방향으로 문이 개설된 석탑의 양식으로 보아 말 그대로 탑의 문을 열었다는 단순해석도 가능하다고 생각한다. 비록 922년 보수설에는 선뜻 찬동하기 어려운 점이 있지만, 견훤이 주창했던 백제의 부흥이란 표제와 연관성이 있다고 생각한다.[73] 이후 석탑에 대해서는 『新增東國輿地勝覽』에 「有石塔極大, 高數丈, 東方石塔之最」라 기록되어 있다. 아울러 조선 英·正祖 때 저술된 康候晋의 『臥遊錄』「遊金馬城記」에

"7층석탑이 밭과 들 사이에 서 있는데 대단히 높고 크며 모두 병풍 같은 돌로 첩첩히 쌓았다. 석주는 별개의 돌로 다듬어 만들었으며, 네 귀퉁이를 바치고 있다. 세상 사람들이 동방에서 제일이라고 하는데 거짓이 아니다. 100년 전에 벼락으로 인하여 그 半이 허물어졌으며, 아래에는 돌문이 있어 출입할 수 있는데 세 사람이 동시에 들어가 놀 수 있다. 서쪽 벽의 가장자리를 따라 탑 위에 올라 서너 명

---

73 박경식, 「백제계석탑의 건립 배경에 대한 고찰」, 『문화사학』24, 한국문화사학회, 2005. p.64.

┃ 미륵사지석탑 동쪽면 ┃

의 농부가 밭일을 하는 연장을 끼고 그 위에 누워있다."

라 기록된 점으로 보아 조선시대 중기에는 이미 석탑에 허물어져 7층의 규모만 남기고 있음을 알 수 있다. 이상과 같은 기록을 보아 이 석탑은 건탑 이후 줄곧 같은 자리를 지키다가 발굴조사의 결과와 같이 17세기를 전·후한 시기의 미륵사 廢寺와 더불어 세간에서 점차 잊혀간 것으로 보인다. 석탑의 붕괴 역시 이때부터 진행되어 영·정조 때에는 이미 상부가 붕괴된 7층의 규모로 유지되었던 것으로 생각된다. 이후 일제강점기인 1915년에 조사가 실시되었는데, 당시 일인들에 의해 석탑의 서쪽부에 시멘트가 가해져 현재와 같은 모습이 되었다. 따라서 현재 석탑에서 원형의 일단을 살필 수 있는 부분은 석탑의 동쪽과 북쪽 면에 불과한 실정이다.

석탑은 그간 단층기단으로 알려져 왔으나 문화재연구소 및 부여문화재연구소에 의해 진행된 기단부 및 주변지역에 대한 발굴조사 결과 이층기단임이 확인되었다. 그렇지만, 신라석탑에서와 같이 높직한 이층기단이 아니라 목조건축에서와 같이 낮은 형태이다. 하층기단은 면석 상면에 판석형의 갑석을 놓고, 상면에 1단의 괴임석을 놓은 후 다시 판석형의 석재를 세워 상층기단을 삼았다. 상면의 갑석은 대부분이 결실되었지만, 일부 남아있는 부재로 보아 하층기단과 같은 형상이었을 것으로 생각된다. 뿐만 아니라 중앙에는 석탑으로 오르는 계단석이 있었음도 확인되었다.

| 미륵사지석탑 서쪽면 전경 |

초층 탑신의 4면에는 방형의 초석 상면에 엔타시스가 뚜렷한 4개의 기둥을 배치하여 3간 규모의 건물을 재현하고 있다. 각 간(間)의 중앙에는 짧은 기둥을 놓아 양분하고 있는데, 중앙간은 네 벽 모두에 내부로 통하는 문을 개설하여 안쪽에서는 十字로 교차되는 평면을 보이고 있다. 문비의 上枋과 下枋石에 모두 문지도리 구멍이 있는 점으로 보아 본래는 문짝을 달았던 것으로 보인다. 내부 바닥에는 편평한 장대석을 바닥석으로 깔았고, 중앙에서 3매의 방형 석재로 구성된 기둥을 놓아 석탑을 지탱시키고 있다. 이 기둥은 목조건축의 心柱를 의도한 것으로 생각된다. 통로의 네 벽은 바른층쌓기로 수법으로 쌓았고, 상면에는 각형 2단의 내어쌓기 수법으로 처리해 공간을 좁힌 후 평천장을 구성하고 있다. 기둥의 상면에는 평방과 창방을 놓아 안정감을 꾀하고 있는데, 상면은 포벽을 구성하고 있다. 옥개석의 하면에는 각형 3단의 옥개받침이 조출되었고, 처마는 수평을 이루나가 전각에 이르러 약간의 반전을 보이고 있다. 낙수면의 합각선은 두툼하게 처리되어 목조건축의 지붕과 흡사한 면을 보이고 있다.

▐ 미륵사지석탑 남쪽면 전경 ▐   ▐ 미륵사지석탑 남쪽면 근경 ▐

2층 탑신은 너비가 축소되었고, 높이 역시 초층에 비해 급격히 낮게 조성되었는데, 나머지 층 역시 대체로 이와 비슷한 양상을 보이고 있다. 각 층에는 엔타시스가 뚜렷한 童子柱를 놓아 목조건축의 의사를 충실히 반영하고 있다. 옥개석은 1층과 같이 얇고 넓게 조성되었는데, 탑신과 더불어 적당한 체감비를 보이며 석탑의 규모에 걸맞은 안정감과 상승감을 갖추고 있다. 1979년 석탑에 대한 실측조사 결과 4층부터는 붕괴되어 원형을 상실했으며, 그 후 어느 시기에 다시 재건되었을 가능성이 제기된 바 있다. 실측조사 결과 및 현황으로 보아 적어도 7층의 규모였을 것으로 추정되고 있다. 그런데 1980년에 진행된 발굴조사 결과 동탑지 주변에서 노반석과 상면의 개석, 옥개석을 비롯한 많은 탑재가 수습되어 본래는 9층으로 높이는 31m에 달하는 것으로 추정된 바 있다. 이 같은 조사 결과에 따라 현재 동탑은 9층으로 복원된 바 있다. 현재 서탑에 대한 전면 해체·보수가 결정되어 작업이 진행 중이다.

2016년 현재 미륵사지석탑(서탑)은 기단부까지 완전히 해체되어 과

거의 모습은 볼 수 없다.[74] 이 석탑은 과거 한국 탑파사에서 최초에 건립된 석탑으로 알려져 왔지만, 해체과정에서 확인된 사리장엄구에 의해 639년(백제 무왕 40년)에 건립된 것으로 확인되었다. 따라서 634년에 건립된 분황사모전석탑보다 약 5년 정도 늦게 건립되었음이 확인된 바 있다. 이 석탑에 드러나는 몇 가지의 특징을 정리해 보면 다음과 같다.

▌ 미륵사지석탑 북쪽면 전경 ▌

첫째, 현존하는 한국의 불탑 중 최초의 석탑이다.

이 석탑은 『新增東國輿地勝覽』에 「有石塔極大, 高數丈, 東方石塔之最」라 기록되어 있듯이 동방의 석탑 중 最古·最大의 규모이다. 우리나라는 중국과 마찬가지로 불교

▌ 미륵사지석탑 남동쪽 전경 ▌

전래 초기에서 서기 600년에 이르기까지 목탑이 건립되었다. 비록 오늘

---

74 미륵사지 서탑에 대해서는 1998년의 안전진단 결과 구조적 안전의 문제가 제기되어 문화재위원회의 외의를 거쳐 선년 해제가 결성되었다. 이후 2001년까지 가설덧집공사 등 해체를 위한 준비가 진행되었으며, 2001년 10월부터 국립문화재연구소의 주관 하에 해체가 진행되어 현재 완료되었다. 국립문화재연구소, 『전리북도의 석탑』, 2004, p.48.

까지 남아있는 삼국시대의 목탑은 단 한 기도 없지만, 문헌과 발굴조사 결과를 통해 이 같은 사실을 알 수 있다. 즉, 고구려시대에는 청암리사지 · 상오리사지 · 정릉사지에서 확인된 팔각목탑지(八角木塔址), 백제시대에 건립된 미륵사지 · 군수리사지 · 금강사지 · 제석사지에서 확인된 목탑지, 신라시대에 건립된 황룡사9층목탑지와 문헌에 기록된 흥륜사 · 천주사 · 영묘사의 예를 통해 삼국 모두 목탑을 건립했음이 확인된다.

그렇지만, 서기 600년을 즈음한 시기에 이르러 석탑으로 건탑 양상이 바뀌게 된다. 이 시기에 이르러 재료상의 변화를 이룩한 탑이 미륵사지석탑과 분황사모전석탑이다. 물론 분황사모전석탑이 634년에 건립된 탓에 미륵사지석탑에 "한국 최초의 석탑"이라는 수식어에 문제가 있다. 그렇지만, 미륵사지석탑은 탑 전체가 화강암으로 조성되었고, 이후 건립되는 모든 석탑에서 공통적으로 적용되었기에, 안산암으로 건립된 분황사모전석탑과는 분명한 차별성이 있다. 때문에 미륵사지석탑은 분황사모전석탑에 비해 약 5년 정도 늦게 조성되었음에도 불구하고 "한국 최초의 석탑"이라는 명칭이 걸맞다고 생각한다. 백제에서 진행된 목탑에서 석탑으로의 전환은 획기적인 발상으로 결정 즉시 시행된 것으로 여겨진다. 왜냐하면 목탑에서 석탑으로 이행되는 과도기적인 양식의 탑이 없고, 최초로 건립된 미륵사지석탑에 구현된 양식으로 보아 조금의 망설임도 없이 한 번에 석탑을 건립한 것으로 보이기 때문이다.

그렇다면 미륵사지에서 한국 최초의 석탑이 건립될 수 있었던 이유가 무엇일까? 필자가 생각하기에는 불탑의 건립에 있어 재질의 전환이라는 문제에 직면한 백제의 조탑공들에게는 이 땅의 이 지닌 자연적인 환경과 이를 토대로 유형의 자산을 건립했던 기술력이 그들의 최대한의 장점이자 무기였을 것으로 생각한다. 이에 대해 필자의 생각을 정리해 보면 다음과 같다.

미륵사지가 있는 익산지역 특히 행정구역상 금마면 기양리는 인근에 위치한 황등면과 더불어 가장 양질의 화강암이 분포되어 있는 지역이다. 때문에 미륵사의 인근에서 가장 손쉽게 구할 수 있는 재료는 바로 화강암이었고, 조탑공들은 이를 재료로 채용했을 것으로 생각된다. 그렇지만, 화강암을 재료로 석탑을 조성하게 되었을 때 기왕의 목탑 축조 과정에서 습득한 하중을 다루고 분산시키는 기술로는 해결할 수 없는 완전히 다른 차원의 문제에 직면했을 것으로 추정된다. 그럼에도 석탑을 건립할 수 있었던 주요 원인은 바로 기왕에 축적된 석재를 다룰 수 있는 기술력이었을 것으로 생각된다. 한국에서 가장 먼저 석재를 이용해 거대한 구조체를 만든 이들은 바로 청동기시대 사람들이었다. 그들은 수 톤에서 수십 톤에 이르는 거대한 석재를 원석에서 채취하거나 이동시켜 지석묘를 축조했던 기술력을 보유했고, 이를 향상 발전시켰던 주인공이었다. 이들이 조성했고 발전시켰던 지석묘로 대표되는 거석문화는 역사시대로 진입하면서 그대로 전승된 것으로 보인다. 집안지역을 중심으로 전개된 거대한 적석총 문화가 바로 이에 대한 반증이며, 고구려에서 채택된 돌방무덤이 곧 백제와 신라로 전파되어 양 국의 무덤의 주류를 형성한 사실 역시 그 예증이라 할 수 있다. 이에 따라 서울 석촌동 일원에서 확인되는 거대한 기단식 적석총과 공주와 부여에 이르기까지 묘제의 중심을 이루었던 돌방무덤이 이에 대한 반증이라 하겠다.

석재를 다루는 기술이 적용된 분야는 비단 고분에 국한되지 않았다. 삼국시대에 발생한 수많은 전쟁은 주로 성곽을 중심으로 진행되었는데, 삼국에서 가장 많이 축성한 성곽은 바로 石城이다. 석성의 축조에는 엄청난 양의 석재가 소요되었기에, 채취로부터 운반, 가공과 축조에 이르기까지 다방면에서의 기술력을 필요로 한다. 더욱이 백제는 4세기 이래 수도였던 한성과 공주 그리고 부여와 그 인근에 수많은 석성을 축조하고 전부를 수행했다. 특히 성기노 이전에 소재한 실봉산싱이 4세기 후반

| 미륵사지석탑 남서쪽 전경 |

에 축조된 석성임이 확인되었고,[75] 부소산성에 이르기까지 지속적으로 축조되고 있다. 따라서 기왕의 목탑에서 노정되는 여러 문제점으로 인해 재료의 변환이 요청되었던 7세기에 이르러 백제의 석공들은 석재를 마음대로 다룰 수 있는 기술적 자신감이 충분했고, 그들만의 역량을 바탕으로 목탑에서 석탑으로의 전환이 이행된 것으로 보인다. 더불어 화강암이 주는 강건함은 수시로 수리를 해야 했던 목탑에 비해 永續性이 보장된다는 점에서 특히 주효했을 것으로 생각된다. 요컨대, 미륵사지석탑을 탄생시킨 백제 석공들의 도전 및 장인 정신이 세계문화 속에서 중국이나 일본과는 달리 한국이 "석탑의 나라"로 불릴 수 있는 轉機를 마련했다고 볼 수 있다.

둘째, 미륵사지석탑의 조성재료는 석재이지만, 양식적으로 볼 때 목조건축을 충실히 재현하고 있다. 우현 선생은 "조선의 石造婆는 그 출발

---

75 경기도 이천 설봉산 정산에 축조된 설봉산성이 4세기 후 반경 축조된 것으로 밝혀진 바 있다. 단국대학교 매장문화재연구소,『이천 설봉산성 2차발굴조사보고서』, 2001.

점을 두 개의 입장에 두고 있다. 하나는 在來의 方形 多層樓 형식인 목조 탑파의 양식을 재현시키는 곳에 두고, 他의 하나는 隋唐 이래, 갑자기 융성한 漢地 塼造 탑의 양식을 재현 시키는 곳에 두고 있다."[76]라고 구분하고 있다. 선생의 견해에 입각하면 다층 목조탑의 양식적 계승이 석탑의 발생의 한 요건으로 이해된다. 앞서 언급한 바와 같이 미륵사지석탑은 목조건축의 양식을 충실히 재현하고 있음을 보아 중국 전탑의 영향을 받아 건립된 탑이 아니라, 기왕에 축적된 목조건축술을 석조건축에 베풀어 놓은 탑이라는 결론에 도달하게 된다. 그리고 한발 더 나아가, 미륵사지석탑에 나타나는 제반 양식은 전탑의 영향이 배제될 수 있다는 의미이기도 하다. 미륵사지석탑에는 기단부와 탑신부에서 철저하게 재현된 목조건축의 양상을 파악할 수 있다. 이러한 맥락에서 우현 선생은 미륵사지석탑을 "方形 多層樓의 목조 탑파 양식을 재현한 최초의 예"[77]로 판단하고 있다.

┃ 미륵사지석탑 기단 ┃

76 高裕燮, 『韓國塔婆의 硏究』, 乙酉文化社, 1947, p.202.
77 주 73과 같음.

❚ 미륵사지석탑 기단 및 계단지 ❚

❚ 미륵사지석탑 계단지 ❚

❚ 미륵사지석탑 초석과 상층기단 갑석부 ❚

미륵사지석탑의 기단부는 그간 단층기단으로 파악되어 왔다. 그러나 2000년 1월 5일부터 2월 17일까지 진행된 서탑 주변 발굴조사 결과 이 층기단임과 더불어 사방에 출입을 위한 계단 시설이 있었음이 확인되었다.[78] 이로 인해 신라 전형기 석탑의 공통 양식인 이층기단의 기원이 이 석탑에 있음을 알 수 있었다.[79] 뿐만 아니라 탑신의 사방에 개설된 문으로 오르는 계단이 사방에 설치되는 양상은 조선시대의 목탑인 법주사 팔상전에서도 볼 수 있다. 그러므로 미륵사지석탑에 기단부에 나타난 제반 양식은 고층 목조건축의 기단부와 동일한 양상임을 알 수 있다. 한편, 미륵사지석탑에서 목조건축의 양식이 충실히 재현된 공간은 1층 탑신이다. 이러한 측면을 구체적으로 살펴보면 다음과 같다.

┃ 미륵사지석탑 1층탑신(동쪽면) ┃

┃ 미륵사지석탑 1층탑신(남쪽면) ┃

① 1층 탑신의 네 벽의 중앙에는 모두 내부로 출입할 수 있는 문이 개설되어 있다. 더욱이 이들 문은 모두 출입시설인 계단석과 같은 축선 상에 있어 실제 계단을 통해 탑의 내부로 진입할 수 있는 공간으로 이끄

---

78 국립부여문화재연구소, 『彌勒寺址 西塔 周邊發掘調査 報告書』, 2001.

79 미륵사지석탑에 구현된 이층기단은 파괴가 심할 뿐만 아니라 하층기단의 기저부와 면석에 탱주가 없는 점 등에서 신라 전형기 석탑에 구현된 이층기단과는 양식상 차이점이 있다. 따라서 천득염 선생의 견해대로 "초기적인 이층기단의 양식"으로 보면 그다지 문제가 되지 않는 것으로 생각된다. 천득염, 『백제계석탑 연구』, 전남대학교 출판부, 2003, p.40.

┃ 미륵사지석탑 1층탑신 동쪽면 출입구 및 기둥 ┃   ┃ 미륵사지석탑 1층탑신 서쪽 출입구 ┃

┃ 미륵사지석탑 1층탑신 남쪽 출입구 ┃   ┃ 미륵사지석탑 1층탑신 북쪽면 출입구 ┃

는 역할을 한다. 더욱이 출입문은 고막이석 상면에 놓인 인방석, 문설주석, 창방석으로 구성되어 일반적인 문의 양식과 같은 양상을 보이고 있다. 그럼에도 불구하고 출입구의 폭이 북측을 제외하면 427mm~581mm로 매우 협소하게 구획되어 문을 설치하기에 어려운 구조이다.[80] 따라서 문을 이루는 부재들은 상당 부분 변형이 이루어진 것으로 판단된다. 실제, 남쪽 하인방석과 동쪽 면 창방석에서 지도리 구멍 등의 원형이 확인되고 있어[81] 본래는 문을 달았던 것으로 추정된다.

　② 기단의 초반석 상면에 방형의 초석을 놓았다. 이와 더불어 초석의 상면에는 가장자리를 약 10mm 정도 파내어 기둥의 이탈을 방지하고 있다. 기둥은 완벽한 양식을 보이고 있는 동쪽 면을 볼 때 양 우주와 2개의

80　국립문화재연구소,『彌勒寺址 解體調査報告書 Ⅵ』, 2011, p.183.
81　주 80의 책, p.172 및 p.184.

▌미륵사지석탑 1층탑신 초석 ▌

▌미륵사지석탑 1층탑신 우주 ▌

탱주가 배치된 정면과 측면 모두 3칸의 규모이며, 모두 민흘림기둥 양식이다.

　③ 초석과 초석 사이 고막이석이 놓이고, 이의 상면에 인방석을 놓았다. 뿐만 아니라 문설주석의 상면에는 평방석과 창방석이 놓여 있어 민

▌미륵사지석탑 1층탑신 동쪽면 포벽부 ▌

┃미륵사지석탑 1층탑신 바닥부┃　　　　┃미륵사지석탑 1층탑신 천장부┃

흘림기둥과 더불어 목조건축의 벽체를 완벽하게 구현하고 있다.

④ 평방석과 옥개받침의 사이에는 목조건축에서와 같이 포벽이 설치되어 있다.

⑤ 문의 내부에는 십자형의 통로가 마련되었다. 바닥에는 장방형의 판석을 깔아 답도를 만들었고, 천장은 2단으로 내어쌓은 후 평천장을 구성하고 있다.

⑥ 십자형 통로의 중심부에는 방형의 석재를 사용해 목조건축에서와 같이 心柱를 구성했다. 1층에서 4층 중간까지 총 17개가 수직으로 연속되어 있었고, 구조적으로 적심에서 독립된 형식이었다.[82] 미륵사지석탑의 사리장엄구는 초반석 상면에 놓인 가장 하단부의 심주석에서 출토된 바 있다.

⑦ 옥개석은 옥개받침부와 처마선 그리고 낙수면으로 구성되어 있다. 먼저 옥개받침은 1층에서 4층까지는 각형 3단이, 5층과 6층에서는 4단으로 증가되고 있다. 낙수면은 평박하게 조성되었는데, 낙수면을 구성하는 석재는 대부분 뒤 뿌리를 길게 조성해 내부에 놓이는 석재들과 맞물리도록 구축되었다. 이처럼 옥개석에서 뒤 뿌리를 길게 치석한 석재를

82　주 80의 책, p.188.

▌미륵사지석탑 1층탑신 내부 심주석 ▌

▌미륵사지석탑 옥개석 ▌

사용함에 따라 여러 장의 석재로 구성된 옥개석의 부재가 낙하되는 것을 방지함과 동시에 옥개석의 내부에 충적된 석재와 서로 맞물려 인장력을 높이는 효과를 의도한 것으로 생각된다.[83] 더욱이 이 같은 방식은 석성의 축조에서 면석과 면석의 사이에 길이가 긴 心石을 박음으로써 뒤 채움석과 면석이 서로 맞물리도록 한 방법과 동일한 원리라 생각된다. 이처럼 뿌리가 긴 석재를 사용해 조성한 옥개석의 처마는 수평을 이루다가 전각에 이르러 미세한 반전을 꾀하는 초기적인 지붕의 양식을 보이고 있다. 뿐만 아니라 합각선의 우동이 두툼하게 표현된 점 역시 목조건축의 지붕과 매우 흡사하다. 이와 더불어 옥개받침석은 상단으로 갈수록 내어쌓기 수법이 적용되어 층단형의 받침을 이루고 있다.

우현 선생은 미륵사지석탑의 옥개받침에 대해 목조건축의 공포로 출발했음을 적시하며, 평양과 고구려의 전 도읍지인 만주 통화성 집안현 내에 多數한 고구려 고분의 천장받침이 이를 증명하는 것으로 보고 있다.[84] 뿐만 아니라

"그러나 다시 한번 생각해 본다면 이 수법은 구태여 築塼수법이라는 것을 생각할 필요도 없이 純力學的 物理學的으로 필연적으로 나올 수 있는 수법이 아닐까. 즉 廣幅이 적은 재료로서 공간을 넓혀 간다든지 좁혀간다든지 또는 塊體를 쌓아 모은다든지 이어 받자면 누구에게나 어느 곳에서나 물리학적 원칙에 의해 나올 수 있는 형식이라고 할 것이 아닐까."[85]

83 박경식, 「미륵사지석탑과 수당대 정각형 불탑과의 비교」, 『백산학보』92호, 백산학회, 2012, p.156.

84 옥개받침석과 고구려 고분과의 관련성을 최초로 주장한 학자는 우현 고유섭선생이다. 高裕燮, 『韓國塔婆의 研究』, 乙酉文化社, 1948, pp.44-45.

85 高裕燮, 앞 책, p.46.

라고 언급함으로써 층단형 받침이 나
타나는 것에 대해 특정 문화의 영향
이 아니라 보편적으로 나타날 수 있
는 방식임을 피력한 바 있다. 따라서
미륵사지석탑에 구현된 옥개받침석
은 건축에서 벽체에 비해 넓은 지붕
을 구성하는 것처럼, 탑신으로부터
옥개석을 조성하는데 있어 필연적으
로 나타날 수밖에 없는 보편적인 기
술력이라 하겠다. 따라서 미륵사지석
탑에 구현된 옥개받침은 하단으로부
터 상면으로 갈수록 넓어지는 내어쌓
기 방식을 적용한 탓에 탑신과 옥개

‖ 미륵사지석탑 탑신부 ‖

석이 조화롭게 어우러지는 효과를 발하며 탑신부에 안정감을 부여하는
요소라 생각된다.

‖ 미륵사지석탑 옥개석 체감비 (정면에서) ‖

‖ 미륵사지석탑 옥개석 체감비(북쪽에서) ‖

⑧ 1층 탑신에 비해 2층 이상의 탑신이 현저히 낮은 규모를 보이고 있어 고층 목조건축의 양식이 그대로 계승되고 있다. 뿐만 아니라 상층으로 갈수록 높이와 너비가 일정하게 축소되고 있어 고층 목조건축에서와 같은 안정된 체감비를 구성하고 있다.

이상에서 미륵사지석탑에 구현된 목조건축의 요소에 대해 살펴보았다. 전체적으로 볼 때 미륵사지석탑은 조성재료만 석재로 바뀌었을 뿐, 양식적인 면에 있어서는 세세한 부분에 이르기까지 모두 기존에 축적된 목조건축의 전통을 재현하여 석탑을 건립했다. 즉, 재료로 볼 때에는 석재로 조성된 건축물이지만, 내재된 모든 수법은 목조건축의 그것을 충실히 재현하고 있다. 결국 눈에 보이는 것은 석탑이지만, 목탑을 바라보는 것 같은 착각이 들 정도로 정교하고 섬세하게 돌을 다듬어 석탑을 건립하였던 것이다. 우리나라가 '석탑의 나라'라고 불리는 것은 석탑이 수적으로 월등히 많은 뿐만 아니라 기술적·예술적인 면에 있어 그 어느 나라도 건립할 수 없는 독특하고 아름다운 석탑을 만들었기 때문이다. 미륵사지석탑에 구현된 다양한 요인들이 바로 이를 반증하는 최초의 예라 판단된다.

셋째, 미륵사지석탑의 건립에는 수천 매의 석재를 사용한 탓에 상부로부터 누르는 하중을 분산시키는 것이 가장 절실한 당면과제였을 것이다. 따라서 석탑을 건립했던 조탑공들은 이를 위해 벽체와 적심체가 각각 하중을 받고, 분산시킬 수 있는 이원적 구조체로 건립했다.[86] 벽체를 구성하는 면석과 기둥 그리고 초석은 외벽체의 하중을 받아내고, 내부를 충적한 석재의 하중은 1층 탑신의 십자형 통로를 중심으로 외곽에 구축

86 중국을 포함한 7세기에 이르기까지의 불탑은 조적식과 가구식으로 나뉘는데, 이 두 개념이 모두 포함된 이원구조체와 이들 중 하나의 것이 최적화되어 표현된 일원구조체계로 구분되고 있다. 조은경·박언곤, 「고대 동아시아 불탑 구조체계로 본 미륵사지석탑」, 『건축역사연구』78호, 한국건축역사학회, 2011, p.7.

된 방형의 적심체가 하중을 받는 구조를 이루고 있다. 이 같은 이원적 구조체로 건립된 미륵사지석탑은 6층 높이만 14.2*m*에 이르는 거대한 석탑을 지탱할 수 있는 기술적인 원동력이 되었다.

미륵사지석탑의 건립은 7세기 이전 목조건축에 치중했던 당시의 문화적 소양을 깨트린 쾌거였고, 이를 통해 이 땅이 '석탑의 나라'가 되는 교두보를 확보할 수 있었다. 기단으로부터 탑신에 이르기까지 모두 別石의 석재를 사용하여 조립하고 있어 목조건축을 충실히 재현함으로써 종래에 건립되던 목탑이 지닌 결함을 극복하고 주변에 산재한 화강암을 재료로 사용하여 미륵사지석탑을 건립했음을 알 수 있다. 이 석탑의 건립을 계기로 이제까지 나무로만 집을 짓던 백제인들은 석재를 사용해서도 건축할 수 있는 능력을 보여주었을 뿐만 아니라 스스로 상당한 자부심과 긍지를 느꼈으리라 짐작된다. 더욱이 처음 건립한 석탑이 9층이란 점은 그들이 지녔던 경제력·기술력과 더불어 투철했던 신앙심을 대변하고 있다 하겠다. 나아가 주변지역에서 쉽게 구할 수 있는 화강암 - 특히 익산지방에서 산출되는 황등석 - 을 재료로 활용했다는 점에서 자연친화적인 발상이 돋보인다. 미륵사지석탑의 곳곳에 배어있는 목조건축의 흔적은 비록 돌로 만든 석탑이지만, 내적으로는 목조건축임을 암시한다. 결국 미륵사지석탑은 우리나라의 석탑이 목탑을 충실히 재현하는 데서 시작되었다는 논리적 근거를 제시하고 있는 것이다.

2) 신라시대 - 분황사모전석탑

삼국 중 가장 늦게 불교를 공인한 신라는 백제에 못지않게 불교가 융성하였고, 이로 인해 자연히 많은 수의 사찰이 세워졌다. 따라서 사찰의

‖ 분황사모전석탑 동쪽면 ‖

‖ 분황사모전석탑 서쪽면 ‖

‖ 분황사모전석탑 남쪽면 ‖

‖ 분황사모전석탑 북쪽면 ‖

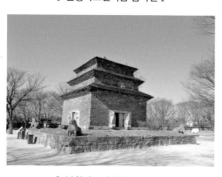

‖ 분황사모전석탑 남동쪽 ‖

‖ 분황사모전석탑 북동쪽 ‖

필수요건 중의 하나인 탑
파의 건립 또한 자연스레
수반되었는데, 신라 역시
석탑이 건립되기 이전에
는 목탑이 주종을 이루었
을 것으로 짐작된다. 이
같은 사실은 문헌에 전하
는 다수의 목탑과 현존하
는 목탑지를 통해 알 수
있다.

　『삼국유사』에는 신라
의 수도였던 경주에

　　　　"사찰이 별과 같이 늘어섰고, 탑과 탑은 기러기가 날아가듯 하다"

라고 기록하고 있다. 이것이 서기 565년(진흥왕 26)의 기사인 점을 감안
할 때, 이 기록은 당시 불교가 매우 융성했음을 단적으로 보여주고 있을
뿐만 아니라 경주에 많은 수의 탑이 존재하고 있었음을 알려준다. 비록
탑의 유형에 대해서는 아무런 언급이 없지만 이 시기에는 석탑이 건립되
지 않고 있음을 볼 때, 대부분이 목탑이었을 것으로 생각된다. 즉, 신라
에서도 백제에서와 같이 석탑 이전에 목탑이 건립되었을 것임을 짐작할
수 있다.

　분황사모전석탑(국보 제30호)은 신라석탑의 발달사 상에 있어 가장
선두에 놓이는 탑으로 익히 알려져 왔다. 뿐만 아니라 선덕여왕 3년(634)
에 분황사가 낙성되었다는 『三國史記』의 기록으로 인해 늦어도 634년에
는 석탑이 완성된 것으로 보고있다. 안산암을 벽돌과 같이 다듬어 조성
한 탓에 '모전석탑(模塼石塔)'이라 불리는데, 모전석탑이란 특이성으로

| 분황사모전석탑기단부 사자1 | | 분황사모전석탑기단부 사자2 |

| 분황사모전석탑기단부 사자3 |

| 분황사모전석탑기단부 사자4 |

▌ 분황사모전석탑기단부 사자5(국립 경주박물관) ▌　　▌ 분황사모전석탑기단부 사자6(국립 경주박물관) ▌

인해 신라석탑의 양식이 중국의 전탑과 재래의 목탑 양식이 혼용되어 발생되었다는 논리의 근거가 되어왔다. 이 석탑의 각부 구성과 양식적 특성을 살펴보면 다음과 같다.

먼저, 기단은 일변 13m 규모의 단층인데, 자연석으로 축조되어 있다. 기단의 상면 중앙에는 화강암으로 1단의 탑신 받침을 마련하였다. 기단의 네 모퉁이에는 각각 사자가 한 마리씩 배치되어 있는데, 이는 본래부터 있던 것이 아니라 어느 시기에 다른 곳에서 옮겨온 것으로 생각된다.

탑신부는 전체가 회흑색의 안산암을 길이 30~45cm, 두께 4.5~5cm의 크기로 다듬어 구축한 까닭에 마치 전탑과 같은 인상을 주고 있다. 초층 탑신 4벽의 중앙에는 모두 감실을 조성하고 좌·우에는 분쏙을 날았다. 이 같은 사실은 비록 석재로 조성한 석탑이지만, 내부에 공간이 있어 실제로 출입이 가능하다는 것을 암시하고 있다. 감실의 입구 좌·우에는

모두 인왕상이 조각된 판석을 끼웠는데, 힘차고 역동적인 모습에서 당시
신라인의 기상과 조각의 우수성을 엿볼 수 있다. 감실의 내부는 약 1평
남짓한 공간이 마련되어 있고, 남쪽 면에는 머리가 파손된 불상 1구가
보존되어 있다. 이 불상은 석탑과 비교해 볼 때 후대에 조성된 것으로,
본래부터 감실에 불상이 있었는지는 알 수 없다.

옥개석은 전탑과 동일한 양식으로 상·하에 모두 받침이 마련되어
있다. 즉, 옥개받침은 1·2층은 6단, 3층은 5단인데, 낙수면 역시 1·2층
이 각각 10단이고 3층은 방추형으로 구성되어 있다. 정상에는 노반석만
이 남아 있다. 현재는 3층까지만 남아있는데, 1915년에 일본인에 의해
진행된 수리에 의해 원상이 훼손되어 본래의 형태를 파악하는 데 어려
움이 있다. 수리 당시 2층과 3층 사이의 석함(石函)속에 장치되었던 사
리장엄구가 발견되었고, 그 가운데 고려시대에 사용하였던 숭녕통보(崇
寧通寶)와 상평오주(常平五銖) 등이 출토되어 고려시대에 보수되었음을

▎ 분황사모전석탑 동문 ▎

▎ 분황사모전석탑 서문 ▎

▎ 분황사모전석탑 남문 ▎

▎ 분황사모전석탑 북문 ▎

┃ 분황사모전석탑 옥개석 ┃

┃ 분황사모전석탑 옥개석 하부 ┃

알 수 있었다.

이 같은 양식을 지닌 분황사모전석탑은 일제 강점기의 보수로 인해 여러 측면에서 많은 의문점을 내포하고 있는데, 이를 살펴보면 다음과 같다.

첫째, 7세기 당시 중국에서 건립되던 전탑을 배제하고 왜 모전석탑으로 건립했을까?

분황사석탑은 회흑색의 안산암을 벽돌과 같이 다듬어 만든 까닭에 모전석탑이라 불린다. 외형상으로는 마치 전탑과 같은 양식을 보이고 있어 신라석탑의 출발은 기존에 건립되던 木塔과 중국의 塼塔 양식의 혼합이라는 논리의 근거가 되고 있다. 여기서 제기되는 의문이 바로 백제와는 달리 신라는 최초의 석탑을 건립하면서 왜 모전석탑을 만들었을까

▌ 분황사모전석탑 사리 석합(국립경주박물관) ▌

▌ 분황사모전석탑 사리 석합 내부(국립경주박물관) ▌

하는 것이다. 이 문제와 관련하여서는 여러 측면에서 의문을 제기할 수 있다.[87]

신라가 처음으로 석탑을 건립함에 모전석탑을 건립한 이유에 대해서 일찍이 우현 선생은

"巖石을 이와 같이 切斷하여 탑을 築上한다는 것은 그 勞力에서 도저히 塼을 사용하는 것과 비할 수 없고 또 경제상으로도 불리하였음에도 불구하고 2기나 축조하였다는 것은 일시의 기분적인 醉興이 아니고 명백히 塼의 非普遍的인 상황을 말하지 않을 수 없다"[88]

라고 분석한 바 있다. 여기서 주목되는 점은 선생도 지적했듯이 塼을 사용하는 것보다도 몇 배의 시간과 노력이 소요되는 상황에서 모전석탑을 건립했다는 점이다. 이 문제에 대해 선생은 벽돌을 생산하는 데 따른 여러 문제점에서 모전석탑을 건립했다는 결론을 내렸는데, 이 같은 견해는 張忠植 선생에 의해 "模塼의 양식전개 역시 돌에의 집착을 버릴 수 없었던 선인들의 끈질긴 造營意志의 결과로"[89] 발전된다. 그리고 "모전 석탑 양식 역시 순수 塼塔樣式에 앞서 먼저 模塼의 塼築樣式 石塔에서 출발하여……"[90]라 피력해 석재로 조성된 탑이 전탑에 앞설 수 있다는 가능

87 분황사모전석탑에서는 석재를 벽돌과 같이 다듬어 건립했다는 외형적인 면 외에 옥개석의 상·하면에 표현된 층단형의 받침을 전탑의 영향으로 보고 있다. 이에 반해 미륵사지석탑의 옥개석 하면에 造出된 각형 3단의 받침에 대해서는 목조건축의 영향으로 해석하고 있어 옥개받침의 출현 문제에 있어 상반된 견해를 있기 때문이다. 미륵사지석탑은 양식의 근원을 목탑에서 구하고 있음에 비해 분황사모전석탑은 전탑과 목탑에서 구하고 있다. 高裕燮, 『韓國塔婆의 硏究』, 乙酉文化社, 1947 및 『韓國塔婆의 硏究』, 同和出版公社, 1975.

88 高裕燮, 「朝鮮의 塼塔에 對하여」, 『韓國美術史及美學論考』, 通文館, 1963, pp.125~126.

89 張忠植, 「新羅 模塼石塔考」, 『新羅文化』1, 1984, p.79.

90 張忠植, 위의 글, p.169.

성을 제시한 바 있다. 하지만, "분황사모전석탑의 기본적인 건축기단은 木造塔의 수법을 그대로 반영하고 있으면서 축조된 方塼의 塼築 역시 불교 傳受國 특히 중국의 塼塔 계통을 그대로 모방하였다"[91]라 하면서 중국전탑의 영향설을 그대로 수용하고 있다.

　이에 반해 분황사모전석탑 건립 이전에 이미 전탑이 건립되었을 것으로 보는 주장이 있다.[92] 朴洪國 선생에 의해 제기된 先行 塼塔 건립설은 경주 錫丈寺址 출토 塔像塼과『三國遺事』권 4 良志 使錫條의 기록에 보이는 "又嘗雕磚一小塔 並造三千餘佛 安其塔置於寺中 致敬焉" 및 "寺寺星張 塔塔雁行"[93]의 기록을 바탕으로 분황사모전석탑은 물론 석장사지 전탑 건립 이전에 이미 塼塔이 건립되었다는 견해를 제기하고 있다. 석장사지에서 출토된 탑상전은 7세기 중반과 8세기 중반~9세기 전반에 제작된 두 종류가 존재하고 있다는 견해에 근거할 때[94] 분황사모전석탑과 비슷한 시기에 전탑이 조성되었을 가능성은 충분한 것으로 판단된다. 그럼에도 불구하고 '탑상전에 조식된 불탑의 양식이 전탑일까?'하는 의문은 여전히 상존하다. 왜냐하면 부조된 전탑으로 보고 있는 탑은 시기를 달리하는 문양전에 모두 나타나고 있고,[95] 분황사모전석탑 이후에 건립된 탑리 오층석탑의 옥개석에도 같은 양식으로 표현되었기 때문이다.[96]

---

91 張忠植, 앞의 글, p.152.
92 朴洪國,『韓國의 塼塔研究』, 學研文化史, 1998, p.54.
93 　『三國遺事』권 3, 原宗興法 厭髑滅身條.
94 김지현, 「慶州錫杖寺址 塼佛研究」, 『美術史學研究』266, 韓國美術史學會, 2010, p.56.
95 동국대학교 경주캠퍼스박물관,『錫杖寺址』, 1994, 탑상전 탁본 참조.
96 탑상전에 부조된 탑의 옥개석에는 상·하 모두 승난형을 이루고 있어 이를 구현했을 가능성도 있다. 뿐만 아니라 각 층마다 아치형의 감실을 조성하는 것은 북위시대에 조성된 운강석굴의 누각형 불탑에서 보이는 양식으로, 감실 내에 불상을 봉안하는 공통점도 보이고 있다.

한편, 중국 전탑과의 영향문제에 있어 가장 크게 작용하는 요인은 옥개석의 양식이다. 우현 선생은 미륵사지석탑의 옥개받침에 대해 목조건축의 공포로 출발했음을 적시하며, 평양과 고구려의 전 도읍지인 만주 통화성 집안현 내에 多數한 고구려 고분의 천장받침이 이를 증명하는 것으로 보고 있다.[97] 뿐만 아니라 상면으로 갈수록 너비가 좁아지는 현상에 대해 "누구에게나 어느 곳에서나 물리학적 원칙에 의해 나올 수 있는 형식이라고 할 것이 아닐까."[98]라는 견해를 주창해 인류문화사상에서 확인되는 보편적인 기술력임을 피력한 바 있다. 그럼에도 불구하고 선생은 분황사모전석탑을 필두로 시작되는 신라석탑의 옥개받침에 대해서는 신라 諸塔의 층급받침수법을 전탑수법의 영향 하에 나타난 것으로 해석해도 무방한 것으로 보고 있다.[99]

앞서 살펴본 바와 같이 분황사모전석탑의 옥개석 구성에 대한 기왕의 견해를 검토해보면

① 미륵사지석탑과 분황사모전석탑의 옥개받침을 굳이 서로 다른 양식에서 출발한 것으로 보는 데에는 무리가 있다고 생각한다. 고유섭 선생께서도 언급했듯이 분황사모전석탑의 옥개받침 역시 그간 축적된 고분을 비롯한 석조건축의 전통과 목조건축술이 한 데 어우러져 발생한 것으로 보는 것이 더 타당할 것이다. 왜냐하면 고구려의 墓制는 백제에만 영향을 준 것이 아니라 신라에도 영향을 주어 6세기 후반 경에는 영주와 순흥지역에 고구려식 석실분이 조성되고 있기 때문이다.[100] 이처럼 신라에서도 고구려 고분의 영향을 받아 같은 유형의 고분이 축조되고

---

97 高裕燮, 『韓國塔婆의 研究』, 乙酉文化社, 1948, pp.44-45.

98 高裕燮, 위 책, p.46.

99 高裕燮, 위 책, p.47.

100 梨花女大博物館, 『榮州順興壁畵古墳發掘調査報告書』, 梨花女大出版部, 1984; 文化財研究所, 『順興邑內里壁畵古墳』, 1986, 啓文社, 大邱大學校博物館, 『順興邑內里壁畵古墳發掘調報告書』, 1995.

있다는 점에서 백제와 신라의 석탑에 구현된 옥개받침을 서로 다른 계통에서 출발한 것으로 보는 견해는 수정될 필요가 있다고 생각한다.

② 옥개석 상면에 구현된 층단형의 옥개받침 역시 단순히 전탑의 영향으로 발생된 것이 아니라 양 석탑이 지닌 조성재료의 차이에서 기인한 것으로 생각한다. 즉 백제는 처음 건립하는 석탑에서 바로 화강암을 사용한 반면 신라는 안산암을 채택했다. 따라서 양 석재가 지닌 재질의 차이와 더불어 다른 양식으로 건립된 외형상의 문제는 필연적으로 서로 다른 낙수면을 구성하게 되어 있었다. 요컨대, 옥개석에 표현된 양식의 차이는 판석형과 벽돌형으로 치석한 조탑술의 차이에서 기인한 것이다. 그러므로 무조건 전탑의 영향으로 인해 층단형의 낙수면을 지니게 되었다는 주장에는 문제가 있다고 생각된다.

③ 백제와 신라석탑의 출발점에서 볼 때 화강암에 먼저 착안한 나라는 백제였으며, 신라는 후술할 의성 탑리오층석탑에 이르러 재료상의 변신을 꾀하며 비로소 석탑의 나라라는 명성에 걸맞은 화강암제 석탑을 건립하고 있다. 물론 신라석탑의 초기 양식에서 중국에서 건립되던 전탑의 영향을 완전히 배제할 수는 없다고 생각한다. 선덕여왕의 등극(632년)에서 분황사의 낙성(634년)에 이르는 3년간 2차례에 걸쳐 중국에 사신을 파견하고 있는 점으로 보아[101] 중국의 전탑 양식이 전래되었을 개연성은 충분하다. 뿐만 아니라 선왕인 진평왕 대에도 13차례에 걸쳐 사신의 왕래가 있었고, 智明, 圓光法師, 曇育 등의 승려가 내왕을 하고 있던 기록은[102] 이 같은 정황을 뒷받침 해준다. 따라서 신라에서 전탑을 조성했을 가능성은 매우 높았던 것으로 보인다.[103] 하지만 분황사모전석탑은

---

101 『三國史記』善德王 元年 및 2년조.
102 『三國史記』권 제 4, 진평왕 참조.
103 이 같은 생각은 박홍국 선생도 이미 표방한 바 있다. 박홍국, 『한국의 전탑연구』, 학연문화사, 1998, p.54.

일견 전탑의 양식을 취하고 있지만, 전탑이 아니다. 물론 당시 신라의 문화적 역량은 전탑을 건립하기에 충분했던 것으로 판단된다. 이 같은 사실은 분황사는 물론 황룡사를 비롯한 수많은 사지의 발굴조사에서도 확인된다. 즉, 발굴조사 결과 수많은 기와와 벽돌이 출토되고 있기 때문이다. 하지만, 신라는 모전석탑이라는 새로운 형태의 석탑을 조성했다. 분명 만들 수 있는 능력이 있음에도 불구하고 전탑보다는 시간과 노력 그리고 더 많은 경비가 소요되는 모전석탑을 조성했다. 이 같은 측면은 겉으로는 중국의 양식을 따르는 듯 하면서도 완전히 새로운 형태의 석탑을 조성하고자했던 당시 사람들의 욕구와 당시의 시대상황이 그대로 반영된 결과라 생각된다.

한편, 황수영 선생은 산치탑에 대한 여행기에서 모전석탑의 기원에 대해 다음과 같은 견해를 피력한 바 있다.

"(전략) 오전중 약 3시간 동안 大塔을 중심으로 촬영도 하였고 세부의 수법을 살피기도 하였다. 주위의 사원지, 특히 圓室을 보이는 南塔의 유지는 차이타이를 연상케 했다. 이곳에서 느낀 것은 비록 건조 당시의 스투파가 塼築이라 하더라도, 그 뒤 얼마 아니 되어 再築된 재료가 석재여서 오늘날 석탑의 모습을 지니고 있음은 곧 우리 경주 분황사모전석탑을 연상케 하였다. 그것을 塼生處의 조건으로 塼形의 석재를 힘써 만들었다고 생각하는 것은 재고되어야 할 것이다. 漢代 이래의 북방 전축고분의 존재는 신라인에게 전축술을 전했을 것이다. 그러나 塼이 아니요 전형석재를 상용한 것은 석재의 견고성에 의하였으며, 인도의 이 같은 塼에 관한 지견이 전래하였기 때문이라 봄이 순리일 것이다. 그러므로 우리 모전석탑에 대한 종래의 고안

점은 검토를 받아야 할 것이다. (후략)"[104]

위의 견해는 인도 산치탑이 모전석탑으로 건립된 연유를 석재의 견고성에서 찾고 있다. 그리고 같은 논리로 분황사모전석탑이 건립되는 이유가 벽돌 생산에 따른 여러 문제 때문이 아니라 석재가 지닌 견고성에 있음을 강조하고 있다. 따라서 신라에서 처음으로 건립된 분황사모전석탑이 중국 전탑의 영향을 받아 건립되었다는 종래의 견해는 다른 각도에서 살펴볼 필요성이 있다. 왜냐하면 중국에서 건립되던 전탑을 축조한 것이 아니라 굳이 안산암을 벽돌과 같이 다듬어 모전석탑을 건립함에는 또 다른 이유가 있었을 가능성이 높기 때문이다. 필자는 황수영 선생의 견해에 힘입어 분황사모전석탑의 양식은 "해로를 통한 서역과의 활발한 교류 등을 통해 들어온 인도 석탑의 양식과 종래의 목탑 건축술이 혼합

❙ 산치1탑 전경 ❙

104　黃壽永, 「印度紀行-1963년 2월 20일(수)」, 『黃壽永全集』 6, 도서출판 혜안, 1999, p.99.

▌울산 태화사지석조부도 ▌

되어 이루어진 결과"[105]라 피력한 바 있다. 이와 더불어 이희봉 선생은 인도와 파키스탄의 불탑에 대해 고찰하면서 분황사모전석탑의 원형은 인도 불탑에서 찾아야 함을 역설한 바 있다.[106] 따라서 분황사모전석탑의 양식을 중국의 전탑에서 찾기 보다는 인도의 불탑에서 구하는 것이 타당한 것으로 믿는다. 더욱이 울산 태화사지석조부도의 양식이 산치탑을 비롯한 인도 석탑과 같은 일면을 보이고 있고, 당시 무역항이던 開雲浦를 통해 수입되었다는 견해[107]에 비추어 보면 그 가능성은 충분한 것으로 생각된다.

둘째, 분황사모전석탑은 본래 9층으로 건립되었을 가능성이 농후하다.
분황사모전석탑은 현재 3층의 형상을 보이고 있다. 이 같은 외형으로 인해 그간 3층설, 5층설, 7층설, 9층설 등이 다채롭게 제기되어 왔다.[108] 이러한 논란은 1915년 일인들의 수리에 의해 원상이 훼손되어 더욱 그 원형의 파악에 어려움이 따르는 현 실정에 기인한다. 이에 대해 필자는

---

105 朴慶植, 「新羅 始原期 石塔에 대한 考察」, 『文化史學』제19호, 韓國文化史學會, 2003, p.87.

106 이희봉, 「신라 분황사 탑의 '模塼石塔 說'에 대한 문제 제기와 고찰」, 『건축역사연구』제20권 2호, 대한건축학회, 2011. p. 49.

107 鄭永鎬, 『新羅石造浮屠研究』, 단국대 박사학위논문, 1974, pp.146-147.

108 關野貞과 藤島亥治郞은 9층으로 보았고, 우현 선생은 3층 내지는 5층으로 보고 있다. 關野貞, 『韓國建築調査報告』, 1904. 朝鮮總督府, 『朝鮮古蹟圖譜』, 3, 1915; 藤島亥治郞, 『建築雜誌』1930.5 및 高裕燮, 『韓國塔婆의 研究』, 同和出版公社, 1975, p.163.

분황사모전석탑은 본래 9층으로 건립되었을 것으로 본다.

현존하는 문헌 중 석탑의 층수를 유일하게 기록하고 있는 『東京雜記』의 기사는 그 실상을 파악하는 단서를 제공하고 있다. "분황사탑은 9층으로 新羅三寶의 하나로 임진왜란 시 그 半이 훼손되고 이후 어리석은 중이 수리하려다 다시 훼손하였다……"[109] 라는 기록으로 이는 고유섭 선생 이래 대다수의 연구자에 의해 9층설은 황룡사구층탑의 誤記라 파악된 바 있다.[110] 그런데 崔齊巖의 문집에 수록된 「東京十二詠」 중 하나인 "芬皇寺古塔"이란 詩 중 '大野中三層甓塔……'의 구절에서 분명히 3층 전탑임을 밝히고 있고, 같은 문집에 수록된 「東都懷古十四詠」 중 "芬皇寺 野寺門常閉 荒庭塔半毀 獨餘金丈佛 黙數千年事"란 시에는 탑의 반이 훼손되었음을 전한다.[111] 뿐만 아니라 같은 책에 수록된 魚世謙의 시에 '……古塔己湮前後面……'이란 구절로 보아[112] 석탑의 앞뒷면이 훼손되었음을 알 수 있다. 어세겸이 1430년에서 1500년에 걸쳐 생존했던 인물임을 볼 때 분황사모전석탑은 이미 임진왜란 이전에 훼손되기 시작하여 생몰연대가 알려지지 않은 최재암이 기록할 당시에는 3층까지만 남아있었던 것으로 보인다. 『동경잡기』가 출간되던 1845년의 분황사모전석탑은 현재의 모습보다는 조금은 더 원형에 가까운 형태였을 것이므로 층수에 있어서도 3층을 유지하고 있었던 것으로 추정된다.

이처럼 1845년에 이르기까지 3층의 형태를 유지하고 있던 분황사모전석탑을 『東京雜記』의 저자가 높이 225척에 달했던 황룡사9층목탑과 혼동했다는 것은 이해되지 않는 대목이다. 따라서 『동경잡기』의 저자인 成原黙이 誤記했다기 보다는 '新羅三寶'의 의미를 혼동한 데서 기인한

---

109 『東京雜記』卷 2, 古蹟條.

110 高裕燮, 『韓國塔婆의 研究』, 同和出版公社, 1975, p.123.

111 考古美術同人會, 『慶州古蹟詩文錄』, 1962, p.12 및 p.14.

112 『東京雜記』卷 2, 古蹟條.

기록으로 보면 어떨까 하는 생각이다. 일단 황룡사탑이 木塔인 점과 이미 몽고병란 때 燒失된 점을 감안할 때 임진왜란과 어리석은 중에 의한 훼손 기록은 순리에 맞지 않는다. 이럼에도 모든 연구자들이『東京雜記』의 기록에서 新羅三寶는 誤記로 보면서도 나머지 기록은 그대로 수긍하는 모순된 태도를 보인다. 이에 반해 필자의 입장은 여러 정황을 고려할 때,『東京雜記』의 저자가 분황사모전석탑을 기록하면서 이를 신라삼보의 하나로 착각했다고 본다.

분황사모전석탑을 본래 9층 석탑으로 생각할 수 있는 또 다른 이유는 같은 시기에 건립된 백제 미륵사지석탑이 9층이었다는 점을 들 수 있다. 미륵사지석탑이 639년(백제 무왕 40년)에 건립된 것으로 확인되었는데, 미륵사의 건립에 신라 진평왕이 "百工을 보내어 도와주었다"는 기사는[113] 시사하는 바가 크다고 하겠다. 신라는 선덕여왕 3년(634)에 분황사가 완공되어 석탑 역시 이때를 建立下限으로 보고 있다. 이 시기는 백제 무왕 35년에 해당하므로 신라에서는 미륵사지에 9층 석탑이 건립되고 있다는 사실을 알고 있었을 것으로 생각된다. 신라에서 처음으로 석탑을 건립함에 있어 당시의 여러 가지 정황에 의해 비록 미륵사지석탑과 그 형식을 달리했을 지라도 층수에 있어서는 같은 규모로 축조되었을 가능성이 농후하다. 황룡사9층목탑이 분황사 낙성으로부터 12년이 지난 시점에 느닷없이 9층으로 건립되었다는 점과 신라 탑파 발달사에서 볼 때 한 번에 정형양식을 창출한 것이 아니라 시원양식인 분황사모전석탑으로부터 典型期를 거쳐 定型期에 이르러 양식적 완성을 이룩하고 있기 때문이다. 따라서 황룡사9층목탑의 건립에는 비록 재료상의 차이는 있을지언정 구조적으로 이미 경험했던 분황사9층탑의 기술적 능력도 근간이 되었을 것이라 생각된다. 이밖에 분황사모전석탑을 9층으로 보는 또

---

113 『三國遺事』卷 2, 武王條.

┃ 분황사모전석탑 잔존부재 ┃

다른 이유는 1992년에 시행된 분황사모전석탑 실측조사에서도 잔존 부재의 양으로 볼 때 높이 17.016m에 달하는 9층 석탑이었을 가능성이 제기된 바 있기 때문이다.[114]

이상과 같은 여러 측면에서 볼 때 황룡사9층목탑보다 12년 먼저 건립된 분황사모전석탑 역시 9층으로 건립되었을 개연성은 충분한 것으로 생각된다. 뿐만 아니라 "天嘉六年 陳使劉思並僧明觀 奉內經並次 寺寺星張 塔塔鴈行"의 기록에서[115] 天嘉六年은 565년(진흥왕 26)인 점과 "탑이 기러기가 날아가듯이 연했다"는 구절은 무수한 탑이 건립되었음을 알려주고 있다. 결국 분황사모전석탑이 건립되기 이전의 신라에서는 많은 탑이 건립되었고, 이들의 형태는 전탑 또는 목탑이었을 것으로 추정되는데, 이를 기러기와 비유한 것은 대다수의 탑이 高層이었을 것이라는

114   文化財管理局,『芬皇寺石塔實測調查報告書』, 1992, p.38 및 p.47.
115   『三國遺事』권 3, 原宗興法 厭髑滅身條.

추정을 가능케 한다. 따라서 고층으로 탑을 건립하던 당시의 경향으로 볼 때 분황사모전석탑 역시 9층이었을 가능성 또한 배제할 수 없다.

이상에서 살펴본『東京雜記』의 기록과 당시의 정치·사회적 상황과 실측조사 결과 등을 종합해 볼 때 분황사모전석탑은 본래 9층으로 건립되었을 것으로 생각된다.

셋째, 1층 탑신에 감실이 구축되고 장엄조식이 시작되고 있다.

분황사모전석탑에는 4개소에 감실이 개설되어 있고, 출입문의 좌·우에 각각 인왕상이 1구씩 부조되어 있다. 감실은 각각 독립된 영역으로 면적이 좁아 그 활용성이 의문시된다. 감실 좌우의 인왕상은 석탑과 같이 634년에 조성되었는데, 현존하는 인왕상으로는 가장 먼저 제작된 작품으로 평가되고 있다.[116] 더불어 이 상에 구현된 양식은 六朝時代 龍門樣式이 약간 남아있으면서도, 北魏수법이 짙게 반영된 것으로 보인다.[117] 즉, 분황사모전석탑에 부조된 인왕상은 한국 석탑에서는 가장 먼저 등장한 신장

❙ 분황사모전석탑 정상부 ❙

116　文明大,「韓國塔浮彫(彫刻)像의 研究(1)-新羅 仁王像(金剛力士像)考-」,『佛敎美術』4, 東國大學校 博物館, 1978, p.90.

117　文明大, 위의 글, pp.91-92.

상으로, 이 역시 탑이 지닌 신앙상의 기능과 중요한 함수 관계를 맺고 있다. 즉, 신라석탑의 浮彫像은 불탑 내부에 봉안된 불사리에 대한 外護的 기능에 제 일차적 목적을 두고 제작되었다는 견해[118]에 비추어 볼 때, 이 석탑에 조각된 인왕상은 이 석탑이 지닌 성격을 논증하는 데[119] 중요한 자료라 판단된다. 더불어 이 석탑에서 부조된 인왕상은 이후 건립되는 석탑에서 문비형, 사천왕, 팔부신중, 사방불 등 다양한 장엄이 조식될 수 있는 원천을 마련하고 있다.

동쪽면 인왕상	서쪽면 인왕상

남쪽면 인왕상	북쪽면 인왕상

118 張忠植, 「統一新羅 石塔浮彫像의 研究」, 『考古美術』 154·155, 韓國美術史學會, p.115.
119 분황사모전석탑은 사리가 봉안되었음으로 인해 순수 불교적인 성격, 우물 안에 호국용이 살았다는 기록, 선덕여왕 당시의 정세로 보아 호국적인 성격이 내재된 것으로 보인다.

넷째, 기단 상면에 위치한 사자상은 본래부터 석탑 주변에 있던 것이 아니라 다른 곳에서 옮겨 왔을 가능성이 농후하다.

분황사모전석탑의 네 모퉁이에 사자가 각각 1마리씩 배치되어 있음은 주지의 사실이다. 그러나 4마리의 사자는 본래 6마리였는데 이 중 2마리는 수리 후 박물관으로 이전되었다고 한다.[120] 그런데『朝鮮古蹟圖譜』에 실린 수리 전의 모습에서는[121] 석탑 서측 면에 놓인 사자를 볼 수 있는데, 머리의 방향이 지금과 같은 바깥쪽이 아니라 석탑을 향하고 있어 본래는 지금과 다른 방식으로 놓여있었음을 알 수 있다. 이 사자에 대해 藤島亥治郎은

"석사자는 이전에 기단 위에 6개가 산재하였던 것을, 기단의 네 모서리에 배치하여 탑을 보호하는 의미로 인정하여 현재의 4개를 기단의 네 모퉁이에 배치하고, 나머지 2개를 조선총독부박물관 경주분관에 보관하고 있는 바이며, 4개로 족한 것을 6개가 존재하였기 때문에 이것을 탑을 보호하는 의미로 현재와 같은 모습으로 배치한 것에 의문을 갖는 학자도 있으나, 지금 분관에 보관하고 있는 것은 심히 마멸되어 있고 형상에도 다소간 차이를 보이고 있다. 혹은 황룡사 동방에 있는 이 탑과 유사한 형식의 폐탑 기단에 배치되어 있던 것을 그 탑이 망가진 후에 이 탑으로 운반해 온 것일 수도 있다."[122]

라고 기술하고 있다. 이 같은 기록에서 일단 주목되는 점은 수리 시 탑을 보호하는 의미로 4마리를 배치하였다는 점과 형상에도 다소 차이를 보이고 있다는 점이다. 석탑을 수리하기 전에는 6마리의 사자가 무질서하

---

120 藤島亥治郎,『建築雜誌』1930. 5 및 1933. 12.
121 朝鮮總督府,『朝鮮古蹟圖譜』3, 도판 975.
122 藤島亥治郎,『建築雜誌』1930. 5 및 1933. 12.

게 놓여 있었고, 현재의 형상은 수리 시에 배치된 결과라 할 수 있겠다.[123] 뿐만 아니라 현재 석탑의 기단 위에 놓인 4마리의 사자와 경주박물관에 보관 중인 2마리의 사자를 비교해 보면 각각 2마리씩 같은 형상을 보이고 있어 본래부터 4마리의 개념으로 조각한 것이 아님을 알 수 있다. 이같은 사실은 현재 분황사에 배치되어 있는 4마리의 사자 중 서편의 2마리와 동쪽의 2마리가 각각 조각기법과 자세에서 뚜렷한 차이를 보이고 있음에서도 확인된다.

신라에서 圓刻으로 조형된 사자는 성덕왕릉, 괘릉, 헌덕왕릉, 흥덕왕릉 등의 무덤과 불국사 다보탑 및 화엄사사사자삼층석탑에서 볼 수 있다. 이들은 모두 통일 후에 조성되어 배치된 사자상이기에 공통된 양식이 간취된다. 이 시기에 조각된 사자상과 형상이 완전히 남아있는 분황사모전석탑 서편 사자상을 비교해보면, 전체적인 양식에서 통일신라시대에 조성되었을 가능성이 높다. 따라서 분황사모전석탑에 배치된 사자는 藤島亥治郎의 조사내용과 6마리라는 개체수와 더불어 조각상 드러나는 분명한 차이점으로 인해 본래부터 이곳에 있지 않았다는 결론을 내릴 수 있다. 결국 언제인지 모르지만, 다른 곳에서 옮겨왔다는 결론에 도달하게 된다. 이에 대해 藤島亥治郎은 황룡사 동방의 廢塔에서 옮겨왔을 가능성을 제시하고 있지만,[124] 필자는 이보다는 통일신라시대에 조성된 다른 왕릉에서 옮겨왔다고 보는것이 타당하다고 본다.

다섯째, 상륜부가 조성되어 있었다.

상륜부는 탑을 구성하는 기본 요소이다. 따라서 분황사모전석탑에도 분명히 상륜부가 있었을 것이다. 그런데 『三國史記』나 『三國遺事』에 보이는 造塔기사에서는 탑의 층수만 표현되어 있을 뿐, 상륜부에 대해서는

---

123 金禧庚, 『韓國塔婆研究資料』, 考古美術同人會, 1968, p.159.

124 藤島亥治郎, 『建築雜誌』 1933. 12.

언급된 것이 없다. 황룡사구층목탑에 있어서는 "刹柱記云 鐵盤已上高
四十二尺, 已下百八十三尺"[125]이라고 탑의 높이까지도 명확히 기록되고
있는데, 이는 心礎石에서 나온 塔誌에 의해 정확한 사실임이 입증된 바
있다.[126] 이 기록에서 주목되는 부분은 "철반 이상의 높이가 42척"이라는
부분인데, 바로 이 수치가 상륜부의 높이를 가리키는 것으로 생각된다.
결국 황룡사구층목탑에서도 9층이라는 층수와 걸맞게 높직한 상륜부가
구성되어 있었음을 알 수 있다. 이 같은 상황을 바탕으로 생각할 때 분황
사모전석탑에 있어서도 규모에 걸맞은 상륜부가 있었음을 쉽게 짐작할
수 있다.

『朝鮮古蹟圖譜』에 개제된 분황사모전석탑의 사진과 현재의 모습을
비교해 보면 상륜부에서 확연한 차이가 있다. 즉, 현재의 모습은 仰花만

▎분황사모전석탑 상륜부 ▎

125 『三國遺事』卷 3, 塔像 第 4, 黃龍寺九層塔 條.
126 黃壽永, 「新羅 黃龍寺 九層木塔 刹柱本紀와 그 舍利具」, 『東洋學』 3輯, 檀國大 東
      洋學研究所, 1973, pp.269-331.

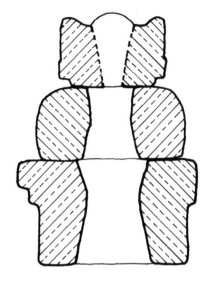

분황사모전석탑 상륜부 복원도(文化財管理局, 『芬皇寺石塔實測調查報告書』, 1992에서 전재)

이 있으나, 사진을 보면 이보다 많은 부재로 구성되었다. 1990년에 경주 문화재연구소에서 실시한 분황사 발굴조사 시 노반과 복발석이 수습된 바 있는데, 이 부재들을 현재 석탑의 상면에 놓여있는 앙화석과 같은 부재라는 전제 하에 복원한 결과 동일한 상륜부재일 가능성이 높다고 판명되었다.[127] 따라서 석탑의 상륜부는 1915년에 진행된 전면 보수 공사 시 훼손된 것으로 보이며, 수리 이전까지는 노반 · 복발 · 앙화석이 상륜부재로 놓여있었음을 알 수 있다.

여섯째, 모전석탑의 표면에 강회를 발랐을 가능성이 존재한다.
분황사모전석탑에 대한 기록은 『동경잡기』와 조선시대 문인들의 詩

127　文化財管理局, 『芬皇寺石塔實測調查報告書』, 1992.

에서 그 편린이 담겨있다. 1420년에서 1488년까지 생존했던 徐居正이 쓴 「芬皇寺」라는 시에 "……白塔亭亭如喚客……"이란 구절이 등장하는데,[128] 여기서 분황사탑이 '白塔'이라 기록되었다. 말뜻 그대로 '하얀 탑'의 의미로 해석할 때 현재 분황사모전석탑이 지닌 회흑색과는 완전히 다른 색감임을 알 수 있다. 그렇다면 서거정은 왜 이 석탑을 백탑으로 표현했을까? 필자는 이 구절에 대해 표면에 강회를 발랐던 것이 아닌가 하는 의견을 조심스럽게 개진해 본다.

석탑에서는 표면에 여러 종류의 불교상을 조각하고 있는데, 이처럼 堂·塔이나 佛·菩薩을 장식하는 것을 梵語로 Vyūha라 하여 莊嚴이라고 한다. 석탑에서 기단과 塔身表面에 佛敎像을 비롯하여 여러 가지 물상을 조각하는 것(장엄)을 嚴飾 또는 嚴淨이라 하여 세속적인 장식과 구별한다. 근본적인 뜻은 탑 내에 봉안된 舍利의 수호 내지는 供養에 있다[129]는 의미다. 이러한 의미에 근거해 분황사모전석탑을 보면, 이 탑의 문비에 조각된 인왕상과 더불어 탑신 전체에 강회를 발랐던 흔적이 남아 있던 현상이 이 탑을 白塔으로 기록하게 한 배경이라 생각된다. 이처럼 모전석탑으로 표면에 회칠을 한 예로는 경북 상주군 외남면에 있던 石心灰皮塔을 들 수 있다.[130] 이 석탑은 모전석탑으로 축조한 후 표면에 흙을 바르고, 석회를 발랐던 것으로 알려져 있다. 뿐만 아니라 고려시대의 석탑으로는 제천 장락리모전석탑과 안양사전탑을 예로 들 수 있다. 이 중 안양사전탑은 현재 그 흔적조차 찾을 수 없는데, 다행히 『新增東國輿地勝覽』에 기재된 이숭인의 기문에서 그 원형을 추출할 수 있다.

---

128 考古美術同人會, 『慶州古蹟詩文錄』, 1962. p.68. 및 『東京雜記』 卷3 題詠 條.

129 秦弘燮, 「韓國의 塔婆」, 『國寶』6, 藝耕産業社, 1983, p.194.

130 朝鮮總督府, 『朝鮮古蹟圖譜』, 4, 도판 1552. 및 高裕燮, 『韓國塔婆의 硏究』, 을유문화사, p.28.

"(전략) 절 남쪽에 있는 탑은 벽돌로 7층을 쌓았고 기와로 덮었습니다. 제1 밑층은 행각이 빙 둘렸는데, 12간입니다. 벽마다 부처와 보살과 사람과 하느님의 화상을 그렸습니다. 밖에는 난간을 세워서 드나드는 것을 막았는데, 그 거창하고 장려한 모습은 딴 절에는 없습니다."(중략) 탑안 네 벽 중 동쪽은 藥師會, 남쪽은 釋迦涅槃會, 서쪽은 彌陀極樂會, 북쪽은 金經神衆會상을 그렸습니다. 행각이 12간인데 벽마다 한 간씩 그린 것은 소위 十二行年佛입니다.(후략)"[131]

　이 같은 기록은 안양사전탑의 표면에 많은 그림을 그렸음을 알려주는데, 이것은 바로 표면에 회를 발랐다는 단적인 증거라 할 수 있겠다. 이처럼 신라 및 고려시대의 유례에서 표면에 회를 바른 예가 있음을 볼 때 서거정이 '白塔'이라 지칭한 점은 분황사모전석탑의 표면에 창건 시 또는 후대에 석회를 발랐을 가능성을 제시하고 있는 것으로 생각된다. 이 같은 가능성에도 불구하고 현재 분황사모전석탑의 표면에서는 뚜렷한 강회의 흔적은 찾을 수 없다. 이처럼 벽돌과 같은 부재에 회칠을 한 예는 중국의 경우 북위시대에 조성된 태원 불광사의 조사탑으로부터 당나라 때 건립된 다수의 전탑에서 확인되고 있다. 그런데 이들 전탑에서 강회가 탈락되는 현상을 관찰해 보면 부분적으로 발생되는 것이 아니라 상당히 넓은 면적이 떨어져 나가는 양상이 목격된다. 다시 말해 벽돌의 표면에 칠해진 강회가 마치 종이처럼 넓은 면으로 박락된다. 이 같은 특징을 분황사모전석탑에 대입해 보면 적어도 15세기 전반 경까지는 백탑이라 불릴 만큼 두터운 강회가 칠해져 있었으나 석탑이 훼손됨에 따라 대부분이 벗겨진 것으로 판단된다. 한편, 감은사지 서삼층석탑의 탑신과 옥개석에서도 강회의 흔적이 확인되므로 신라시대의 시원기와 전형기

131 『新增東國輿地勝覽』, 卷 10, 衿川縣 佛宇條.

석탑의 표면에는 강회가 칠해졌을 가능성이 농후한 것으로 판단된다. 그렇지만, 이들 석탑 이후에 건립되는 한국의 탑은 모두가 화강암을 판석형 또는 괴체형으로 치석해 사용한 석탑이었기에 강회를 발라 이를 보호해야 할 필요성이 소멸된다. 이 또한 중국의 전탑과 한국의 석탑이 지닌 재료상의 차이에서 드러나는 확연한 현상이라 하겠다.

일곱째, 순수 불교적인 의미와 더불어 호국적인 성격을 지닌 석탑이라는 점이다.

탑은 석가모니의 진신사리가 봉안된 신앙의 대상이다. 따라서 탑이 지닌 성격은 순수 불교적인 관점에서 볼 때 신앙적인 면만이 강조되었을 뿐 다른 목적은 없다고 봐도 과언은 아닐 것이다. 그러나 우리나라의 경우, 특히 신라시대에는 불교에 호국적인 성격이 짙게 가미되면서 탑이 갖는 성격 또한 순수 종교적인 목적 외에 호국적인 의미가 내포되어 있음은 주지의 사실이다. 이 같은 관점에서 볼 때 분황사모전석탑에는 순수 불교적인 면 외에 또 다른 의미 역시 부가되었을 것으로 생각된다. 왜냐하면 진평왕의 치세기간에 지속적인 백제의 공격이 있었고, 선덕여왕의 즉위 후에도 상황은 마찬가지였다. 더욱이 집권 초기 경주의 가까운 女根谷까지 노린 백제군의 내습은,[132] 비록 여왕의 기지로 퇴치하였다지만, 이후 신라의 입장에서는 엄습하는 불안감을 달래기 어려웠을 것으로 보인다. 왕 3년과 4년에 분황사와 영묘사가 연달아 낙성된 것은 바로 집권 초기의 불안했던 정국을 佛力에 의지해 탈피하고자 했던 강한 의지의 피력이라 여겨진다. 왕 11년에 백제 의자왕의 공격을 받아 國西의 40여성을 빼앗기고, 이어 백제와 고구려군의 협공을 받아 對唐 교통의 요충인 黨項城이 위협을 받고, 마침내 大耶城 전투에서 伊湌 品釋과 舍知

한국 석탑의 양식 기원 ― 미륵사지석탑과 분황사모전석탑 ―

132 『三國史記』권 5, 善德王 5年 條 및 『三國遺事』券 1, 善德王知幾三事 條.

竹竹・龍石이 전사하는 등 국가적으로 위기에 직면하게 된다.[133] 이 같은 위기를 극복하고자 김춘추가 고구려에 請兵外交를 펼쳤으나 실패했을 때, 신라의 불안감은 극도에 달했던 것으로 보인다. 이는 왕 12년 당나라에 보낸 사신이

"고구려와 백제가 우리나라를 侵壓하여 여러 번 數十城이 공격을 받았으며, 兩國은 군사를 연합하여 기어코 우리나라를 취하려 하여 지금 9월에 대대적으로 擧兵하려 하니 우리의 社稷은 필연코 보전할 수 없을 것이다."[134]

라고 告한 점에서 麗・濟同盟軍의 공격에 불안감을 떨치지 못하는 일면을 짐작할 수 있다. 이처럼 선덕여왕대의 신라는 국가적으로 어려운 시기에 직면해 있었고, 이 같은 위기의식에 대해 선덕여왕 14년(645)에 황룡사구층목탑의 완공으로 대응했다. 이후 신라는 삼국통일의 위업을 달성하게 된다. 따라서 황룡사구층목탑이 갖는 성격은 순수 불교적인 면 외에도 호국적인 성격이 짙게 배어있다. 이 같은 관점에서 볼 때 황룡사구층목탑보다 12년 먼저 건립된 이 석탑이 단순히 불교적인 의미만을 지녔다고 보기에는 무리가 있다고 생각한다. 왜냐하면 분황사 건립 당시나 황룡사구층목탑이 조성될 시기나 신라가 처했던 상황은 크게 변하지 않았기 때문에 분

┃분황사 우물┃

133 『三國史記』卷 5, 善德王 11年 條.
134 『三國史記』卷 5, 善德王 12年 條.

황사모전석탑의 건립 역시 호국적인 성격을 표방했을 것으로 짐작된다. 분황사 경내에 있는 팔각우물에 호국룡이 살았다는 기록은[135] 분황사가 지닌 성격과 더불어 석탑에 호국적인 의미가 부여되어 있었음에 대한 반증이라 생각된다.

여덟째, 기단부의 원형에 관한 문제이다.

분황사모전석탑은 단층기단을 구비하고 있으며, 장대석과 자연석을 이용해 3~4층의 허튼층 쌓기방식으로 축조했다. 기단에 사용된 석재는 크기와 모양이 일정하지 않지만, 곳곳에서 석재의 곡면을 이용한 그랭이질의 흔적도 확인된다. 전체적으로 볼 때 석재의 맞닿은 면이 고르게 처리된 탓에 본래의 모습이었을 가능성이 인정되기도 하지만, 일제강점기의 기록을 보면 서로 다른 견해가 표방되고 있다. 예컨대, 關野貞은

"기단은 본래 석축이었으나 지금은 모두 파괴되고, 大小의 석재가 그 주위에 산란되어 있다. 잔존하는 석재로 본다면 壇上積같다"

┃ 분황사모전석탑 기단부 ┃

135 『三國遺事』元聖大王條.

라고 기술하고 있어[136] 계단식으로 층단을 이루며 축조된 것으로 이해한 것으로 생각된다. 이에 반해 藤島刻治郎은

> "이 탑은 先年에 조선총독부에서 수리를 하여 面目을 바꾸었기 때문에 舊來의 형상을 알지 못하여 그 기단 구조를 상세히 알 수 없다. 옛 모습의 사진과 함께 실측도를 검토해 보니 기단은 4변이 약 43자, 높이 3.8자, 기단 위는 탑신을 향하여 점차 경사되어 탑신 지대석 밑까지는 높이가 약 5자 정도 되는 모양이다. 사용된 석재는 현재의 것 보다 큰 것을 여러 곳에 사용하고, 그 사이는 소형의 석재를 2단으로 쌓아 측면을 구성하고, 상면에도 기단을 견고히 하기 위해 사용된 野石의 머리 부분과 함께 탑의 기초가 되는 積石이 나타나는 바, 전체적으로 자연석 기단이었으며, 현재의 모양에 역력한 段形을 이루지 않았다."[137]

라고 기술하고 있다. 이 기록에서 주목되는 점은 "기단 위는 탑신을 향하여 점차 경사되어 탑신 지대석 밑까지는 높이가 약 5자 정도 되는 모양이다."라는 부분인데, 이것으로 볼 때 關野貞과 같은 형상으로 파악한 것으로 이해된다. 결국 분황사모전석탑의 기단부는 변형된 것이 분명한 것으로 판단된다. 그런데 우현 선생께서 촬영한 사진을 보면[138] 석탑은 주변에 개설된 도로로부터 약 1.5m 이상의 높직한 단 위에 건립되어 있음을 알 수 있다. 이는 주변의 경작지와 멀리 보이는 인물, 가옥과 비교해 볼 때 더욱 분명해진다. 석탑의 주변에는 크고 작은 석재들이 경사진

136　關野貞, 『韓國建築調査報告』, 1904.
137　藤島刻治郎, 『韓國建築調査報告』, 1933.
138　高裕燮, 「慶州 芬皇寺石塔」, 『韓國塔婆의 研究』, 同和出版公社, 1975, p.160. 선생께서는 제시한 사진이 개축 이전의 것임을 명시하고 있다.

| 분황사모전석탑 기단부 축조상태 |

형태로 흩어져 있고, 부분적으로는 장대석의 석재가 석탑의 각 면과 일
치되게 놓여 있다. 이 같은 정황은 『조선고적도보』에 수록된 수리 전 사
진에서도 볼 수 있는데, 석탑의 전면에 형성된 완만한 경사면을 따라 일
렬로 구축된 석렬과 장대석 등이 산란된 모습에서[139] 우현 선생의 사진에
서 확인되는 현상과 일치함을 확인할 수 있다. 이와 같이 사진을 통해 확
인되는 현상이 關野貞이나 藤島刻治郎의 견해와도 일치하고 있어 현재
의 기단은 1915년도 수리 과정에서 변형된 것임이 확증된다. 이와 더불
어 분황사 발굴조사 시 기단의 하부 토층에서 현 지표 하 70cm까지는 흑
갈색 부식토층으로 형성된 산란층임이 확인된 바 있다.[140] 이 같은 정황
과 함께 『조선고적도보』에 수록된 수리 전 남면 및 서면과 서면 및 북면
그리고 서면 사진을 보면 일렬로 배치된 자연석과 장대석 등 기단을 이
루었던 부재가 확인된다. 게다가 이들은 일정한 거리를 두고 층단을 이

139　朝鮮總督府, 『朝鮮古蹟圖譜』, 제3책, 1916.
140　國立慶州文化財研究所, 『芬皇寺發掘調査報告書Ⅰ』, 2005, p.74.

루며 구축되어, 중간부에는 사자가 놓일 만큼의 공간이 확보된 점 등에 근거할 때 여러 단의 석축이 중첩되어 있었던 것으로 추정된다. 그러므로 조사기록과 여러 사진들을 검토해 본 결과 분황사모전석탑의 기단은 지면으로부터 최소 3단 정도의 석축이 층단형을 이루며 구축된 것으로 추정된다.

아홉째, 분황사모전석탑과 중국 전탑과의 연관성에 관한 문제이다.

분황사모전석탑의 양식 근원을 중국의 전탑에서 구하는 것은 학계의 정설이다. 이는 우현 고유섭 선생께서 주창한 이래 불변의 진리처럼 군림하는 학설이다. 근년에 이르러, 이희봉 선생의 연구에서 중국 전탑의 영향설을 배제해야 한다는 주장이 제기된바 있고,[141] 필자 역시 이에 대해 견해를 발표한 바 있다.[142] 그간 분황사모전석탑은 양식 근원을 신통사 사문탑에서 구하는 견해가 지배적이었지만, 양 탑은 완전히 다른 양상을 지닌 석탑임이 밝혀진바 있다.[143] 따라서 분황사모전석탑이 중국전

▌ 분황사모전석탑 전경(고유섭 선생 촬영) ▌

141 이희봉, 「신라 분황사 탑의 '模塼石塔 說'에 대한 문제 제기와 고찰」, 『건축역사연구』 20-2, 대한건축학회, 2011, pp.39-54.

142 박경식, 「분황사 모전탑의 양식 기원에 대한 고찰」, 『신라문화』 41집, 동국대학교 신라문화연구소, 2013. pp. 163-194.

143 주 142와 같음.

분황사석탑남면 및 서면(수축전)
朝鮮總督府, 『朝鮮古蹟圖譜』 제3책, 1916에서 전재

분황사석탑서면 및 북면(수축전)
朝鮮總督府, 『朝鮮古蹟圖譜』 제3책, 1916에서 전재

분황사석탑서면(수축전)
朝鮮總督府, 『朝鮮古蹟圖譜』 제3책, 1916에서 전재

한국 석탑의 양식 기원 - 미륵사지석탑과 분황사모전석탑 -

탑의 영향을 받았음을 규명하기 위해서는 적어도 이 석탑이 건립되던 634년 이전에 건립된 전탑과의 비교가 선행되어야 할 것으로 판단된다. 이에 대해 關野貞선생은 분황사모전석탑의 양식을 서안에 소재한 大雁塔과 小雁塔과 비교했지만, 고유섭 선생에 의해 부인되고 있다.[144] 뿐만 아니라 중국에 현존하는 전탑 중 건립연대가 분명한 것들은 대개 분황사모전석탑보다 늦게 건립되었다.[145] 따라서 분황사모전석탑과 唐代 전탑과의 양식비교는 원천적으로 불가능함을 알 수 있다. 양식적으로 분황사모전석탑보다 후대에 건립된 것이 이 탑에 영향을 줄 수 없기 때문이다. 따라서 분황사모전석탑과 중국 전탑과의 연관성은 숭악사 12각15층전탑(523년)과 법왕사 15층전탑(602년)과의 비교를 통해 밝힐 수 있다고 생각된다. 양 탑과 분황사모전석탑과의 비교를 위해 양식을 간략히 정리하면 다음의 표로 집약된다.

〈표 4〉 분황사모전석탑과 숭악사 및 법왕사 전탑 양식 비교 표

비교대상	숭악사 전탑	법왕사 전탑	분황사모전석탑
층수	15층	15층	현 3층. 원 9층(추정)
조성재료	벽돌	벽돌	석재(안산암)
축조형태	空筒式	空筒式	充積式
평면구도	12각형	방형	방형
출입구 배치	4면	1면(전면)	4면
출입구 양식	아치형	아치형	장방형
옥개석 양식	상·하층단형	상·하층단형	상·하층단형
탑신부의 외관	포물선형	포물선형	삼각형
건립연대	523년	602년	634년

---

144 高裕燮, 주 138의 책, p.84.

145 대안탑과 소안탑 외에 건립연대가 밝혀진 대표적인 전탑으로는 華嚴寺 杜順塔(643년), 興敎寺 玄奘塔(669년), 香積寺 善導大師塔(681년), 興敎寺 窺基塔(682년)이 있다.

위의 표를 보면 숭악사 및 법왕사 전탑과 분황사모전석탑에서 보이는 공통점보다 차이점이 더 많음을 알 수 있다. 이 중 가장 주목되는 부분은 축조 형태와 옥개석의 양식 및 체감비에 따른 탑신부의 외관이다.

축조 형태를 보면 空筒式과 充積式이라는 차이가 나타나고 있다. 전자는 숭악사 및 법왕사 전탑에서 확인되는 기법으로, 唐代는 물론 宋代에 이르기까지 전탑 건립에 활용도가 가장 높았던 축조방식이다.[146] 숭악사와 법왕사 전탑은 기단이 소략하고, 1층 탑신의 너비가 매우 좁고, 높이가 높아 같은 축조 방식이 가능했다. 이에 반해 충적식은 벽체뿐만 아니라 감실을 제외한 모든 부분을 석재로 채우는 방법이다. 분황사모전석탑은 기단은 물론 초층 탑신의 면적이 넓게 조성된 탓에 충적식 구조가 적용된 것으로 생각된다. 이 같은 축조방법은 미륵사지석탑에서도 볼 수 있는데, 이후 건립되는 모든 신라석탑에서 면석으로 조립된 기단 내부를 석재로 충적시키고 있다. 그러므로 분황사모전석탑의 축조방법은 북위나 수대 전탑과는 완전히 다른 방법이 적용된 것으로 생각된다. 따라서 양 탑에서 확인되는 축조방법을 볼 때 중국과 한국은 초기 불탑에서부터 출발점을 달리 했다는 결론이 도출되며, 조성 방법의 차이가 기단과 탑신의 규모를 결정하는 데 중요한 원인으로 작용한 것으로 생각된다.

옥개석의 양식은 앞서도 언급했듯이 분황사모전석탑이 중국 전탑의

---

146 張馭寰, 『中國塔』, 山西人民出版社, 2000, p.156. 선생에 의하면 "空筒式 구조탑의 특징은 시공이 쉽고 복잡한 내벽이 없고 복잡한 층수도 없고, 단지 탑의 형태에 따라 두꺼운 외벽을 쌓으면 되었고, 아래에서 위로 바로 탑의 꼭대기에 이르게 되므로 설계에서부터 시공까지 매우 간결하다. 탑 전체의 외벽을 두껍게 해서 전체의 하중을 견디게 만들어서 매우 안전하다. 층마다 있는 목재 마루판은 판 아래에 大梁를 설치하여 空筒에 횡방향으로 拉力을 높여주었는데, 이는 구조적 안전을 강화하는 면에서 어느 정도 효과가 있었다. 空筒式 구조의 약점은 횡방향으로 견고하게 부재를 당겨 연결해주지 못하고, 위아래가 하나의 원통체라서, 지진이 발생하면 쉽게 무너진다는 것이다. 일단 외벽 문창부분이 먼저 갈라져서 큰 틈이 생기면 바로 쉽게 무너진다."라고 밝히고 있다.

▌숭악사 12각15층 전탑 ▌

▌숭악사 12각15층 전탑 기단부 및 초층탑신 ▌

▌숭악사 12각15층전탑 탑신부 ▌

▌숭악사 12각15층전탑 탑신 내부 구조 ▌

영향을 받았음을 분명하게 보여주는 부분이다. 하지만, 앞에서 살펴본
바와 같이 양 전탑에서는 받침부가 높게 조성되어 층단을 이루고 있지
만, 낙수면은 낮게 조성되어 하면과 상단은 많은 차이를 보이고 있다. 아
마도 낙수면까지 여러 단으로 축조했을 경우 발생할 구조적·시각적인
문제가 고려된 결과일 것이다. 즉, 하단과 같은 층수이거나 그보다 적게
조출되었다하더라도 이로 인해 매 층 조금씩 상승되는 높이는 전체 규
모를 결정함에 구조적으로 영향을 주었음이 자명하다. 때문에 하단에 비
해 상단의 높이를 극도로 낮춤으로써 전체적인 조화와 안정감을 유지했
던 것으로 생각된다. 이에 비해 분황사모전석탑의 경우는 상·하단이 일
정한 비례를 이루며 층단형을 구비했다. 이는 9층이라는 층수에 걸맞은
기단과 초층 탑신이 적절한 규모를 지녔고, 충적식으로 건립했다는 점에
서 가능했을 것으로 생각된다. 이처럼 양국의 초기 불탑에 구현된 옥개
석의 양식은 각각 소형의 벽돌과 석재로 구성되었다는 재료적인 특성에
서 비롯된 것으로 이해된다. 이와 더불어 탑신부의 외관에서 보이는 포
물선형과 삼각형의 구도는 확연한 차이를 보여주고 있다. 즉 양 전탑은

낮은 기단과 좁은 면적의 1층 탑신을 기반으로 15층이라는 고층의 탑신을 올렸다. 이에 따라 목조건축에서와 같은 '체감비'라는 축조방식을 감당하기에는 구조적인 난관에 봉착했을 가능성이 농후하다. 때문에 이를 극복하기 위해 일정 층수에 도달하는 지점을 중심으로 상·하층의 너비를 순차적으로 늘리고 줄인 탓에 탑신은 포물선형의 외관을 구비하게 되었다. 이에 반해 분황사모전석탑의 탑신은 안정적인 삼각형의 외관을 구비하고 있어 목조건축의 체감비가 유지되고 있음을 알 수 있다.

‖ 법왕사 수탑 ‖

　이상과 같이 분황사모전석탑은 이보다 앞서 건립된 전탑과 비교해 보았을 때 비록 옥개석의 받침을 층단형으로 축조했다는 부분적인 공통점이 있지만, 이보다 후대에 건립된 唐代의 전탑과는 동일한 양식을 지니고 있어 옥개석의 전탑 영향설은 분명 재고를 요한다. 이 같은 점을 고려하면 분황사모전석탑의 옥개석에 구현된 층단형 받침은 전탑의 영향이라기보다는 소형의 석재를 사용함으로 인해 적용된 건축기법의 결과로 생각된다.

∥ 법왕사 수탑 기단부 ∥

∥ 법왕사 수탑 초층탑신 ∥

∥ 법왕사 수탑 탑신부 ∥

▐ 분황사모전석탑 옥개석 축조상태 ▐

▐ 분황사모전석탑 옥개석에 구현된 체감비▐

Ⅲ
—
비교연구

7세기는 한국 불교미술사에서 매우 중요한 시기이다. 왜냐하면 한국 최초의 석탑이 백제와 신라에서 건립되고, 불상에 있어서도 화강암을 소재로 한 等身大 이상의 석불들이 조성되었기 때문이다. 뿐만 아니라 석등이라는 새로운 조형물도 탄생된 시기이도 하다. 그러하기에 이들에 구현된 양식은 대체 어디로부터 온 것일까? 하는 양식의 기원에 대한 문제 제기는 여전히 매혹적인 화두이다. 본 책의 주제인 미륵사지석탑과 분황사모전석탑에 구현된 양식은 그 기원을 어디로부터 찾아야 하는가에 대한 문제는 필자를 비롯한 이 방면 연구자들에게 반드시 풀어야할 숙제라 생각한다. 이 문제의 해결이 곧 "석탑의 나라"로 불리는 한국 석탑문화의 특수성을 구명할 수 있는 방책이기 때문이다. 필자는 이 문제를 해결하기 위한 구체적인 방편을 중국 초기 석탑과의 비교연구에서 찾았다. 한국과 중국의 초기 탑파의 비교 연구는 지금까지 진행되어 온 한국석탑 연구에 있어 가장 간과되었던 분야라 생각되는데, 그 원인은 일제강점기 이래 진행되었던 연구 성과를 철저한 고증 없이 그대로 수용했던 데 있다.

중국의 불탑은 크게 樓閣式塔, 密檐式塔, 亭式塔, 異形塔 등으로 구분되며,[1] 이 중 이형탑을 제외하면 모두 중국 초기 불탑의 양상을 파악하는 데 있어 매우 중요한 의미를 지니고 있다. 하지만, 이 중에서도 실물로서 가장 오랜 예를 볼 수 있는 탑은 단연 亭式塔(亭閣型 佛塔)이다.[2] 이

---

1 蕭黙 主編,『中國建築藝術史』, 文物出版社, 1999, pp. 332~340.
2 운강 석굴에는 정각형 불탑 외에도 樓閣式 탑의 양식이 확인된다. 그렇지만, 이들은 석굴의 벽면에 부조탑의 형태로 남아있을 뿐 실물로는 그 예를 찾아 볼 수 없다. 아

유형의 탑은 모두 단층의 탑신에 사모지붕을 구비한 양식이다. 이에 대해서는 앞 장에서 석탑과 전탑으로 구분해 각 장르에 대한 양식적인 규명과 더불어 비교분석을 진행했다. 그 결과 이 유형의 불탑은 조성재료와 규모에 관계없이 모두 내부에 공간을 구비하고 있으며, 목조건축의 양식을 충실히 계승한 것으로 파악되었다.

현존하는 중국의 정각형 불탑 중 가장 주목되는 것은 신통사 사문탑이다. 앞에서 고찰한 바와 같이 이 석탑은 목조건축의 양식을 충실히 반영하고 있을뿐만 아니라 석재로 조성된 석탑이다. 더불어 611년에 건립되었기에 미륵사지석탑과 분황사모전석탑과 비교하기에 적합하다. 이에 본 장에서는 신통사 사문탑과 미륵사지석탑 및 분황사모전석탑의 비교는 물론 미륵사지석탑과 분황사모전석탑과의 다각적인 비교를 진행하고자 한다. 이를 통해 중국과 한국, 백제와 신라에서 전개된 불탑문화의 특성이 파악될 것으로 생각한다.

울러 密檐式塔은 523년에 건립된 숭악사 12각15층 전탑에서 그 예를 볼 수 있다.

1. 중국 정각형 불탑과의 비교

정각형 불탑은 북위시대에 조성된 운강석굴에서 등장한 초기 중국 불탑의 양식이었다. 게다가 전체적인 형상이 목조건축의 형태를 그대로 재현했을 뿐만 아니라 내부에 공간을 구비해 예배공간으로 활용하고 있어 後漢代 이래 형성된 중국인의 佛塔觀을 엿볼 수 있는 중요한 건축물이다. 필자가 앞 장에서 정각형 불탑에 대해 북위시대로부터 당대에 이르기까지의 변천과정을 설명한 이유는 이 유형의 불탑이 평면구도는 물론 초층 탑신에 개설된 출입시설과 내부에 공간을 형성하고 있다는 점에서 미륵사지석탑 및 분황사모전석탑과 비교의 대상이 될 것이라 판단했기 때문이다. 북위로부터 당대에 이르기까지 건립된 불탑 중 건립 연대가 확실한 불탑들과 미륵사지석탑 및 분황사모전석탑의 건립 연대를 비교해 보아도 이들 불탑과 한국의 초기 석탑이 비교의 대상이 될 수 있음을 알 수 있는데, 이를 정리해 보면 〈표 5〉로 집약된다.

〈표 5〉를 보면, 숭악사탑을 제외한 7세기 전반 중국 불탑의 건립 동향은 정각형 불탑이 주류를 이루고 있고, 건립 연대에 근거해도 분황사모전석탑과 미륵사지석탑이 중국 불탑에 비해 이른 시기에 건립되고 있어 정각형 불탑과 비교의 대상이 되기에 충분한 조건을 갖췄음을 알 수 있다. 필자가 양국 불탑의 건립 연대를 언급하는 까닭은 분황사모전석탑과 미륵사지석탑에 구현된 제반 양식의 기원과 특수성을 찾는 문제는 이와 비슷한 시기에 건립된 불탑과의 비교를 통해 규명되는 것이 마땅하기 때문이다. 이 같은 판단에 의해 비교의 대상이 될 수 있는 가장 유력한 중국의 불탑은, 조성재료는 물론 내부구조에 이르기까지 목조건축을 가장 충실히 구현한 사문탑이라고 생각한다. 이 탑은 그간 분황사모

<표 5> 중국 초기 불탑과 미륵사지석탑 및 분황사모전석탑과 건립 연대 비교

탑명	건립 시기	소 재 지	유형
崇岳寺塼塔	523년	河南省 登封市	塼塔
佛光寺 祖師塔	550-577년	山西省 五台縣	塼塔
靈泉寺 道憑法師塔	563년	河南省 安養市	石塔
新通寺 四門塔	611년	河南省 濟南市	石塔
芬皇寺 模塼石塔	634년	慶尙北道 慶州市	石塔
彌勒寺址石塔	639년	全羅北道 益山市	石塔
華嚴寺址 杜順塔	643년	陝西省 西安市	塼塔
安養 修定寺塔	642년	河南省 安養市	塼塔
法興寺 舍利塔	673년	陝西省 長治市	石塔
香積寺 善導大師塔	681년	陝西省 西安市	塼塔
興敎寺 窺基塔	682년 초건, 829년 수리, 宋 1115년 중수	陝西省 西安市	塼塔
少林寺 法如禪師塔	689년	河南省 登封市	塼塔
仙游寺 舍利塔	隋 601년 초건, 725년 중건	陝西省 西安市	塼塔
大雁塔	652년 초건 長安年間(701~704) 중수	陝西省 西安市	塼塔
興敎寺 玄奘塔	669년 초건, 882년 중수	陝西省 西安市	塼塔

전석탑의 비교 대상으로 익히 알려진 탑이지만, 이 석탑과 연관성이 없음은 여러 측면에서 규명한 바 있다.[3] 그럼에도 불구하고 이 탑이 주목되는 이유는 앞서 고찰한 바와 같이 1층 탑신에 표현된 제반 양식이 목조건축의 그것과 동일한 구조를 지니고 있기 때문이다. 더욱이 1층 탑신 내부에 공간을 구성하고 있을 뿐만 아니라 석재로 건립되었고, 건립연대

---

3   필자는 「芬皇寺 模塼石塔에 대한 考察」, 『芬皇寺의 諸照明』, 新羅文化宣揚會, 1999, pp.161-197에서 분황사모전석탑과 사문탑과의 연관성을 제기한 바 있으나 그러나 현지 답사 결과 이는 잘못된 견해였음을 밝힌 바 있다. 朴慶植, 「四門塔에 관한 小考」, 『文化史學』27, 韓國文化史學會, 2007 및 박경식, 「분황사 모전탑의 양식 기원에 대한 고찰」, 『신라문화』41, 동국대학교 신라문화연구소, 2013. pp.163-194.

또한 미륵사지석탑 및 분황사모전석탑과 불과 20여년의 시차를 두고 있어 신통사 사문탑과의 비교를 진행하고자 한다.

1) 미륵사지석탑과 사문탑과의 비교

미륵사지석탑의 근간을 이루고 있는 양식의 근원이 목조건축에 있음은 주지의 사실이다. 그럼에도 이 석탑에 구현된 모든 양식이 백제의 독창적인 것인가 아니면 중국 불탑과의 연관성에서 찾아야 하는가의 문제에 대해서는 제기된 바 없었다. 따라서 미륵사지석탑의 양식 기원을 밝히기 위한 선결 조건은 응당 중국 초기 불탑과의 비교 연구가 되어야 할 것이다. 이에 따라 미륵사지석탑 보다 28년 먼저 건립된 신통사 사문탑과 양식 및 구조적인 면에서 비교 고찰하겠다. 이 같은 작업을 진행하기 위해 양 석탑이 지닌 공통점과 차이점을 정리해 보면 〈표 6〉과 같다.

〈표 6〉 사문탑과 미륵사지석탑 양식 비교 표

비교대상		사문탑	미륵사지석탑(서탑)
건립연대		611년	639년
규모		단층	6층(9층으로 추정)
조성재료		응회암(장대석 형태)	화강암(판석형 부재)
기단부		매몰	화강암으로 축조한 이층기단
출입시설	계단석	있음	있음
	출입문	아치형	장방형
내부구조	답도	있음(내부 일주 가능)	있음(내부 일주 불가능)
	고주	있음(불단 구조)	있음(기둥 구조)
	천장부	평천장과 고깔형 천장	평천장
	봉안물	각 면 1구씩 4구의 불상 · 사리장엄	없음 · 사리장엄
옥개석		상 · 하 층단형	하층 층단형, 상층 낙수면
상륜부		노반, 앙화, 보륜, 보주	결실
장엄조식		없음, 표면에 강회	없음
구조		空筒式	이원구조체(가구식+조적식)

(1) 양식적인 면에서의 비교

앞서서도 언급한 바와 같이 양 석탑은 목조건축의 양식을 재현하고 있다는 점에서 전반적인 특징을 공유한다. 그럼에도 불구하고 이를 세세히 관찰해 보면 여러 면에서 차이점이 발견되는 바, 이를 정리해 보면 다음과 같다.

첫째, 양 석탑은 모두 낮은 기단부를 구비하고 있다. 신통사 사문탑은 현재 새로 신축한 높직하고 넓은 기단 위에 건립되어 있지만, 계단석이 본래의 기단부 상면과 일치하고 있고, 드러난 너비 또한 협소하기 때문에 본래는 지금보다 좁은 규모의 기단을 구비했던 것으로 판단된다. 이와 더불어 기단의 각 면 중앙에는 감실로 들어가는 계단석이 설치되어 있다. 이에 반해 미륵사지석탑은 이층기단으로 조성되었음에도 불구하고 전체 탑신에 비해 기단의 높이가 현저히 낮아, 전체 높이에 비해 안정

| 미륵사지석탑 기단부 |

미륵사지석탑 동쪽 입면도
국립문화재연구소·전라북도, 『미륵사지석탑 해체조사보고서 Ⅳ』, 2011에서 전재

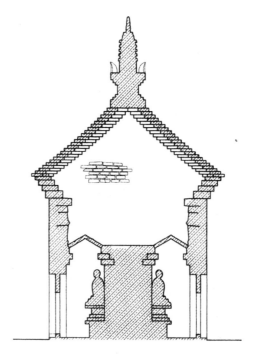

사문탑 단면도
劉繼文, 『濟南神通寺』, 山東友誼出版社, 2005.에서 전재

| 미륵사지석탑 정면 |

| 미륵사지석탑 측면 |

| 신통사 사문탑 정면 |

| 신통사 사문탑 측면 |

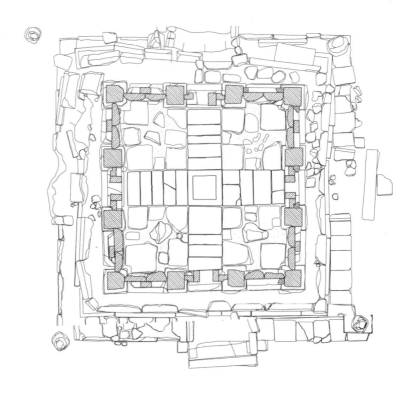

미륵사지석탑 기단 및 1층 평면도
국립문화재연구소·전라북도, 『미륵사지석탑 해체조사보고서 Ⅳ』, 2011에서 전재

∥ 미륵사지석탑 계단지 ∥

| 신통사 사문탑 기단부 |

| 신통사 사문탑 계단석 |

| 미륵사지석탑 출입문 |　　　　| 신통사 사문탑 출입문 |

적인 기단의 규모를 유지하고 있다. 뿐만 아니라 상·하층 기단의 중앙 부에는 상면으로 오르는 계단이 설치되어 있다. 결국 양 탑은 탑신에 비해 낮은 기단과 여기에 오르는 계단이 설치됐다는 점에서 공통적이다. 이에 반해 사문탑은 단층기단이지만, 미륵사지석탑은 이층기단을 구비하고 있어 차이점이 확인된다.

둘째, 사면에 문을 개설하고 있다. 이처럼 사방에 문을 개설하는 것은 비록 탑이 석재로 건립되었지만, 내부에 공간이 있는 목조건축임을 분명히 보여주고자 하는 의도라 생각된다. 이처럼 목조건축에서 사방에 문을 내는 경우는 중국 북위시대에 건립된 낙양 永寧寺塔에서 볼 수 있고,[4] 한국에서는 법주사 팔상전에서 그 예를 볼 수 있다. 따라서 양 석탑에서 사방에 문을 개설하고 있어 목조건축의 양식을 충실히 계승하고 있다는 공

4　張馭寰, 『中國佛塔史』, 科學出版社, 2006, p.20.

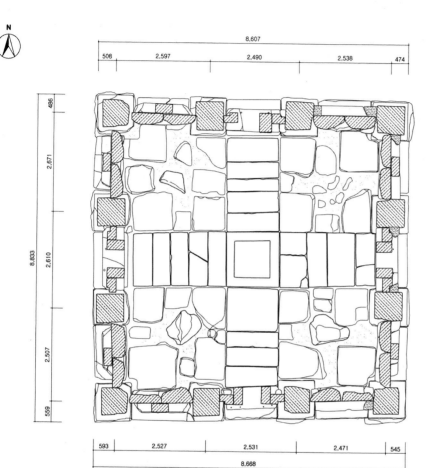

N

미륵사지석탑 1층 평면도
국립문화재연구소·전라북도, 『미륵사지석탑 해체조사보고서 Ⅳ』, 2011에서 전재

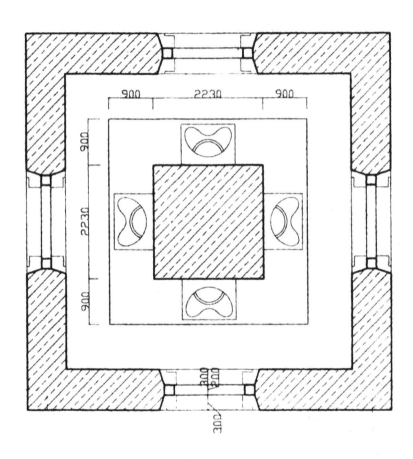

사문탑 평면도
劉繼文, 『濟南神通寺』, 山東友誼出版社, 2005에서 전재

| 신통사 사문탑 탑신내부 기단 |

| 신통사 사문탑 탑신 내 동쪽 불상 및 답도 |

| 신통사 사문탑 탑신 내 서쪽 불상 및 답도 |

| 신통사 사문탑 탑신 내 남쪽 불상 및 답도 |

|신통사 사문탑 탑신 내 북쪽 불상 및 답도 |　　| 신통사 사문탑 기단 상면 불단 및 고주 |

통점은 있지만, 사문탑은 북위시대 이래의 전통적인 아치형의 구조에 장방형의 출입구를 개설한 반면, 미륵사지는 온전히 장방형의 형태라는 점이 다르다.[5] 뿐만 아니라 사문탑에서는 문짝을 달았던 흔적이 없지만, 미륵사지석탑에서는 하인방과 상인방에 지도리 구멍이 분명히 개설된 점으로 보아 본래는 문짝을 달았던 차이점도 확인된다.

셋째, 내부에 공간을 구성하고 있다. 이 역시 양 석탑이 목조건축의 양식을 충실히 재현하고 있음을 명확히 보여주는 한 요인이다. 그러나 사문탑을 비롯한 수와 당대에 건립된 정각형 불탑에서는 공간 내에 불상 또는 僧像을 봉안하고 있다. 사문탑의 경우는 심주의 하단에 우주와 탱주를 놓은 장방형의 불단이 개설되고, 각 면에는 불상을 1구씩 봉안했다. 뿐만 아니라 탑신의 벽체에만 석재를 구축했기에 내부는 통층의 구

5　미륵사지석탑에 개설된 문의 양식은 사문탑을 비롯한 정각형 불탑보다는 분황사모전석탑과 동일한 구도를 보이고 있다.

| 미륵사지석탑 1층탑신 답도전경 |

조일뿐만 아니라 벽체와 불단
사이에 공간이 형성되어 있다.
이 같은 구조로 인해 탑 내에서
는 불단의 외곽에 형성된 답도
를 따라 일주하며 예불의식을
진행할 수 있는 구조이다. 이
같은 내부 상황을 보면 사문탑
은 순수 사리신앙의 매체로서
의 불탑이 아닌 佛殿의 기능을
지닌 것으로 생각된다.[6]

그러나 미륵사지석탑은 사
방으로 통하는 문은 있을지언
정 어느 방향에서 진입을 하든

| 미륵사지석탑 심주석 |

6   이 같은 판단은 북위시대나 북제시대의 정각형 불탑에서 내부에 불상 또는 승려의
     상을 봉안했고, 낭내에 건립된 성각형 불탑에서노 그러한 양상을 보이고 있기 때문
     이다. 따라서 내부에 답도의 개설 유무를 떠나 감실의 중앙에 예배의 대상이 될 수
     있는 주체가 봉안된다는 사실은 결국 이 유형의 불탑이 지닌 성격을 대변하는 것으
     로 생각된다.

❙ 미륵사지석탑 1층탑신 동쪽 답도 ❙

❙ 미륵사지석탑 1층탑신 서쪽 답도 ❙

❙ 미륵사지석탑 1층탑신 남쪽 답도 ❙

❙ 미륵사지석탑 1층탑신 북쪽 답도 ❙

지 심주석에 봉안된 사리로 시선이 집중되는 구조이다. 요컨대, 문을 통해 들어섰을 때 사문탑에서는 불상을 대하지만, 미륵사지탑에서는 사리를 만난다는 차이점이 있다. 이를 보면 사문탑은 불상을 봉안하고 이에 대한 예배가 중심이라면, 미륵사지석탑은 봉안된 사리에 신앙에 집중됨으로써 불탑의 본래 기능에 충실한 차이점을 보이고 있어 주목된다.[7]

이상과 같은 정황을 보면 사문탑은 건립 당시부터 탑 내부에 불상을 봉안하기 위한 용도로 건립되었음을 알 수 있다. 이처럼 탑에 불상을 봉안하는 양식은 인도에서 시작되었지만, 신강 카스에 소재한 모르불탑에서 한쪽 면에 불단을 조성하여, 불상을 봉안하는 양식이 정착되었다. 이후 이러한 양식은 쿠차 지역의 석굴사원에서 확인되는 탑 내에 불상이 봉안된 벽화들과 더불어 투루판에 소재한 고창고성에 있는 대불사 불탑의 감실부와 교하고성에 건립되어 있는 불탑에서 찾을 수 있다. 결국 실크로드 상에서 건립된 불탑들에서 탑신에 불상을 봉안하는 방식이 중국의 정각형 불탑에 영향을 끼쳐 탑이 불전의 역할까지 담당하게 된 것으로 이해된다. 이에 반해 미륵사지석탑에서처럼 순수 사리만을 봉안하고, 이에 대한 숭배의식만 강조되는 한국의 탑 신앙은 이후 건립되는 모든 석탑에 적용되었다. 이로써 양국 불탑은 서로 다른 건탑 목적으로 인해 독자적인 양식과 체계를 정립하는 단초가 마련되었다고 생각한다.[8]

---

7   조은경 선생은 미륵사지석탑의 내부공간은 불상이 안치되어 이를 위요하는 의례공간과는 성격이 다른 사리가 봉안되어 있는 상징적 공간을 효과적으로 표현하기 위한 방법으로 묘제의 축조기법이 적용된 것으로 보고 있다. 조은경, 「미륵사지서탑 축조의 구조 원리에 관한 기초 연구」, 『文化財』 제42권 제2호, 2009. 6, pp.107~108.
8   한국 석탑에서도 통일신라시대에 건립된 모전석탑과 전탑에서 초층 탑신에 개설된 감실이 확인된다. 그러나 소규모인 탓에 출입은 물론 예배의식의 진행은 불가능하다. 뿐만 아니라 감실의 내부에서는 불상을 봉안했던 불좌 등의 흔적을 찾을 수 없다. 따라서 상기의 확인되는 감실은 오로지 목조건축의 공간을 상상하는 데 충실하고자 했던 구조로 이해된다. 통일신라시대 석탑에서 표면에 사방불을 조성한 예를 볼 수 있지만, 이 역시 탑신 내부에서 사리공이 확인되는 점으로 보아 중국과는 확연히 다른 탑신앙의 일면이라 하겠다.

넷째, 옥개석의 하면에는 층단형의 받침이 마련되어 있지만, 상단부에서는 확연한 차이가 나타난다. 사실 한국석탑의 양식 기원을 중국의 전탑에서 구하는 주된 근거가 바로 옥개받침부이다. 그렇지만, 중국 탑은 하단뿐만 아니라 상면에 이르기까지 층단형을 이루는 반면, 한국 탑의 경우는 상면에 지붕의 곡선미를 그대로 재현하고 있다. 이 같은 현상은 벽돌과 석재라는 재료의 차이와 더불어 축적된 기술력과 자연환경의 차이에 기인한 것이라 생각된다. 좀 더 부연하면, 중국은 漢代 이래로 전축분이 성행했기에 그간 벽돌을 다루고 쌓는 기술력이 충분히 확보된 상태였다. 또한 벽돌을 생산하기에 적당한, 즉 진흙을 구하기 쉬운 자연조건을 지니고 있다. 唐代에 건립된 상당수의 전탑이 황하 주변에 건립되었다는 사실은 바로 이에 대한 반증이다. 한편, 한국에서 청동기시대 지석묘의 축조를 통해 확보된 석재를 다루는 기술력은 고구려를 거치며 墓制의 근간을 이루게 된다. 이를 보면 중국과 한국에서 전통을 기반으로 한 건축소재라는 측면에서 볼때 벽돌과 석재라는 확연한 차이점을 찾을 수 있다. 따라서 양국의 불탑이 전탑과 석탑이라는 양상으로 건립될 때 옥개석에서 나타나는 대비현상은 당연한 귀결이라 생각된다. 이에 대해 우현 선생은 미륵사지석탑의 옥개받침이 목조건축의 공포로서 출발했음을 적시하며, 평양과 고구려의 전 도읍지인 만주 통화성 집안현 내에 多數한 고구려 고분의 천장받침이 이를 증명한다고 보았다.[9] 뿐만 아니라 층단형 받침이 나타나는 것이 특정 문화의 영향이 아니라 보편적으로 나타날 수 있는 방식임을 피력한 바 있다.[10] 결국 사문탑과 미륵사지석탑의 옥개석 하면에서 나타나는 받침수법은 벽체보다 지붕을 넓게 형성해야한다는 목조건축의 기본 원리를 충실히 이행한 결과라 생각된다. 이에 따라 옥개받침에서는 공통점이 형성되지만, 낙수면에서는 확

---

9 高裕燮, 『韓國塔婆의 研究』, 乙酉文化社, 1948, pp.44-45.
10 高裕燮, 앞 책, p. 46.

연한 차이를 보이고 있다.

사문탑의 하면에는 각형 4단, 상면에는 각형 22단의 받침을 조출해 낙수면을 구성하고 있다. 이들은 모두 한단씩 들여쌓기 수법으로 구축했기에 층단형을 이루고 있는데, 탑신이나 옥개석 하면과는 달리 두께가 얇고, 길이가 짧은 소형 석재가 사용되었다. 이와 더불어 상면의 층단형 받침은 들여쌓기 한 비율이 일정하여 자연스러운 곡선미를 보이고 있다. 이에

| 신통사 사문탑 옥개석 |

| 신통사 사문탑 옥개석 낙수면 |

반해 미륵사지석탑의 옥개석은 완만한 경사를 이루는 낙수면을 구성하고 있다. 뿐만 아니라 사문탑의 처마가 수평을 이룬 탓에 전각에 이르기까지 수평을 유지하고 있는 반면, 미륵사지석탑에서는 전각에 이르러 약간의 반전을 보인다. 더불어 합각선의 우동이 두툼하게 표현되어 목조건축의 지붕과 양식적으로 매우 흡사하다. 이 같은 차이는 낙수면을 구성하는 석재의 차이에서 기인한 것으로 판단된다. 즉, 사문탑의 옥개석 상면에는 마치 벽돌과 같이 치식한 소형의 석새가 사용된 반면, 미륵사지석탑에서는 판석형의 화강암을 사용해 조성했다. 따라서 사문탑에 적용된 들여쌓기 수법은 옥개석의 상면을 구성해야하는 조탑공의 입장에서

┃ 미륵사지석탑 옥개받침 ┃   ┃ 미륵사지석탑 옥개석 낙수면 ┃

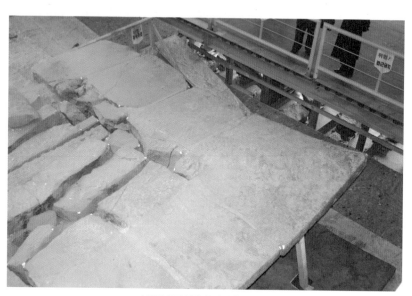

┃ 미륵사지석탑 옥개석 합각선 ┃

보면 당연한 귀결이라 판단된다. 결국 소형의 석재를 사용해 지붕을 구현하기 위한 최선의 방편이었다고 생각한다. 그렇지만, 미륵사지석탑에서는 판석형의 석재를 사용한 탓에 평박한 낙수면은 물론 전각의 반전에 이르기까지 목조건축의 지붕양식을 충실히 재현하고 있다. 결국 미륵사지석탑을 건립했던 조탑공들은 목조건축의 지붕을 석재로 번안해 구현해낼 수 있을 만큼의 안목과 기술력을 보유하고 있었음에 대한 반증이기도 하다. 더불어 양 석탑에 구현된 서로 다른 옥개석의 양식은 7세기에 건립된 불탑이 서로 다른 길을 걷게 한 원인 중의 하나였을 것으로 생각된다.[11] 이처럼 미륵사지석탑과 사문탑을 중심으로 한 정각형 불탑과 비교해 보면 목조건축을 충실해 재현하고 있다는 데서 공통적이지만, 근본적으로는 확연한 차이점을 보이고 있다. 특히 탑신의 공간을 활용하는 문제에 이르러는 이를 조성하는 근본적인 목적성에서 차이가 있다. 다시 말해 사문탑은 처음부터 佛殿의 개념으로 탑을 조성했기에 예배의 공간으로 활용될 수 있었지만, 미륵사지석탑은 순수한 사리 봉안처로서 불탑이 지닌 본래의 기능성에 충실했다.

이상에서 살펴본 바와 같이 미륵사지석탑과 사문탑에서 확인되는 제반양식은 외형과 규모, 세부적인 면에서 많은 차이점이 있음을 알 수 있었다. 뿐만 아니라 불탑을 건립하는 목적성에서도 불전으로서의 기능성과 사리신앙이라는 상징성에서 분명한 차이가 있음이 파악되었다. 뿐만 아니라 양식적인 면에 있어서도 공통점과 차이점을 파악해 본 결과 양 석탑은 완전히 서로 다른 계열의 불탑임이 확인되었다.

(2) 구조적인 면에서의 비교

앞서 언급한 바와 같이 양 석탑은 양식적인 면에 있어서도 확연한 차이를 드러내는데, 이를 구조적인 면에서 살펴보면 그 차이점이 더욱 분명해진다. 즉, 사문탑이 空筒式인 반면, 미륵사지석탑은 가구식과 조적

---

11 사문탑에서 구현된 옥개석의 양식 즉, 상하면에 모두 층단형 받침을 두는 양식은 643년에 건립된 華嚴寺址 杜順塔에서 전탑의 한 양식으로 정착된 이래 이후 건립되는 모는 전탑에서 공통석으로 보이고 있다. 이에 반해 미륵사지석탑에서 이룩한 옥개석의 양식은 감은사지석탑에서 구현된 이래 한국의 모든 석탑에서 공통적인 양식으로 정착된다. 따라서 중국과 한국의 탑에 보이는 옥개석의 양식은 양 탑에서 비롯된 것으로 이해된다.

| 신통사 사문탑 벽체 구조 | | 신통사 사문탑 벽체 균열 |

식이 혼용된 이원구조체로 축조되어 있다. 이 같은 차이점으로 인해 양 석탑은 다양한 측면에서 서로 다른 양식으로 건립되었는데, 이를 살펴보 면 다음과 같다.

첫째, 정각형 불탑은 외벽을 석재 또는 벽돌로 고른층쌓기 수법으로 축조되었다. 때문에 어느 한 곳에서 균열이 발생하기 시작하면 걷잡을 수 없이 연쇄적으로 갈라지는 구조적 결함을 안고 있다.[12] 게다가 석재나 벽돌을 층층이 쌓았기에 줄눈 사이로 초본류가 자랄 수 있는 구조적인 문제가 있다. 대부분의 정각형 불탑에서 표면에 강회를 바른 흔적이 확

---

12 이 같은 축조방법에 대해 張馭寰 선생은 "空筒式 구조탑의 특징은 시공이 쉽고 복 잡한 내벽이 없고 복잡한 층수도 없고, 단지 탑의 형태에 따라 두꺼운 외벽을 쌓으 면 되었고, 아래에서 위로 바로 탑의 꼭대기에 이르게 되므로 설계에서부터 시공까 지 매우 간결하다. 탑 전체의 외벽을 두껍게 해서 전체의 하중을 견디게 만들어서 매우 안전하다. 층마다 있는 목재 마루판은 판 아래에 大樑를 설치하여 空筒에 횡 방향으로 拉力을 높여주었는데, 이는 구조적 안전을 강화하는 면에서 어느 정도 효 과가 있었다. 空筒式 구조의 약점은 횡방향으로 견고하게 부재를 당겨 연결해주지 못하고, 위아래가 하나의 원통체라서, 지진이 발생하면 쉽게 무너진다는 것이다. 일 단 외벽 문창부분이 먼저 갈라져서 큰 틈이 생기면 바로 쉽게 무너진다."라고 밝히 고 있다. 張馭寰, 『中國塔』, 山西人民出版社, 2000, p.159.

x

| 미륵사지석탑 석재 조립 | | 미륵사지석탑 기단면석 결구 |

인되는 이유는 바로 이 같은 문제점들을 보완하기 위한 장치라고 생각
된다. 사문탑 역시 벽체를 이루는 석재가 모두 횡 방향으로만 축조된 단
순구조를 보이고 있다. 이처럼 단순한 석재의 축조방식을 택한 연유는
석탑의 규모가 1층에 불과한 데다, 내부에는 심주를 구축했기에 지붕의
하중 처리는 문제없다는 자신감에서 비롯된 것으로도 이해된다. 그러나
미륵사지석탑은 면석과 우주 그리고 탱주가 적절히 배치되고 있을 뿐만
아니라 석재가 가로 및 세로방향으로 결구되어 있어 보다 건축적인 결
구방식을 지니고 있다. 그 결과 639년에 발생한 통일신라시대의 지진에
도 견디어냈고,[13] 해체 작업이 시작된 2001년까지도 탑의 형태를 계속 유
지할 수 있었던 것으로 생각된다.

둘째, 양 석탑은 목조건축의 양식을 충실히 재현하고 있음에도 불구
하고, 결구수법에서 차이를 보이고 있다. 사문탑을 위시한 정각형 불탑
에서는 목조건축의 양식은 재현될지언정 불탑을 구성하는 각 부재간의

---

13 『三國史記』卷 8 「聖德王」 18年條 … 秋九月 震金馬郡彌勒寺. 이처럼 미륵사에 지
    진이 발생했다고 기록하고 있지만, 피해상황이나 보수했다는 내용은 없다. 따라서
    지진의 발생이 미륵사지석탑에 큰 피해를 주지 않았던 것으로 추정한다.

┃ 미륵사지석탑 초석 기둥받침 홈 ┃

┃ 미륵사지석탑 옥개석 부재 치석 상태 ┃

┃ 미륵사지석탑 옥개석 부재 치석 상태 세부 ┃

결구방식은 확인되지 않는다. 이는 탑신과 옥개석이 독립된 부재로 구축되었다는 재료상의 특성에서 기인한 것으로 판단된다. 하지만, 미륵사지 석탑에서는 목조건축의 양식은[14] 물론 다양한 결구수법이 확인된다. 이 석탑에서 주목되는 점은 면석과 기둥의 맞닿는 면에는 반드시 홈을 파고 끼워 넣는 방식을 채용했으며, 옥개석의 낙수면을 구성하는 대부분의 석재는 대부분 뒤 뿌리를 길게 조성해 내부에 놓이는 석재들과 서로 잘 맞물리도록 구축했다는 점이다. 전자의 방식은 수직 및 수평 방향으로 놓이는 부재의 접합력을 높여 석재가 이탈하는 것을 방지하는 효과를 준 것으로 생각되는데, 이 기법이 신라에 전승되어 의성 탑리오층석탑, 감은사지 삼층석탑 등 여러 탑에서 확인된다. 옥개석에서 뒤 뿌리를 길게 치석한 석재를 사용함은 석재간 인장력의 증대와 더불어 석성의 축조에 사용된 심석과 동일한 건축의도에 터 잡고 있다고 생각된다. 이를 통해 미륵사지석탑의 건립에는 목조건축의 기술력뿐만 아니라 석성의 축조 방법 등 이제껏 구축된 목조건축과 석조건축의 총체적인 기술력이 모두 동원된 것으로 보인다. 이 같은 점들을 고려해 볼 때 비록 외관상으로는 정각형 불탑이 한결 더 목조건축에 가까운 양식을 보이지만, 내부적으로는 미륵사지석탑이 목조가구의 수법을 충실히 재현했기 때문에, 미륵사지석탑은 현존하는 석탑과 전탑 중 가장 완벽하게 목조건축기술을 재현한 탑이라 할 수 있다. 결국 한국은 중국으로부터 전래된 목탑을 받아들여 차후에 그 재질을 석재로 전환시켰는데, 미륵사지석탑이야말로 진정한 의미에서의 "목조건축의 재현"을 이룩한 선두주자라 할 수 있다.

---

14 미륵사지석탑에 구현된 목조건축의 양식에 대해서는 앞 장에서 서술한 바 있다.

| 불광사 조사탑 천장부 |

| 신통사 사문탑 천장 |

| 신통사 사문탑 천장 세부 |

셋째, 천장의 구조에서 확연한 차이를 보이고 있다. 앞서 살펴본 정각
형 전탑 중에서 감실 내부의 천장이 확인되는 사례는 불광사 조사탑, 신

통사 사문탑, 법흥사 사리탑, 안
양 수정사탑의 경우다. 이들 중
미륵사지석탑보다 먼저 건립된
탑은 불광사 조사탑과 신통사 사
문탑인데, 두 탑은 모두 내부로
들어가 천장부의 구조를 살펴 볼

| 미륵사지석탑 천장 |

수 있다. 전자는 벽돌을 이용해
안으로 좁혀 들어가며 축조한 방추형의 형태이고, 후자는 심주석을 따라
형성된 답도의 상면에 고깔형으로 석재를 놓아 천장부를 구성하는 형태
이다.[15] 이에 반해 미륵사지석탑은 사방에 개설된 답도의 상면에 내어쌓
기 수법으로 간격을 줄인 판석을 놓아 평천장을 구성하고 있다. 이 같은

| 미륵사지석탑 1층탑신 내부 적심구조 |

---

15 이처럼 천장부가 상면을 향해 솟아 오른 형태를 이루는 이유는 바로 옥개석의 구조
    와 밀접한 연관이 있는 것으로 보인다. 즉 조사탑은 전체적으로 2층의 탑신을 구비하
    고 있어 천장을 수평으로 할 경우 空筒式 구조로 축조된 벽체에 상당한 하중을 받게
    되기 때문에 원추형으로 축조하고 공간에는 벽돌을 채웠을 것으로 추정된다. 사문
    탑 역시 사모지붕 형태의 옥개석으로 인해 평천장 보다는 가능한 지붕의 하중이 직

수법에 대해서는 우현 선생이래 천득염 선생에 이르기까지 고구려 고분의 축조방법에서 영향을 받은 것으로 해석하고 있는데[16], 필자 역시 이 의견에 공감한다. 결국 미륵사지석탑의 천장부는 고구려로부터 전래된 기술력의 소산이라 판단된다. 상층부에 많은 석재가 사용될 것을 예견하면서도 굳이 평천장을 구현한 의도에 대한 의구심은 1층 탑신의 면석을 제거한 후에야 비로소 해소되었다. 즉 미륵사지석탑의 1층 탑신은 사방에 좁은 답도를 개설하고 중앙부에는 심주석이 놓이는 십자형의 평면구조이다. 따라서 탑신의 각 모서리가 답도를 중심으로 하여 각각 방형의 공간으로 구성되는데, 바로 이 부분에 거대한 장방형의 석재를 쌓아 구성한 적심체를 구축해, 상부에서 내리누르는 하중을 받고 분산시키는 역할을 하고 있다. 이로 인해 천장구조는 답도의 상면에 내어쌓기 수법으로 석재를 놓고 상면에 판석을 올린 평천장이지만, 각 변을 채운 상부의 하중이 1층 탑신 전면에 고루 분산되는 절묘한 힘의 분산을 꾀할 수 있는 구조이다. 사실 중국이나 한국이나 고층건물을 지을 때 가장 염두에 두는 것은 하중 분산의 문제였을 것이다. 이 같은 사실을 염두에 두고 생각해 볼 때 상대적으로 중국의 장인들보다 백제의 기술자들이 더 많이 고심하며 심혈을 기울였을 것으로 생각된다. 석재나 벽돌로 축조한 정각형 불탑이 모두 단층임에 비해 미륵사지석탑은 건립규모가 무려 9층 규모에 이른다는 점을 감안하면 양 탑에 투입된 기술적인 차이를 인정할 수밖에 없기 때문이다. 결국 사문탑이 외벽에만 석재를 구축하는 공통식임에 반해 미륵사지석탑에서는 석탑의 외관은 가구식이지만 내부는 조적식의 구조를 채택함으로써 고층의 석탑을 건립할 때 대두될 수 있는 기술적인 문제를 완전히 극복하고 있다.

넷째, 심주의 역할에서 확연한 차이를 보이고 있다. 사문탑의 심주는

접 벽체로 전달되지 않고 분산될 수 있는 고깔형 천장 구조를 택한 것으로 보인다.
16 천득염, 『백제계 석탑 연구』, 전남대학교 출판부, 2000, p.44.

┃미륵사지석탑 2층 옥개석 상면 적심석 및 심주석┃　　　　┃미륵사지석탑 2층 옥개석 상면 심주석┃

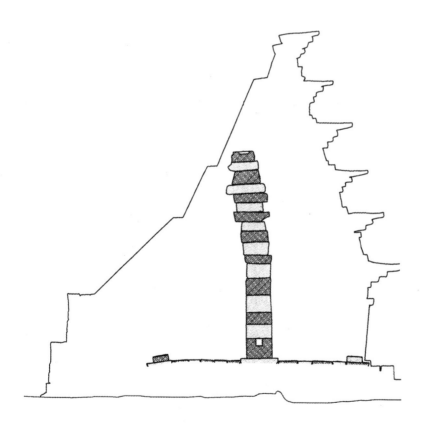

┃미륵사지석탑 심주석 입면도
국립문화재연구소·전라북도, 『미륵사지석탑 해체조사보고서 Ⅳ』, 2011서 전재┃

길이 410cm, 높이 82~84cm 규모의 기단을 마련하고, 각 면에 형성된 불단에 불상을 한구씩 배치한 형태이다. 이 형태를 통해 사문탑의 심주는 당초 고층건축을 위한 것이 아니라 佛壇을 조성하기 위한 계획 하에 구축된 것임을 알 수 있다. 더욱이 이 탑의 규모가 일층에 불과하므로 구태여 심주까지 세워야 할 필요성은 없는 것으로 생각된다. 이에 반해 미륵사지석탑의 심주는 4층 탑신까지 확인되었는데, 본래는 상륜부를 받기 위한 구조체로 파악된다. 더불어 옥개석 상면에 배치된 석재들을 보면 중앙부의 심주석을 중심으로 장방형의 부재가 비교적 규율성 있게 놓였는데, 마치 목조건축의 '보' 역할을 수행하고 있는 것처럼 보인다.

이상에서 북위시대 이래 건립되기 시작한 정각형 불탑 중 611년에 건립된 신통사 사문탑과 미륵사지석탑에 대해 양식과 구조적인 측면에서 비교 검토해 보았다. 앞에서 살펴본 바와 같이 양 탑은 목조건축을 재현하고 있다는 공통점은 있을지언정, 세부적인 면에 있어서는 완전히 다른 양식과 기법으로 건립된 불탑임을 알 수 있었다. 물론 탑 건립의 동기와 목탑 건축은 분명 중국을 통해 한국에 전래되었다. 그러나 목탑에서 재료 변환이라는 문제에 봉착했을 때 백제는 그들 나름대로 환경에 적응하여 석재(화강암)를 주재료로 선택했고, 이를 위해 목조건축의 기법을 완벽하게 석조건축으로 번안하여 백제 나름의 석탑을 완성했다. 그리고 백제석탑문화의 이러한 자생성은 한국이 석탑의 나라가 될 수 있는 근간을 다졌다. 적어도 불탑의 건립이라는 측면에서, 한국은 중국의 문화적 영향권에 종속된 나라가 아니었음을 알 수 있다. 다시 말해 한국은 중국으로부터 전래된 탑 건축을 완전히 한국화시켜 독자적인 불교문화의 한 패턴을 이룩했는데, 그 始原에 미륵사지석탑이 위치함을 알 수 있다.

이러한 관점은 중국에서 탑의 변화 과정을 통해서도 검증 가능하다. 현존하는 중국의 불탑 중 唐代 혹은 이보다 앞선 시기에 건립된 탑들은 신강성 지역에 남아있다. 가장 서쪽에 있는 카스의 모르불탑, 호탄지역에 있는 라왁사원지의 불탑, 쿠차의 스바시불교 사원지에 있는 불탑, 투루판 고창 및 교하고성에 있는 불탑들의 공통점은 모두 흙벽돌로 조성되었으며, 간다라 지역 불탑 양식이 그대로 재현되고 있다는 점이다. 그런데 수·당대에 건립된 여러 불탑에서는 이들과는 완전히 다른 양식이 나타난다. 이러한 양상은 당에 의해 중국 전역이 통일된 이후 서역으로부터 전래된 불탑을 근간으로 한족 나름대로의 독자적인 탑 문화를 형성했다는 의미로 이해된다. 이 같은 현상에 대해 張馭寰 선생은

> "唐代 法身塔의 발견은 중국 불탑 유형의 중요한 발견일 뿐만 아니라 중국 건축의 중요한 수확으로, 이는 중화민족이 예로부터 외래 문화에 대해 기계적으로 모방하지 않고 어느 정도 소화를 통해 그 정수를 취하고 중국 고유문화 속에 절충하였다는 것을 설명한다."[17]

라고 피력한 바 있다. 결국 중국 역시 서역으로부터 전래된 불교문화를 수용 초기에는 그대로 모방하는 양상을 보이지만, 시간이 지남에 따라 그들의 자연환경과 기술력 그리고 민족성이 결합된 독자적인 불탑 문화를 구축했음에 대한 주장으로 사료된다. 이러한 관점에서, 한국에서 시작된 석탑 역시 중국으로부터 전래된 탑 건축의 모티브를 수용하여, 이를 자국의 기술력과 자연환경 그리고 민족성과 결합시킨 독자적인 석탑 문화로 구축한 것으로 볼 수 있다. 그럼에도 불구하고, 백제 미륵사지석탑에서 시작되어 이후 지속적으로 건립된 석탑에 대해 張馭寰 선생은

> "조선의 탑 건축은, 중국 南北朝부터 시작해서 宋代까지 석탑이

---

17 여기서 법신탑이라 함은 당대에 건립된 불탑 중 전형적인 평면방형의 형식을 벗어나 원형 등 다양한 평면으로 건립한 탑을 의미하는데, 대표적인 탑으로는 장치 양두산 청화사의 여러 석탑과 운성의 범주선사탑 등이 있다.

많이 건축되었는데, 모두 중국 당탑의 풍격을 채용하였으며, 基座·
塔身·塔刹의 세 부분으로 구성되어 있다."[18]

고 주장하고 있는데, 이러한 관점은 한국 문화의 중심에 당연히 중국의
문화가 자리하고 있다는 일반론적인 통념의 반복에 불과한 것이라 생각
된다.[19] 왜냐하면, 앞서 고찰한 바와 같이 미륵사지석탑은 양식적인 면에
서나 구조적인 면에서 중국의 초기 불탑과는 완전히 다른 양상을 보이
며, 바로 이 탑으로부터 한국 석탑이 시작되기 때문이다. 따라서 미륵사
지석탑은 그간 축적되어 온 모든 방면의 기술력과 예술적 역량이 집결
된 석조문화의 寵兒인 것이며, 이의 건립을 통해 한국이 중국과는 다른
장르에서 불교문화를 발전시킬 수 있었던 시금석이라고 말할 수 있다.
바로 이러한 맥락에서, 동아시아에서 그 유례를 찾아볼 수 없는 唯一無
二한 거대한 석탑인 미륵사지석탑을 독자적인 한국 석조문화의 바탕을
이룩한 건축물로 자리매김 하는 것이다.

---

18 張馭寰, 주 12의 책, pp.284~285.
19 전탑과 석탑은 재료적인 측면에서의 차이는 차치하고라도 양식적인 면과 기술적인
    면에서 확연하게 대조되기 때문이다. 물론 옥개받침에서 부분적인 양식적 공통점이
    보이지만, 지붕이라는 전체적인 틀에서 보면 이 역시 분명한 차이가 있다. 뿐만 아
    니라 당대에 건립된 석탑 역시 약 20여기를 조사했는데, 이들은 대부분이 8세기에
    건립된 탓에 7세기 전반에 이미 석탑을 건립한 한국과는 시간적인 격차를 보이고,
    규모나 양식, 건탑 원인 등에서 한국의 석탑과는 완전한 차이를 드러내고 있다.

2) 분황사모전석탑과 사문탑과의 비교

　분황사모전석탑의 양식을 논할 때 가장 먼저 비교의 대상으로 떠올리는 것은 隋 煬帝 7년(611년)에 건립된 神通寺 四門塔이다. 분황사모전석탑과는 건립 시차가 불과 24년에 지나지 않는 데다 목조건축 양식이 반영되고 외형이 비슷하다는 점에서 그러하다.[20] 필자는 기왕에 선학들의 학설에 따라 분황사모전석탑이 사문탑과 연관성이 있음을 발표한 바 있다.[21] 그러나 신통사 사문탑을 수차례 답사한 결과 양 탑은 양식적으로 서로 무관한 것임을 밝힌 바 있다.[22] 본 장에서는 양 탑이 지닌 양식과 구조에 대한 다각적인 비교를 진행해 연관성의 有·無 관계를 분명히 하고자 한다. 분황사모전석탑과 사문탑과의 양식 및 구조적인 차이점에 대해 정리하면 다음의 표로 집약된다.

| 분황사모전석탑 정면 |

| 분황사모전석탑 측면 |

20　우현 선생은 한국 전탑의 발생에 밀접한 영향을 준 탑으로 숭악사 12각15층전탑과 신통사 사문탑을 제시하고 있다. 高裕燮, 『韓國塔婆의 研究』, 乙酉文化社, 1948, p.21.
21　朴慶植, 「芬皇寺 模塼石塔에 대한 考察」, 『芬皇寺의 諸照明』, 新羅文化宣揚會, 1999, pp.161~197.
22　朴慶植, 「四門塔에 대한 考察」, 『文化史學』 27, 韓國文化史學會, 2007, pp. 1161~1176.

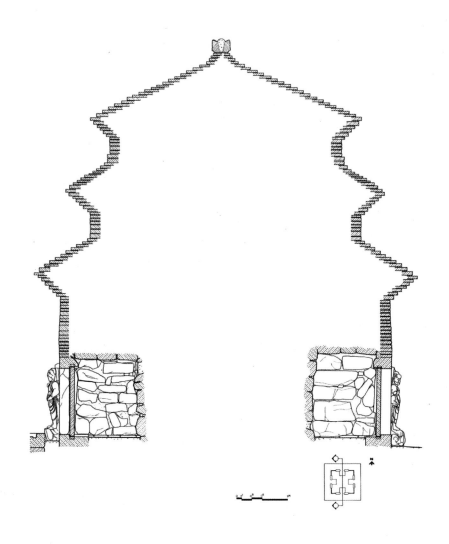

분황사모전석탑 남북단면도
文化財管理局, 『芬皇寺石塔實測調査報告書』, 1992에서 전재

<표 7> 사문탑과 분황사모전석탑 양식 비교 표

비교대상		사문탑	분황사모전석탑
건립연대		611년	639년
규모		단층	3층(현재), 본래는 9층(추정)
조성재료		석재(장대석 형태)	석재(벽돌 형태)
기단부		매몰	자연석 기단 · 층단형으로 추정
출입시설	계단석	있음	없음
	출입문	아치형	장방형
내부구조	답도	있음	없음
	고주	있음	없음
	천장부	평천장과 고깔형 천장	평천장
	봉안물	각 면 1구씩 4구의 불상 · 사리장엄	사리장엄
옥개석		상 · 하 층단형	상 · 하 층단형
상륜부		노반, 앙화, 보륜, 보주	노반, 복발, 앙화
장엄조식		없음, 표면에 강회	인왕상
구조		空筒式	積層式

제시된 양식 비교표에서 양 석탑은 옥개석을 제외하면 확연한 공통점이 드러나지 않는다. 필자가 제시한 항목별로 양 석탑이 지닌 공통점과 차이점을 분석해 보면 다음과 같다.

첫째, 전체 규모에 차이가 있다.

사문탑은 단층임에 비해 분황사모전석탑은 3층만 남아있다. 그럼에도 불구하고 전체적인 외형을 보면 상당한 유사성이 있다. 즉, 분황사모전석탑의 1층 탑신에 마지막 층의 옥개석을 구축하면 양 석탑은 외형상 완벽하게 일치한다. 즉, 사모지붕을 구비한 사방 1간 규모의 목조건축과 같은 형태를 지니게 된다. 이러한 외형적인 친연성은 분황사모전석탑이 사문탑의 영향을 받았음을 뒷받침하는 근거로 작용했다. 그렇지만, 사문탑은 건립 당시부터 1층으로 계획된 석탑이다. 이 같은 양식은 北魏時代

에 개착된 운강석굴의 浮彫塔에서 등장한 이래 北齊時代를 거치며 건립되던 亭閣型 佛塔의 한 유형이다.[23] 즉, 사문탑은 隋代에 이르러 탄생한 신 양식이 아니라 앞 시대로부터 건립되던 정각형 불탑의 특징인 단층탑 형식을 계승한 양식임을 알 수 있다. 이에 반해 분황사모전석탑은 신라석탑사 상에서 가장 먼저 건립되었기에 이보다 앞서 건립된 석탑은 존재하지 않는다.[24] 뿐만 아니라 현재 3층 옥개석의 상면이 사모지붕의 형태이기는 하지만 이것은 일제강점기의 졸속 복원으로 인한 것일 뿐, 본래는 9층으로 계획된 석탑이었다.[25] 따라서 양 석탑은 당초 조영계획에서부터 단층과 9층이라는 규모의 차이를 지니며 건립된 석탑이다. 이 같은 점을 고려하면 양 석탑은 조영계획 단계로부터 서로 출발점이 다른 석탑이었음이 분명하다.

둘째, 양 탑은 모두 석재를 사용해 건립되지만, 석탑을 구성하는 석재의 크기에 분명한 차이가 있다.

탑을 건립함에 있어 사용된 재료는 永續性에 있어 가장 중요한 문제이다. 때문에 기왕에 사용되던 목재에서 벽돌과 석재로 전환됨은 바로 이 같은 면이 강조된 것으로 판단된다. 따라서 양 석탑은 건탑의 재료로 석재를 사용함에 따라 영속성을 확보한 것으로 생각된다. 그럼에도 불구하고 사용된 석재의 크기는 '모전석탑'이라는 명칭을 부여할 수 있는가 하는 문제와 더불어 양탑의 상호 영향관계를 확인하는 데 중요한 단서를 제공한다. 사문탑은 외견상 무수히 많은 석재를 구축해 건립했기에 일견 모전석탑의 범주에 속하는 것처럼 보인다. 그러나 사용된 석재를

---

23 朴慶植, 「彌勒寺址石塔과 隋·唐代 亭閣型佛塔과의 比較」, 『白山學報』92, 白山學會, 2012, pp.133~136.

24 639년에 건립된 미륵사지석탑과는 1층 기단에 4개소의 출입문을 개설한 점 등 여러 곳에서 공통점을 찾을 수 있다.

25 朴慶植, 주 21의 논문, p.181.

| 분황사모전석탑 모전석재 |

| 분황사모전석탑 부재 세부 |

| 신통사 사문탑 축조석재 |

| 신통사 사문탑 부재 세부 |

실측해 본 결과 170*cm*×43*cm*, 124*cm*×57*cm*, 87cm×30*cm* 크기의 장방형 석재를 20단 정도 고른층쌓기로 축조했음이 확인되었다.[26] 이 같은 석재의 규모를 보면 사문탑을 모전석탑의 범주에 넣을 수 없음은 분명해진

26 朴慶植, 주 22의 논문, p.1163. 사문탑 건립에 사용된 석재의 크기에 대해 신용철 선생도 "분황사 석탑은 마치 벽돌과 같이 가늘고 길게 한 반면 신통사 탑은 비교적 굵다."며 차이를 지적하고 있다. 申龍澈,『統一新羅 石塔 硏究』, 東國大學校 大學院 美術史學科 博士學位論文, 2006, p.116.

다. 장대석을 쌓아 올린 積層式石塔이라 하겠다. 이에 반해 분황사모전 석탑은 안산암을 길이 30~45㎝, 두께 4.5~5㎝의 크기로 다듬어 건립했다. 분황사모전석탑에 사용된 석재의 크기가 벽돌에 상응하는가에 대한 검토는 과연 이 석탑을 모전석탑으로 분류할 수 있을지의 여부에 대한 기준을 제공할 것으로 판단된다. 그런데 국립경주문화재연구소에서 진행했던 발굴조사 결과 경내에서 출토된 40점의 벽돌 중 규모가 완전한 것들이 있어 주목된다. 이 중 대표적인 것들의 크기를 보면(단위:㎝), 길이 25.2, 너비 12.8, 두께 4.7(일련번호 19); 길이 33.5, 너비 19.5, 두께 8.5(일련번호 24); 길이 25.6, 너비 20, 두께 6.9(일련번호 32)로 밝혀졌다.[27] 이를 보면 분황사모전석탑에 사용된 석재는 사찰에서 사용된 벽돌이 크기와 유사함을 알 수 있다. 뿐만 아니라 석재의 크기에 있어 편차를 보이는 것은 사용된 위치에 따라 하중의 분산이 고려된 결과라 생각된다. 이 석탑은 축조방식에서 일정한 규칙을 찾을 수 없지만, 길이와 두께가 서로 다른 부재들을 적절히 혼용해 고른층쌓기로 건립되었다. 아울러 벽돌과 같이 다듬은 석재의 특성 상 각단마다 수평으로 구축했는데, 이로 인해 발생되는 각 석재의 縱線이 서로 엇갈리도록 쌓는 소위 "品자형쌓기" 방식으로 축조되었다. 이상에서 살펴본 바와 같이 사문탑과 분황사모전석탑은 석재를 사용해 건립했다는 공통점은 있지만, 석재의 크기와 축조 방법에서 서로 다른 양식을 보이고 있음을 알 수 있다. 따라서 사문탑이 모전석탑으로 분류될 수 없다면, 분황사모전석탑은 동아시아에서 최초로 건립된 모전석탑이 된다.

셋째, 양 탑은 모두 탑신에 비해 낮은 기단부를 구비하고 있다.
사문탑은 신축한 높직한 기단 위에 건립되어 있지만, 계단의 일부가

---

27 國立慶州文化財研究所, 『芬皇寺發掘調査報告書 I』, 2005, pp.442~446.

신축한 바닥전과 수평면을 이루고 있어 본래는 현재보다 좁은 기단 위에 건립되었을 것으로 추정된다. 육안으로 관찰되는 본래 기단의 규모가 $980cm \times 984cm$의 방형인 점을 고려할 때 이 같은 추정이 가능하다.[28] 뿐만 아니라 북위시대 이래 건립된 정각형 불탑의 기단이 대체로 낮은 단층인 점을 고려해 보면 같은 양식이었을 것으로 생각된다. 이에 반해 분황사모전석탑은 일변 약 $13m$·높이 약 $1m$ 정도의 규모로, 막돌로 쌓은 방형의 단층기단을 구축

| 신통사 사문탑 기단부 |

했다. 기단의 너비는 1층 탑신의 약 2배이며, 상면에는 박석이 깔려있다.[29] 사문탑의 기단부가 석축부에 매몰되어 있어 양 탑이 지닌 기단의 축조방식을 비교하기에는 무리가 있지만, 그럼에도 불구하고 분황사모전석탑의 기단이 사문탑보다 넓게 조성되었음은 분명하다. 이 같은 차이는 사문탑은 단층이면서 空筒式 構造[30]를 지녔기에 상부로부터 전달되는 하중을 분산시키는 문제가 그다지 절박한 과제가 아니라는 데서 기인한다.[31] 이에 반해 분황사모전석탑은 9층으로 건립된 데다 充積式 構造

---

28 朴慶植, 주 22의 논문. pp.1161~1176.

29 文化財管理局,『芬皇寺石塔實測調査報告書』, 1992. p.19.

30 張馭寰,『中國塔』, 山西人民出版社, 2000, pp.156~159.

31 523년에 건립된 숭악사 12각 15층 전탑에서도 4방에 문이 개설되어 있다. 그렇지만, 이 탑은 벽돌로 조성된 전탑일 뿐만 아니라 내부에는 팔각형의 불단이 조성되어 있다. 게다가 15층 전체를 空筒式으로 축조한 까닭에 구조적으로 다른 면을 보이고 있다. 이와 더불어 당대에 건립된 전탑에서는 대부분 전면에만 문을 개설하고 있고, 대부분의 전탑이 공통식으로 건립되어 내부가 비어있는 탓에 기단은 매우 소략하게 구축되어 있다.

| 분황사모전석탑 기단부 |　　| 분황사모전석탑 기단부 축조상태 |

를 지니고 있어 상부로부터 전달되는 하중의 분산이 신중하게 고려된 결과로 생각된다. 더불어 앞 장에서 최소 3단의 석단이 구축된 기단부였을 것으로 추정한 바 있다.

　　넷째, 양 탑은 모두 네 벽에 각각 출입시설을 구비하고 있다.
　　탑신에 출입이 가능한 시설의 설치는 내부에 공간이 구성되어 있다는 점을 전제로 한다. 이는 목조건축의 기능성이 석조건축에 도입된 결과로 생각된다. 목탑을 제외한다는 전제 하에, 중국에서 唐代까지 건립된 방형의 불탑 중 4개소에 문을 개설한 경우는 사문탑이 유일하다.[32] 이에 반해 한국에서는 미륵사지석탑과 분황사모전석탑에서 모두 4개소의 출입구가 개설되고 있다. 이 같은 점은 중국과 한국의 초기 탑에서는 목조건축의 재현에 얼마나 충실했는가를 분명히 보여주는 일례라 하겠다. 그럼에도 사문탑과 분황사모전석탑은 출입시설에서 양식적인 차이를 보이고 있다.
　　사문탑에 개설된 문은 11매의 석재로 구성된 아치형으로 높이 291cm, 너비 142cm 정도의 규모이다. 출입구는 높이 195cm, 너비 142cm의 크기로 장방형의 형태이다. 출입구 좌·우에 장대석을 세워 기둥을 삼은

32　673년(唐 咸亨 4년)에 건립된 법흥사 사리탑에서처럼 앞과 뒷면 2개소에 출입문을 개설한 경우도 있다. 郭學忠 外, 『中國名塔』, 中國撮影出版社, 2002, p.358.

| 신통사 사문탑 동문 |

| 신통사 사문탑 서문 |

| 신통사 사문탑 남문 |

| 신통사 사문탑 북문 |

후 상인방과 하인방을 걸치고 상면에 반원형의 석재를 놓았다. 출입구 전면에는 양 쪽에 소맷돌을 두고 각각 3단의 계단을 시설했다. 출입시설을 아치형으로 조성했다는 데서 북위시대이래 불탑에 등장하는 전통적인 형식을 계승하고 있음을 알 수 있다.[33] 이와 더불어 출입문에는 외곽

---

33 아치형의 출입시설은 운강석굴에서 등장하는 정각형 부조탑에서 등장한 이래 불광사 조사탑과 숭악사 전탑, 북제시대에 조성된 영천사 道憑法師塔을 비롯해 北响堂

에 철제로 틀을 짜고 문짝을 달았지만, 상·하인방석에는 지도리 구멍이 없어 建塔時에는 개방된 구조였음을 알 수 있다. 이에 반해 분황사모전석탑은 장방형의 형태이다(Ⅱ장 133p 분황사모전석탑 출입구 사진 참조). 네 곳에 개설된 문은 너비 1.2m~1.48m·높이 1.3m~1.6m의 규모인데, 출입구는 너비 9.1m~9.8m·높이 1.24m~1.27m이다.[34] 출입구는 인왕이 부조된 판석을 기둥으로 삼고, 상·하면에 턱을 내어 상·하인방석을 놓았다. 네 문에는 모두 석재로 조성된 문짝을 달고 있어 密閉形 구조임을 알 수 있다. 더불어 앞서 추정한 바와 같이 기단이 3단의 석축으로 구축되어 있음을 진제로 할 때, 계단 시설이 있었을 가능성을 배제할 수 없다.

이상에서 양 석탑의 출입시설에 대해 살펴보았는데, 형태면에서는 아치형과 장방형, 구조적으로는 開放形과 密閉形이라는 분명한 차이를 보이고 있다. 먼저 형태면에서의 차이는 탑의 규모와 밀접한 연관이 있는 것으로 생각된다. 즉, 사문탑이 단층탑임을 고려해 볼 때 장방형으로 문을 개설했다면 아마도 옥개석의 하면과 수평적인 動線이 짜여져 매우 답답한 느낌을 주는 탑신 구성이었을 것이며 이로 인해 단층탑의 태생적 한계인 상승감 결여가 두드러졌을 것이다. 이러한 시각적 한계를 아치형 출입구 조성으로 극복했던 것으로 이해된다. 이와 더불어 문짝을 달지 않은 개방형 구조 역시 내부에 봉안된 불상에 직접 예불하고자 했던 신앙의 일면과도 연관이 있는 것으로 생각된다. 이에 반해 분황사모전석탑은 출입구가 사문탑에 비해 작게 조성되었지만, 9층으로 조성되었기에 문의 크기나 양식보다는 탑 전체에서 풍기는 高峻함과 안정감이 더 강렬하게 작용했을 것으로 생각된다. 이와 더불어 충적식으로 구축되었기에 상층으로부터 전달되는 하중 분산에 대한 고민은 출입구의 크기

山石窟에 부조된 불탑에서 공통적으로 등장하는 양식이다.

34 文化財管理局, 주 29의 책, p.23 표 3-26 감실 및 감실구성 석재 실측치 참조.

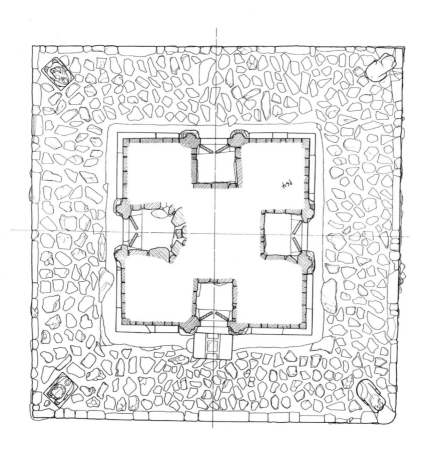

분황사모전석탑 1층탑신평면도
文化財管理局, 『芬皇寺石塔實測調査報告書』, 1992에서 전재

와 형식을 결정하는 주된 요인이었을 것이다. 그러므로 무거운 하중을 받기에 가장 적합한 장방형의 구도 채택과 평천장의 구축은 당연한 귀결이라 여겨진다. 뿐만 아니라 석재로 조성한 양 문짝을 달았고, 이 문이 안쪽으로 開閉되는 구조를 지니고 있다. 이 같은 출입문의 설치로 인해 내부 공간은 더욱 협소해져, 사문탑에서와 같은 예불을 행할 수 없는 제한적인 구조를 지니게 되었다.[35]

다섯째, 출입구 내부에는 모두 공간이 조성되어 있다(176p 사문탑 단면도 및 195p 사문탑 평면도 참조).

석제로 구축된 탑신에 문을 개설히고 내부에 공간을 조성했음은 양 탑이 목조건축의 충실한 재현임을 알 수 있는 또 하나의 척도이다. 이처럼 양 석탑은 내부 공간의 조성이라는 측면에서는 공통점이 있지만, 이를 비교해 보면 다음과 같은 차이점이 드러난다.

우선 사문탑의 내부는 일변 580cm 정도의 방형 공간이 형성되어 있다. 이를 통해 내부가 空筒式구조임을 알 수 있는데, 중앙에는 길이 410cm, 높이 82~84cm 정도의 기단을 구성했다. 기단의 상면에는 석재를 층층이 쌓아 구축한 너비 223cm, 높이 268cm 규모의 高柱를 놓았다. 고주는 방형으로 조성되었기에 이로 인해 형성된 네 벽에 각각 한 구씩의 불상을 봉안하고 있다(Ⅱ장 62~66p 및 183~184p 신통사 내부 사진 및 내용 참조). 이와 더불어 기단을 중심으로 너비 81~86cm 규모의 통로를 조성해 내부를 일주할 수 있는 답도를 마련했다. 뿐만 아니라 천장부에서도 독

35 이 같은 상황은 미륵사지석탑에도 함께 적용될 수 있다. 이 탑 역시 양쪽에 문짝을 달고 있지만, 내부에는 불상을 봉안할 수 있을 만큼의 공간이 조성되지 않았다. 이는 결과적으로 사리신앙에 치중한 결과로 해석할 수 있다. 이에 대해 조은경 선생은 "미륵사지석탑의 내부공간은 불상이 안치되어 이를 요위하는 의례공간과는 성격이 다른 사리가 봉안되어 있는 상징적 공간을 효과적으로 표현하기 위한 방법으로 묘제의 축조기법이 적용된 것으로" 보고 있다. 조은경, 「미륵사지석탑 축조의 구조 원리에 관한 기초 연구」, 『文化財』42-2, 國立文化財研究所, 2009. pp.107-108.

특한 양식이 확인된다. 즉, 고주와 벽체에서 각각 2단씩 내어쌓기를 한 후 상면은 오각형의 보를 놓고 마감한 고깔형의 형태이다. 따라서 사문탑의 내부 천장 구조는 고주의 상면은 평천장, 답도부는 고깔형인 구조

| 분황사모전석탑 남쪽 감실 평천장 |

로 2가지 형식이 공존하고 있음을 알 수 있다. 이처럼 두 가지 형식의 천장이 공존하는 주된 원인은 내부 공간이 넓은 통층의 구조이고, 주로 장방형의 석재를 사용해 건립한 탑이기에 평천장으로 조성할 때 구조적으로 발생할 문제를 고려한 결과로 생각된다. 뿐만 아니라 상면을 모두 평천장으로 조성했을 경우 초래될 내부 공간의 답답함을 극복함은 물론 비좁은 통로의 천장을 좀 더 높임으로써 쾌적함을 주고자 의도했을 것이다.

이에 반해 분황사모전석탑은 출입문을 들어서면 각각 밀폐된 공간이 구성되어 있다. 내부 공간의 원형은 일제 강점기의 수리로 인해 알 수 없다. 출입구를 제외한 벽면이 모두 석재로 축조되었는데, 대체적으로 1~1.5평 정도의 독립된 공간을 구성하고 있다.[36] 이와 더불어 3매의 장대석을 가로방향으로 놓아 평천장을 구성하고 있다. 이 같은 감실 공간의 규모는 내부에서 예불하기에는 부적합한 면적이다. 비록 남쪽 감실에 입상을 봉안하고 있지만, 이는 고려시대에 조성된 것으로 추정된다. 뿐만

36 벽체의 조성에 사용된 석재와 더불어 강회가 사용된 점은 일제강점기의 보수 시 원형대로 공사가 진행되었는가에 대한 의문이 제기된다. 왜냐하면 벽체의 축조 방법을 볼 때 남과 동쪽의 감실 벽의 축조 방법에서는 전통적인 기법도 보이고 있지만, 북과 서쪽 감실에서는 거의 막돌쌓기 수준으로 벽체를 조성했기 때문이다. 뿐만 아니라 곳곳에서 시멘트 콘크리트를 사용해 석재 사이의 공극을 충진하고 있다.

| 분황사모전석탑 감실내 벽체 | | 분황사모전석탑 남쪽 감실 내 석불입상 |

아니라 어느 감실에서도 불상과 연관된 대좌나 광배 등의 흔적을 찾을
수 없다. 게다가 감실에 달린 문짝이 안쪽으로 開閉되는 구조인 점을 보
면 불상이 봉안되었을 가능성은 더욱 희박해진다. 따라서 분황사모전석
탑은 네 곳에 감실을 개설했지만, 구성된 공간의 면적과 석재로 조성된
문짝에 근거하여 볼 때 건탑 의도가 사문탑과는 다른 개념이었던 것으
로 이해된다. 즉, 분황사모전석탑은 불상을 봉안하기 위한 감실의 조성
이 목적이 아니라 목조건축의 1층에 구현된 내부 공간을 재현하는데 주
력했던 것으로 판단된다.[37]

　　이상에서 양 석탑의 출입구와 내부공간을 비교해 본 결과 공간성에
있어서는 목조건축의 양식을 충실히 반영하고 있지만, 1층 탑신의 활용
이라는 측면에서 볼 때 다음과 같은 면에서 확연한 차이를 보이고 있다.

　　① 앞서 언급한 바와 같이 사문탑은 건립 계획의 수립에서부터 단층

37　분황사모전석탑에서 구현된 공간표현의 의도는 탑리 오층석탑에서는 소형의 감실
　　로 조성된다. 그렇지만, 고선사지 삼층석탑에서 門扉가 조성된 이후 석탑에서의 공
　　간성 문제는 이를 통해 해결하고 있다. 이 같은 思惟는 부도의 건립에도 영향을 미
　　쳐 신라 석조부도의 탑신에 문비가 조식될 수 있는 전거를 마련하고 있다. 이 같은
　　흐름을 볼 때 분황사모전석탑에서 드러난 공간 재현의 의사는 이후 건립되는 석탑
　　과 석조부도에 영향을 준 것으로 생각된다.

의 개념으로, 분황사모전석탑은 9층의 개념으로 설계되었다. 이 같은 규모의 차이로 인해 아치형과 장방형의 출입시설은 물론 고깔형 천장과 평천장으로 건립되는 결과를 낳았다. 이처럼 출입시설과 천장에서 드러나는 양식적인 차이는 외관의 動線 흐름과 상부에서 전달되는 하중의 분산이라는 측면이 각각 고려된 결과로 판단된다.

　② 사문탑은 佛堂의 개념을 지녔음에 비해 분황사모전석탑은 감실의 조성에도 불구하고 목조건축의 내부 공간의 재현에 충실하고 있다. 전자의 탑에서는 내부에 구축된 기단 상면에 각각 1구씩의 불상을 봉안하고,[38] 이에 예불하기 위한 공간이 조성되었다. 이러한 구성을 통해서 중국인의 불탑에 대한 인식을 읽을 수 있는데, 불상을 봉안하는 전각이라는 思惟가 그것이다. 중국인들은 後漢 이래 탑을 佛堂·宗廟·堂宇로 보아왔다. 이러한 인식은 인도에서 墓의 의미로 건립되었던 스투파가 중국에서는 墓의 본의와 함께 廟라는 그들의 전통으로 재해석되었음을 알려준다.[39] 이 같은 관점에서 볼 때 사문탑에 불상이 봉안됨은 불탑에 대한 그들의 전통적인 사유가 계승된 것으로 생각된다. 이에 반해 후자에는 불상이 봉안되지 않았다. 이는 앞서 지적한 바와 같이 내부 공간의 협소한 면적과 문짝을 석재로 설치한 것과 궤를 같이한다. 따라서 분황사모전석탑에 개설된 감실은 사문탑에서와 같이 불상을 봉안하기 위한 공간이 아니라, 목조건축의 공간 재현에 충실하고자 한 결과로 생각된다.

38　각 면의 불상 중 남면에 봉안된 불상의 하단에서 東魏 武定 2年의 명문이 확인되어 東魏 孝靜帝 2년(544년)에 조성된 석불임을 알 수 있다. 劉繼文, 『濟南神通寺』, 山東友誼出版社, 2005, p.47. 사문탑의 건립이 611년인 점을 보면 사문탑이 조성된 이후에 석불을 봉안한 것으로 판단된다.

39　曺忠鉉, 「後漢代 佛塔 認識과 起源 問題」, 檀國大學校 大學院 史學科 碩士學位論文, 2010, pp.18~19. 이처럼 후한대 이래의 탑에 대한 인식은 窄融의 浮屠司에서도 잘 드러나고 있다. 북위시대에 이르러 운강석굴의 부조탑에서 보듯이 정각형과 누각식 탑파에서도 매 층마다 불상을 조성하고 있고, 북제시대에도 그대로 계승되고 있다.

여섯째, 옥개석의 상·하면에 모두 층단형 받침이 조출되어 있다.

사문탑의 옥개석에 조성된 층단형 받침은 唐代는 물론 그 이후에 건립된 모든 전탑에서 볼 수 있는 공통적인 양식이다. 이로 인해 분황사모전석탑의 양식적 연원이 중국 전탑에 있음을 분명히 보여주는 중요한 요인으로 받아들여져 왔다. 사문탑의 옥개석 하면에는 높직한 각형 4단의 받침을 두었고, 상면에는 각형 22단의 받침을 조출했다. 뿐만 아니라 층단형을 이룬 낙수면에는 탑신이나 옥개석 하면과는 달리 두께가 얇고, 길이가 짧은 소형 석재가 사용되었다. 이와 더불어 상면의 층단형 받침은 들여쌓기 한 비율이 일정하여 자연스러운 곡선미가 구현되었다(189p 신통사 사문탑 옥개석 참조). 현존하는 중국의 전탑 중 가장 먼저 건립된 것은 523년에 건립된 숭악사 12각15층전탑이다. 이 탑에서는 매 층 옥개석의 하면에 층단형 받침을 조출하고, 상면에 강회를 발랐다. 이로 인해 상면에 옥개받침이 있었는지는 알 수 없지만, 1층에서부터 15층까지의 정황을 보면 완만한 경사를 이루고 있어 당초부터 받침부에서처럼

┃ 숭악사 12각15층전탑 옥개석 ┃

높은 층단형 받침은 조성하지
않았던 것으로 생각된다.[40] 뿐
만 아니라 602년에 건립된 법
왕사 隋塔[41] 역시 옥개석의
상·하면에 층단형 받침이 조
출되어 있다. 15층의 높이를
지녔기에 육안으로 확인 가능
한 1~3층까지만 보더라도 1층
은 하 12단·상 6단, 2층과 3

┃법왕사 수탑 옥개석┃

층은 하 11단·상 5단이 조출되어 상단부는 숭악사탑과 같이 낮게 조성
되었음을 알 수 있다. 이 같은 상황에 근거할 때, 옥개석 상단의 받침이
하단보다 높게 조출된 중국의 불탑은 사문탑이 가장 선구적인 양식임을
알 수 있다.

그렇다면 이 같은 옥개석 상단에 조출된 층단형 받침의 양식은 어디
서 기인한 것일까? 필자는 이에 대해 옥개석 상면에 소형의 석재가 사용
되었다는 재료적인 특성에서 기인한 것으로 본다. 즉, 사문탑의 기반을
이루는 양식이 목조건축임은 앞서 언급한 바 있다. 이 탑을 축조했던 조
탑공들 역시 목조건축의 지붕 재현에 주력했을 것이다. 이에 따라 탑신
과 옥개석의 하면과는 달리 석재를 소형화시켰고, 이로 인해 층단형의
낙수면이 조성된 것으로 생각된다. 더불어 목조건축의 지붕을 재현하고
자 했던 의도는 합각선에서 자연스러운 곡선미를 성공적으로 구현한 데

---

40 이 같은 추정은 15층으로 조성된 탓에 상단까지 하단과 같이 받침을 조출했다면 높
　이에 따른 구조적인 문제가 발생될 소지가 있기 때문이라 생각된다. 사실 이 탑은
　15층의 높이를 받기에는 1층 탑신부가 규모가 좁기 때문에 선립 계획부터 의노뇌
　었을 가능성도 있다고 생각한다. 이와 더불어 층단형 받침이 매우 낮게 조성되어 강
　회를 바르면서 사각으로 낙수면을 조성했을 가능성도 부인할 수 없다.
41 羅哲文·張帆,『中國古塔』, 河北少年儿童出版社, 1991, p.113.

| 분황사모전석탑 옥개석 상단부 축조상태 | | 분황사모전석탑 옥개석 하단부 축조상태 |

| 분황사모전석탑 옥개받침 세부 |

서도 찾아볼 수 있다. 요컨대, 사문탑의 옥개석에 구현된 층단형 받침은 소형 석재사용에 따른 필연적인 양식이라 생각된다.[42]

　분황사모전석탑 역시 옥개석의 상·하면에 층단형 받침이 조출되어 있다. 1·2층은 모두 각형 6단, 3층은 5단인데, 낙수면은 1·2층이 각각 10단이고 3층은 방추형으로 구성되어 있다. 이 같은 구성을 보면 하단에 비해 상단이 더 높게 조성되었음을 알 수 있는데, 이 역시 목조건축의 지붕을 구현하기 위한 방편으로 이해된다.

　이상에서 살펴본 바와 같이 양 석탑의 옥개석에는 상·하면에 모두

---

42 전탑의 옥개석에 공통적으로 등장하는 층단형 받침 역시 같은 선상에서 이해된다. 이 같은 면은 좁은 면에서 넓은 면으로, 또는 그 반대의 조형물을 조성하고자 할 때 소위 들여쌓기와 내어쌓기를 적용한 보편적인 사고의 결과로 생각된다.

층단형 받침이 조출되어 있다. 이 같은 양식상의 공통점은 사문탑이 분황사모전석탑의 건립에 영향을 끼쳤을 뿐만 아니라 분황사모전석탑이 전탑에 양식에 토대하여 건립되었다는 주장의 주된 근거로 작용했다. 그런데 옥개받침으로 층단형 받침이 등장하는 것은 미륵사지석탑에서도 확인된다. 이에 대해 고유섭 선생은 미륵사지석탑의 옥개받침에 대해 목조건축의 공포로 출발했음을 적시하며, 평양과 고구려의 전 도읍지인 만주 통화성 집안현 내에 多數한 고구려 고분의 천장받침을 이에 대한 증거로 보았다.[43] 뿐만 아니라 층단형 받침에 대해 건축에서 확인되는 물리학적인 보편적인 원리로써 이를 설명하고 있다.[44] 이를 종합해 보면 미륵사지석탑에서 확인되는 층단형의 옥개받침은 중국 전탑과는 무관하다는 주장이다. 이에 반해 분황사모전석탑의 옥개받침과 신라 諸塔의 층급받침수법을 전탑수법의 영향으로 해석해도 무방한 것으로 보고 있다.[45]

비록 석탑의 유형은 서로 다르지만, 미륵사지석탑과 분황사모전석탑에 공통적으로 구현된 옥개받침을 굳이 다른 계통으로 보는 것은 설득력이 떨어진다. 왜냐하면 미륵사지석탑에서도 옥개석 받침의 조성에는 많은 양의 석재가 사용되었기 때문이다. 따라서 사용된 석재의 크기와 치석 방법은 다르지만, 분황사모전석탑에 구현된 층단형 받침은 그간 축적된 고분을 비롯한 석조건축의 전통과 목조건축술이 한 데 어우러져 발생한 것으로 보는 것이 더 타당하다.[46] 옥개석 상면에 구현된 층단받침 역시 석재를 벽돌과 같이 다듬어 건립함으로 인해 등장할 수밖에 없는 필연적인 양식이라 여겨진다. 왜냐하면 옥개석의 가장 넓은 면보다 좁게 조성된 탑신석을 받기위해서는 상층으로 갈수록 그 면적을 좁혀야 하는

43 高裕燮, 『韓國塔婆의 研究』, 乙酉文化社, 1948, pp.44~45.

44 高裕燮, 위 책, p.46.

45 高裕燮, 위 책, p.47.

46 朴慶植, 「新羅 始原期 石塔에 대한 考察」, 『文化史學』 19, 韓國文化史學會, 2003, p.85.

필연성이 대두되기 때문이다. 이 같은 면면은 전탑에서도 같이 적용됨을 볼 수 있다. 따라서 낙수면에 등장하는 층단형의 받침은 문화의 보편성이라는 원칙에서 보면 어떠한 유형의 조형물에서도 모두 적용될 수 밖에 없는 공법이라 하겠다.

이상과 같은 관점에서 보면 분황사모전석탑의 옥개석 양식은 사문탑이나 전탑의 영향에 의한 것이 아니라는 점이 분명하다. 분황사모전석탑과 사문탑 및 전탑에 나타나는 공통점은 소형의 석재를 사용해 지붕을 형성할 때 나타날 수밖에 없는 필연적인 구조에 기인한 것이기 때문이다.[47]

일곱째, 상륜부를 구비하고 있다.

사문탑은 석재로 조성된 상륜부를 구비했는데, 노반·앙화·보륜·보주로 구성된 완형을 보이고 있다. 이에 반해 분황사모전석탑의 경우 현재는 仰花만이 있으나, 1990년에 경주문화재연구소에서 실시한 분황사 발굴조사 시 노반과 복발석이 수습된 바 있다.[48] 이 석재들은 앙화석과 함께 복원도를 작성해 본 결과 이 석탑의 상륜부재로 판명되었다.[49] 따라서 분황사모전석탑의 상륜부는 철제를 꽂고, 노반·복발·앙화를 순차적으로 놓은 전통적인 구성임이 확인된다. 이 같은 점을 고려해 보면 양 석탑은 복발석의 존재만 서로 다를 뿐 공통적인 부재가 사용됨을 알 수 있다. 상륜부는 인도 산치탑에서 그 기원을 찾을 수 있는데, 중국

---

47 이희봉 선생은 이에 대해 "중국 전탑과 연관 시키는 주 이유는 다름 아닌 구조방식상 다층구조의 옥개석 상하면의 층단 내밀기 방식, 즉 積出式일 것이다. 이런 층단 내밀기 방식은 조적방식의 구조상 필연적으로 나타나게 되며 인도 스투파의 꼭대기 소위 평두라 불리는 '하미카'에서 거의 예외 없이 나타난다. 즉, 중국의 전탑을 선례로 연관시킬 필요가 전혀 없다"라고 견해를 피력하고 있다. 이희봉, 「신라 분황사 탑의 '模塼石塔 說'에 대한 문제 제기와 고찰」, 『건축역사연구』 20-2, 대한건축학회, 2011, p.42.

48 國立慶州文化財研究所, 『芬皇寺發掘調査報告書 I』, 2005, p.200.

49 文化財管理局, 『芬皇寺石塔實測調査報告書』, 1992. p.28.

초기 불탑의 양식을 보여주는 운강석굴의 부조탑에서도 같은 양식이 확인되는 점으로 보아,[50] 상륜부는 불탑 건립에 따른 필수적인 구성 요소로서 등장했음을 파악할 수 있다.

여덟째, 장엄조식의 존재 여부이다.

장엄조식은 불탑의 표면에 불교와 연관된 각종 신장상 등을 부조하는 것을 의미하며, 근본적인 뜻은 탑 내에 봉안된 舍利의 수호 내지는 供養에 있다.[51] 이 같은 관점에서 보면 탑신에 다양한 신장을 그리거나 조각하는 것은 사리신앙의 적극적인 구현임을 알 수 있다. 그런데 사문탑에는 아무런 장엄조식이 없다. 다만 표면에 곳곳에 강회를 발랐던 흔적이 남아있어 어떠한 형태로든 장엄을 했을 가능성이 제기되지만, 현재로서는 확인할 수 없다. 그렇지만, 분황사모전석탑의 감실 좌·우에는 각각 1구씩의 인왕상이 부조되어 守門의 기능성을 충실히 수행하고 있다.

일반적으로, 인왕상은 唐代에 조성된 용문석굴 奉先寺洞의 것이 가장 유명한데, 이 역시 석굴사원의 입구에 부조된 것이다. 따라서 비록 守門의 기능성은 분황사모전석탑의 경우와 동일한 것으로 볼 수 있지만, 조형 대상이 탑과 석굴이라는 차이를 보이고 있다. 이밖에 탑의 감실 전면에 신장이 등장하는 예로는 山西省 長治에 소재한 양두산 3호석굴에 있는 석탑에서 그 예를 볼 수 있다. 이 석탑은 북위시대에 조성된 것으로

---

50 운강석굴에 부조된 정각형 불탑의 옥개석 상면에는 모두 원구형 복발과 앙화가 표현되어 있다. 지붕 상면에 원구형의 복발이 표현된 것은 상륜부의 양식이 중국화된 것으로 보는 견해도 있다. 吳慶洲,「中国佛塔塔刹形制研究 上·下」,『古建园林技术』, 1994年 4期 및 1995年1期. 이와 더불어 粟特地域의 건축과 밀접한 연관이 있다는 주장도 대두된 바 있다. 孫機,「我国早期单层佛塔建筑中的粟特因素 卜」,『佰白先生八秩华诞纪念文集』, 2003. 뿐만 아니라 누각형 불탑에서도 조금씩 차이는 있지만, 상륜부는 모두 구성되어 있다.

51 秦弘燮,「韓國의 塔婆」,『國寶』6 藝耕産業社, 1983, p.194.

| 용문석굴 봉선사동 인왕상 | | 장치 양두산 3호석굴 석탑 |

알려져 있는데, 전면에 개착된 감실의 좌·우에 부조되어 있다. 그렇지만, 이 상은 裸身이 아니라 갑옷과 같은 옷을 입을 입고 무기를 들고 있어,[52] 분황사에서와 같이 나신에 권법을 취한 상은 아니다. 따라서 조각범주를 탑에 국한시켜 볼 때 분황사모전석탑은 裸身으로 권법자세를 취한 인왕이 부조된 석탑으로는 가장 이른 시기의 예로 추정된다.[53] 이와 더불어 분황사모전석탑에서 수습된 사리장엄구와 사문탑과의 연관성을 지적한 연구가 진행된 바 있다.[54] 그렇지만, "석탑의 건립 자체는 사찰 창건기와 같을 수 있으나, 탑신부에 봉안하는 사리장엄구는 추가로 공양 및 매납할 수 있다."[55]는 주경미 선생의 견해를 따르면 석탑의 양식과 건

---

52 인왕의 유형은 拳法姿勢, 무기를 든 자세, 권법과 무기를 든 자세의 3가지 유형으로 구분되고 있다. 文明大, 「韓國塔浮彫(彫刻)像의 研究(1): 新羅 仁王像(金剛力士像)考」, 『佛敎美術』4, 東國大學校博物館, 1978, pp.46~81.

53 현존하는 唐代까지 건립된 전탑이나 석탑을 보면 탑신에 인왕을 비롯한 신장상이 등장하는 것은 8세기에 이르러 등장하기 때문이다. 뿐만 아니라 주로 석탑에서 그 예를 볼 수 있다. 당대에 건립된 석탑에 대해서는 別考를 기약한다. 신용철 선생 역시 탑신부에 부조된 인왕상이 사문탑과 다른 점임을 지적한 바 있다. 申容澈, 앞 박사학위논문, p.116.

54 周炅美, 「분황사 석탑 출토 불사리장엄구의 재검토」, 『시각문화의전통과 해석』, 예경, 2007, pp.277~297.

55 周炅美, 앞 논문, p.296. 이와 더불어 선생은 사리장엄구의 봉안시기를 자장의 귀국 직후로 비정하고 있다.

한국 석탑의 양식 기원 - 미륵사지석탑과 분황사모전석탑 -

립시기는 사리장엄구와는 다른 각도에서 고찰될 수 있다고 생각된다.[56]

　이상에서 사문탑과 분황사모전석탑에 대해 다각적인 비교를 진행했다. 결과적으로 양 탑은 석재로 건립되었고, 탑신의 네 곳에 각각 출입시설을 두고 있다는 공통점을 제외하면 상호 영향 관계를 추론할 근거가 매우 박약함을 확인할 수 있었다. 사문탑은 북위시대 이래 전통적인 정각형 불탑을 계승해 건립된 석탑이라는 특성이 있다. 반면, 분황사모전석탑은 현존하는 중국의 불탑에서는 그 예를 찾아 볼 수 없었다. 따라서 분황사모전석탑의 양식 기원을 사문탑에서 구하는 것은 무의미하다는 사실을 알 수 있었다. 한편, 산동성 일원의 모전석탑으로 알려진 靈岩寺 慧崇塔은 唐 天寶年間(742~755)에 세워진 석탑인데,[57] 사문탑과 같이 대형 석재를 사용해 건립되었을 뿐만 아니라 空筒式 構造를 취했다.[58] 따라서 혜숭탑 역시 분황사모전석탑의 건립시기와 구조 및 양식으로 볼 때 이 석탑의 건립에 영향을 미칠 수 없다. 이 같은 정황을 보면 산동성 일원에 건립된 석탑 중 분황사모전석탑과 견줄만한 탑은 없다는 결론에 도달하게 된다. 이를 보면 사문탑과 분황사모전석탑은 서로 영향을 주고받은 것이 아니라 각자 독자적인 양식을 지닌 석탑이라는 점을 분명히 확인할 수 있다.

56　주경미 선생의 견해와 같이 사리장엄이 추가로 봉안되었다면 분황사모전석탑은 634년 건립 이후 대대적인 수리가 진행되었거나, 건립시기를 자장의 귀국 후인 643년 이후로 설정하는 것이 타당하다. 사리장엄을 봉안하기 위해 소형의 석재를 충적해 건립한 분황사모전석탑의 구조적인 특징으로 보아 2층 탑신 이상을 해체하거나 신축하지 않으면 추가 봉안이 어렵기 때문이다. 때문에 필자는 석탑의 건립과 동시에 사리장엄구 역시 봉안된 것으로 생각한다. 이에 반해 8세기 중반이후 탑재가 괴체형의 一石으로 조성된 석탑의 수리 시 추가 봉안하는 경우도 확인된다.

57　郭學忠 外, 『中國名塔』, 中國攝影出版社, 2002, p.120.

58　朴慶植, 「隋·唐代佛塔研究(Ⅰ): 亭閣形石造塔婆」, 『文化史學』29, 韓國文化史學會, 2008, pp.139~143.

2. 미륵사지석탑과 분황사모전석탑의 비교

미륵사지석탑과 분황사모전석탑은 그간 재료적인 면에서 화강암과 안산암이라는 것만 부각되었을 뿐, 양 탑이 완형을 구비하지 못한 관계로 비교의 대상으로 거론되지 못한 측면이 있다. 그렇지만, 현존하는 부분 중 비교적 원형을 유시하고 있는 기단부와 1층 탑신과 옥개석 및 구조에 대해서는 비교 고찰이 가능하다. 이 같은 점을 고려해 양 탑이 지닌 각 부의 양식 및 특성을 비교해 보면 다음의 표로 정리된다.

〈표 8〉에서 중요하게 고찰해 할 부분은 평면구도, 기단부, 1층 탑신, 옥개석 그리고 내부구조에 대한 문제이다. 이를 차례대로 비교 검토해보면 다음과 같다.(176p 미륵사지석탑 동쪽 입면도, 178p 미륵사지석탑 기단 및 1층 평면도, 181p 미륵사지석탑 1층 평면도, 204p 분황사모전석탑 남북단면도, 213p 분황사모전석탑 1층탑신평면도 참조).

1) 평면구도

미륵사지석탑과 분황사모전석탑은 모두 기단으로부터 정상부에 이르기까지 평면 방형의 구도를 지니고 있다. 이로부터 두 석탑이 모두 기왕에 건립되던 목조건축은 물론 목탑의 평면구도를 그대로 채용하고 있음을 알 수 있다. 아마도 오랜 전통 가운데 축적되었던 기술적인 경험이 이 같은 방향성을 제시했던 것으로 생각된다. 이 같은 양상은 고구려에서 축조한 청암리사지 등의 목탑지에서 확인되는 팔각의 평면과는 다른 양상이지만, 건축에서 추구했던 평면방형의 구조를 생각해 보면 당연한 결과라 생각된다. 특히, 고층으로 축조되었던 양 석탑의 특성을 고려했

비교대상			미륵사지석탑	분황사모전석탑
건립연대			639년(백제 무왕 40년)	634년(신라 선덕여왕 3년)
규모			6층(현), 본래는 9층	3층(현), 본래는 9층(추정)
조성재료			화강암	안산암(벽돌 형태)
구조			이원구조체(조적식+가구식)	조적식
평면			방형	방형
기단부	규모		이층기단	층단형
	계단석		있음	없음
1층탑신	출입문		장방형(문짝이 있었던 것으로 추정)	장방형(2짝의 석제 문)
	외부구조	초반	있음	없음
		초석	있음	없음
		기둥	민흘림기둥	없음
		면석	판석형 부재	벽돌형 안산암으로 축조
1층탑신	내부구조	답도	있음(✚자형)	없음(각면 내부 공간 구성)
		고주	있음	적심체로 추정
		천장부	평천장(내어쌓기)	평천장
		봉안물	고주 하단석에 사리장엄 봉안(심주석에 방형 사리공을 개설하고 봉안)	2층탑신에 사리장엄 봉안(사리석함 내 봉안)
옥개석			하면 층단형, 상면 낙수면, 전각에 반전	상·하 층단형
장엄조식			없음	인왕상

을 때 더욱 그러하다. 즉, 양 석탑이 모두 9층으로 건립되었을 가능성을 전제로 했을 때[59] 상부에서 내려올 하중을 적절하게 분산시키고, 시각적

---

59 미륵사지석탑은 동탑이 9층을 복원되어 있고, 분황사모전석탑 역시 잔존 부재의 양으로 볼 때 9층설이 제기된 바 있다. 장경호, 「彌勒寺址 石塔 復元에 關한 硏究」, 『考古美術』173, 韓國美術史學會, 1987 및 文化財管理局, 『芬皇寺石塔實測調査報

| 미륵사지석탑 기단부 전경 | | 미륵사지석탑 기단부 세부 |

으로도 안정감을 부여하기 위해서 방형 평면의 구조를 채용함은 당연한
귀결이었을 것으로 판단된다.

2) 기단부

| 미륵사지석탑 기단부 면석 치석상태 |

양 석탑은 모두 기단부를 구
비하고 있다. 미륵사지석탑은 이
층기단임에 비해 분황사모전석
탑은 단층기단을 지니고 있어
분명한 차이를 보이고 있다. 먼
저 기단의 규모를 비교해 보면
양 석탑은 비슷한 규모를 보이
고 있다. 미륵사지석탑의 경우는
네 면 중 유일하게 동쪽 면만 원
형을 유지하고 있는데, 12.723*mm*
의 규모를 보이고 있다.[60] 더불어

告書』, 1992, p.38.

60 국립문화재연구소, 「미륵사지석탑」, 『전라북도의 석탑』, 2004, p.60의 1층 탑신 평면
    도 도면 참조.

| 미륵사지석탑 하층기단 갑석 결실부 | | 미륵사지석탑 하층기단 갑석 | | 미륵사지석탑 상층기단 갑석 결실 상태 |

분황사모전석탑은 서쪽과 남쪽이 각각 12,956mm, 12,898mm인[61] 점을 고려해 보면 상당한 유사성이 간취된다. 따라서 양 석탑은 평면 방형의 구조를 지니고 있으면서도 비슷한 규모의 기단을 조성했음을 알 수 있다. 그럼에도 불구하고 양 석탑은 서로 다른 양상을 보이고 있는데, 그 차이점은 다음의 표로 요약된다.

⟨표 9⟩ 미륵사지석탑과 분황사모전석탑 기단부 비교

	미륵사지석탑	분황사모전석탑
규모	이층기단	(현) 단층기단, 층단형으로 추정
석재	화강암	자연석
출입시설	4곳에 계단시설	없음

미륵사지석탑은 이층기단을 구비하고 있지만, 구조적인 면과 석탑의

61 국립문화재연구소, 「분황사석탑」, 『경상북도의 석탑』, 2007, p.48의 표-1 기단부 실측치 참조. 실측치에 의하면 동쪽은 13,117mm, 북쪽은 13,195mm로 비슷한 규모를 보이고 있다.

전체적인 하중을 받아내는 기능성에 있어서도 통일신라시대의 석탑에서 구현된 이층기단과는 다른 일면을 보이고 있다. 일반적으로 이층기단은 석탑의 하중을 받아야하기 때문에 먼저 지반을 다진 후, 지대석을 깔고 면석과 갑석을 놓아 각각 상·하층으로 구축된다. 그리고 하층에 비해 상층 기단이 높고 좁게 조성된다. 그러나 미륵사지석탑에 구현된 이층기단은 이와는 다른 양상을 보이고 있다. 즉, 해체 현장에서 확인되는 상황을 보면 지반을 다진 후 바로 낮은 면석을 두고, 그 상면에 갑석을 덮고 있다. 현재 네 면에서 모두 갑석은 확인되지 않았지만, 남동측의 현상을 볼 때 여러 장의 판석을 이용해 조립했음을 알 수 있다. 사용된 석재의 부재의 측면 길이는 860mm~890mm 내외로 일정한 편이나 정면 폭은 555mm~915mm로 차이가 크다. 반면 두께는 125mm 내외로 큰 차이가 없다.[62] 기단의 각 면 중앙에는 계단시설을 설치했던 흔적이 확인되고 있다. 기단의 상면에는 높직한 1단의 받침석을 두고 상층기단 면석을 놓았다. 면석 역시 각 면마다 9~10여 매의 판석형 석재를 사용해 조성했는데, 정면은 정다듬을 해 매우 정교하게 치석했음을 알 수 있다. 그렇지만, 후면은 혹두기 다듬 정도로 거칠게 치석했으며, 특히 뿌리 부분을 두텁고 길게 조성했다.[63] 상면에 놓였을 갑석은 단 한 점도 확인되지 않고 있지만, 목조건물에서와 같이 우수가 기단 바깥쪽으로 떨어지도록 설계되었다는 전제 하에 880mm 이상 1m 미만으로 범위를 좁혀 볼 수 있다.[64] 상층기단의 각 면에는 탱주가 설치되지 않았지만, 네 모서리에서는 우주석이 확인되고 있다. 뿐만 아니라 네 면에서도 하층기단에서와 같은 계단시설이 확인되어 출입문으로 이어지고 있다. 이상과 같은 내용을 종합

---

62 국립문화재연구소·전라북도,『미륵사지석탑해체조사보고서Ⅳ』, 2011, p.145.

63 이 같은 면석의 가공 방법은 대부분의 통일신라시대의 석탑 기단 면석에서도 확인되고 있어, 미륵사지의 석탑에서 구현된 축조방식이 후대에 계승되었음을 알려주고 있다.

64 주 62의 책, p.146.

해 보면 미륵사지석탑의 기단은 이층기단으로 구축되었고, 중앙에는 계단을 설치해 초층 탑신에 개설된 문으로 오르내릴 수 있는 구조임이 파악된다. 더불어 하층 기단의 구조는 물론 면석과 갑석에 많은 양의 석재가 사용되었고, 탱주가 생략된 점에서는 전형적인 2중 기단과는 다른 일면을 보이고 있어 초기적인 이중기단으로 정의된 바 있다.[65]

분황사모전석탑은 단층기단을 구비하고 있으며, 장대석과 자연석을 이용해 3~4층의 허튼층 쌓기방식으로 축조했다. 기단에 사용된 석재는 크기와 모양이 일정하지 않지만, 곳곳에서 석재의 곡면을 이용한 그랭이질의 흔적도 확인된다. 전체적으로 볼 때 석재의 맞닿은 면이 고르게 처리된 탓에 본래의 모습이었을 가능성도 있다. 하지만, 일제강점기의 기록과 사진 등을 검토해 본 결과 분황사모전석탑의 기단은 지면으로부터 최소 3단의 석단이 구축된 기단부였을 것으로 추정된다. 그러나 미륵사지에서와 같은 계단시설의 유무에 대해서는 더 이상의 추론이 불가능하다.

이상에서 살펴 본 바와 같이 미륵사지석탑과 분황사모전석탑의 기단을 비교해 보면 다음과 같다. 미륵사지석탑의 기단은 화강암을 사용해 이층기단으로 축조되었고, 사방으로는 출입시설이 개설되어 있다. 후술하겠지만, 면석의 내부가 적심체로 구축되어 전체적인 하중을 받는 기단의 역할은 수행하지 않았을 것으로 판단된다. 이에 반해 분황사모전석탑은 최소 3단 정도의 기단을 구축하고, 외벽에 장대석을 돌린 형상으로 추론하였다. 이 같은 구조는 9층으로 축조된 탑신 전체의 하중을 받기에 충분한 구조체로 판단된다.[66]

---

65 천득염, 『백제계석탑 연구』, 전남대학교 출판부, 2003, p.40.
66 박경식, 「분황사모전석탑의 양식 기원에 대한 고찰」, 『신라문화』 41집, 동국대학교 신라문화연구소, 2013. p.174.

∥ 미륵사지석탑 동쪽 출입시설 ∥

∥ 미륵사지석탑 서쪽 출입시설 ∥

∥ 미륵사지석탑 남쪽 출입시설 ∥

∥ 미륵사지석탑 북쪽 출입시설 ∥

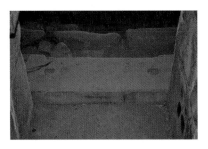

∥ 미륵사지석탑 동쪽 출입문 인방석 ∥

∥ 미륵사지석탑 서쪽 출입문 인방석 ∥

∥ 미륵사지석탑 남쪽 출입문 인방석 ∥

∥ 미륵사지석탑 북쪽 출입문 인방석 ∥

3) 1층 탑신

미륵사지석탑과 분황사모전석탑은 모두 원형을 상실하고 있어 탑신부의 전체적인 면에 대한 비교는 불가능하다. 하지만, 1층 탑신은 원형을 파악하기에 충분한 구조와 양식을 지니고 있어 여러 면에서의 비교가 가능하다고 판단된다.

양 석탑은 1층 탑신에서 공통점과 차이점이 분명히 드러나고 있다. 먼저 공통점은 네 벽에 각각 출입문을 시설하고 있어, 이를 통해 목조건축의 요인이 확인된다. 미륵사지석탑은 정면 3간 규모인데, 중앙간에는 출입문이 개설되어있다. 각 면의 기둥은 초반석 상면에 방형의 초석을 놓았는데, 초반석 상면에는 초석의 하부 면적만큼 홈을 파서 상면에 놓인 민흘림기둥을 꽂는 구조이다. 이처럼 각각의 석재가 결구되도록 한 수법은 면석의 조립에서도 확인되고 있어 석재의 조립에 목조건축의 결구수법이 도입되고 있음을 알 수 있다. 뿐만 아니라 초석과 초석 사이에는 고막이석이 놓여있어 더욱 목조건축의 재현에 주력하고 있음이 확인된다. 아울러 출입문에는 상인방과 하인방은 물론 기둥과 기둥을 연결하는 장방이 놓이고, 상면에는 평방으로 볼 수 있는 횡부재가 놓여있다. 상면에는 장대석을 가로 방향으로 조립한 포벽이 형성되어 있다. 포벽의 상면에는 각형 3단의 옥개받침이 조출되어 있고, 십여 장의 판석으로 이

| 분황사모전석탑 동쪽 출입문 |

| 분황사모전석탑 서쪽 출입문 |

| 분황사모전석탑 남쪽 출입문 |

| 분황사모전석탑 북쪽 출입문 |

루어진 처마는 수평을 이루다가 전각에 이르러 약간의 반전을 이루고 있다. 옥개받침 역시 여러 장의 석재로 구성되어 있는데, 받침부의 하단은 1석, 상면 2단은 1석으로 각각 2매의 석재로 구성되어 있다. 출입문은 고막이석 상면에 놓인 인방석, 문설주석, 창방석으로 구성되어 일반적인 문의 양식과 같은 양상을 보이고 있다. 그럼에도 불구하고 출입구의 폭이 북측을 제외하면 427㎜~581㎜로 너무 좁게 형성되어 문을 설치하기

에 어려운 구조이다.[67] 따라서 문을 이루는 부재들은 상당부분 변형이 이루어진 것으로 판단되는데, 실제 남쪽 하인방석과 동쪽 면 창방석에서 지도리 구멍 등의 원형이 확인되고 있어[68] 본래는 문을 달았던 것으로 추정된다.

분황사모전석탑은 전체적으로 1간의 규모이지만, 중앙에는 출입문이 개설되어 있다. 출입문은 좌우에 인왕상이 부조된 판석을 기둥을 삼고, 상·하면에는 각각 상·하인방석을 놓았다. 하인방석은 기단 상면에 놓인 높직한 각형 1단의 받침석 중 일부가 기능을 하고 있다.[69] 하지만, 상면은 인왕상이 조식된 판석의 상면 안쪽을 파내고, 걸치도록 결구하고 있다. 이와 더불어 상·하인방석은 안쪽으로 길게 치석되어 引枋屯太 형식을 취하고 있으며, 감실 안쪽으로 바닥과 천장 역할도 일부 겸하도록 치석하여 모전석탑에 설치된 감실의 구조적 약점을 보완하였음을 짐작할 수 있다.[70] 이처럼 양 석탑의 초층 탑신에 개설된 출입문과 초층 탑신의 전체 너비와의 비율을 정리해 보면 다음의 표로 집약된다.

〈표 10〉 초층 탑신과 출입문의 너비 비례(단위:mm)

탑명	비교대상	동쪽면	서쪽면	남쪽면	북쪽면
미륵사지석탑	1층 탑신 너비	8,526	8,833	8,668	8,607
	출입문 통로 너비	1,458	1,454	1,492	1,502
	탑신과 출입문 너비 비율	0.17	0.16	0.17	0.17
분황사모전석탑	1층 탑신 너비	6,985	6,905	6,961	7,045
	출입문 너비	977	910	944	954
	탑신과 출입문 너비 비율	0.14	0.13	0.14	0.14

---

67 국립문화재연구소, 『彌勒寺址 解體調査報告書 Ⅵ』, 2011, p.183.
68 국립문화재연구소, 앞 책, p.172 및 184.
69 이 같은 1단 받침은 미륵사지석탑의 하층기단 갑석 상면에서도 확인되고 있다.
70 國立慶州文化財研究所, 『芬皇寺發掘調査報告書 Ⅰ』, 2005, p.75.

위의 표를 보면 양 석탑은 1층 탑신 각 면의 너비가 거의 일치하는 정방형의 평면구조임을 알 수 있다. 뿐만 아니라 이에 비례해 문의 너비 역시 일정한 규모를 지니고 있어[71] 당초 석탑의 건립에 따른 기초계획 즉, 설계도면이 작성되었던 것으로 판단된다. 이와 더불어 서쪽 면 문의 너비가 다른 면에 비해 조금 좁게 조성되었던 공통점도 확인된다. 게다가 양 석탑에서는 상·하인방석에 문짝을 달았던 지도리 구멍이 확인된다. 미륵사지석탑은 문짝이 모두 결실되었지만, 분황사모전석탑에서는 문짝이 달려있어[72] 미륵사지석탑에서도 같은 양상이었을 것이라는 추정 근거를 제공한다. 이 같은 상황을 보면, 양 석탑은 1층 탑신의 네 벽에 출입문을 개설하고 문짝을 달았지만, 결구수법과 인왕상의 배치 등에서 차이점을 보이고 있다.

양 탑 모두 네 벽에 개설된 문을 들어서면 각각 내부로 진입할 수 있는 구조이며, 통로와 감실이 개설되어 있다. 미륵사지석탑은 1층 탑신 중앙부에 설치된 심주석을 중심으로 각각 사방으로 통로가 개설되어 있다. 통로의 바닥은 대략 4매 정도의 판석을 깔아 조성했고, 좌·우 벽체의 상단은 2단으로 내어쌓아 공간을 좁힌 후 평천장을 구성했다. 통로의 중앙에는 심주석을 중심으로 ✚자형의 통로를 마련하고 있는데, 각 방향 통로의 규모는 다음의 표로 정리된다.

71 각 석탑의 실측치는 국립문화재연구소·전라북도, 『미륵사지석탑 해체조사보고서
    Ⅳ(도판)』, 2011, p.91과 文化財管理局, 『芬皇寺石塔實測調査報告書』, 1992, p.64의
    도면을 참고했음을 밝힌다.

72 『朝鮮古蹟圖譜』에 수록된 사진을 볼 때 수리 전에는 남쪽문이 안산암으로 폐쇄되어
    있지만, 수리 후에는 문짝이 달려있음 볼 수 있다.

| 미륵사지석탑 동쪽통로 |

| 미륵사지석탑 서쪽통로 |

| 미륵사지석탑 남쪽통로 |

| 미륵사지석탑 북쪽통로 |

〈표 11〉 미륵사지석탑 통로부 제원[73] (단위:*mm*)

비교대상	너비	높이
동쪽 면	1,458	2,649 ~ 2,334
서쪽 면	1,454	2,370 ~ 2,628
남쪽 면	1,492	2,310 ~ 2,286
북쪽 면	1,502	2,266 ~ 2,276

73 국립문화재연구소 · 전라북도, 『미륵사지석탑 해체조사보고서IV(도판)』, 2011, p.91
    및 pp.94~94의 도면을 참고로 작성했음을 밝힌다.

Ⅲ 중국 정각형불탑 및 미륵사지석탑과 분황사 모전석탑의 비교

위의 표를 보면 통로의 너비는 대략 1.5m, 높이는 2.3m 정도의 높이를 지니고 있어 실제로 사람의 통행이 가능하도록 되어 있지만, 중앙부의 심주로 인해 내부 공간을 일주할 수 없는 구조를 지니고 있다.[74] 부언하면 사방의 출입문을 통해 석탑의 내부로 진입은 가능하지만, 내부를 일주하는 답도가 개설된 것이 아니라 다시 되돌아 나가야만 하는 구조를 지니고 있음을 의미한다. 따라서 미륵사지석탑에서 구현된 통로는 어느 방향에서 진입을 해도 심주석에 봉안된 사리로 집중되는 양상을 보이고 있다. 문을 통해 들어섰을 때 비슷한 시기에 건립된 사문탑에서는 불상을 대하지만, 미륵사지탑에서는 사리를 만난다는 차이점이 있다.[75] 이는 불상이 보다 현실적인 신앙의 매체라면 사리는 석가모니의 몸이라 상징성이 신앙의 중심임을 볼 때 양 석탑은 확연히 다른 신앙패턴을 보이고 있어 주목된다.[76]

이에 반해 분황사모전석탑은 일단 문을 들어서면 약 1~1.5평 정도의 공간이 구성되어 있는데, 출입구를 제외한 나머지 벽면은 모두 30~110cm 크기의 자연석을 사용해 허튼층 쌓기방식으로 축조했다. 석재 사이의 틈은 시멘트로 메웠고,[77] 상면은 3매의 장대석을 가로방향으로 놓아 평천

---

74 중앙에 놓인 심주석의 하단석은 954mm(북)·964mm(남)·974mm(동)·919mm(서)의 규모를 지닌 방형의 판석이 놓여 있고, 이로부터 심주석이 구축되어 있다. 게다가 후술할 1층 탑신 내부를 구축하는 적석부의 모서리가 연접되어 있어 통행이 불가능한 구조를 지니고 있다.

75 이 같은 구조는 611년에 건립된 중국 신통사 사문탑과는 완전히 다른 양상이다. 이 탑에서는 문을 들어서면 바로 불상에 예불할 수 있는 구조를 지니고 있을 뿐만 아니라, 사방을 일주할 수 있는 답도가 개설되어 있다. 朴慶植, 「彌勒寺址石塔과 隨·唐代 亭閣型佛塔과의 比較」, 『白山學報』92, 白山學會, 2012, pp.149.

76 조은경 선생은 미륵사지석탑의 내부공간은 불상이 안치되어 이를 위요하는 의례공간과는 성격이 다른 사리가 봉안되어 있는 상징적 공간을 효과적으로 표현하기 위한 방법으로 묘제의 축조기법이 적용된 것을 보고 있다. 조은경, 「미륵사지서탑 축조의 구조 원리에 관한 기초 연구」, 『文化財』제42권 제2호, 2009. 6, pp.107-108.

77 國立慶州文化財研究所, 『芬皇寺發掘調査報告書 I』, 2005, p.74. 이와 더불어 일제강점기의 보수 시 원형대로 공사기 진행되었는가에 대한 의문이 제기된다. 왜냐하

∥ 분황사모전석탑 동쪽 감실내부 축조상태 ∥

∥ 분황사모전석탑 서쪽 감실내부 축조상태 ∥

∥ 분황사모전석탑 남쪽 감실내부 축조상태 ∥

∥ 분황사모전석탑 북쪽 감실내부 축조상태 ∥

분황사모전석탑 북쪽 감실내부에서 출입문을 연 상태

분황사모전석탑 서쪽 감실내부에서 출입문 폐쇄상태

분황사모전석탑 남쪽 감실내부 천장석

장을 구성하고 있다. 감실의 규모를 정리해 보면 다음과 같다.

―――――――――――――

면 벽체의 축조 방법을 볼 때 남과 동쪽의 감실 벽의 축조 방법에서는 전통적인 기법도 보이도 있지만, 북과 서쪽 감실에서는 허튼층쌓기로 벽체를 조성했기 때문이다. 뿐만 아니라 곳곳에서 시멘트 콘크리트를 사용해 석재 사이의 공극을 충진하고 있기 때문이다.

〈표 12〉 분황사모전석탑 감실 규모[78](단위 : mm)

비교대상	너비	길이	높이
동측 면 감실	1,475	1,340	1,500
서측 면 감실	1,400	1,622	1,710
남측 면 감실	1,242	1,344	1,650
북측 면 감실	1,400	1,362	1,600

위의 표를 보면 감실의 내부는 너비 1.2~1.4m, 길이 1.3~1.6m, 높이 1.5~1.7m 정도의 규모임을 알 수 있는데, 이러한 공간은 각각 독립적인 구조를 지니고 있을 뿐 서로 통하는 답도는 개설되지 않고 있다. 더불어 내부의 면적을 보아 불상을 봉안하기 위한 공간도 아닌 것으로 판단된다. 따라서 석탑의 1층 탑신 네 면에 조성된 감실은 목조건축의 1층에 구현된 내부 공간을 재현하는데 주력했던 것으로 판단된다.[79] 이처럼 양 석

---

78 國立慶州文化財研究所,『芬皇寺發掘調査報告書Ⅰ』, 2005, pp.84~87 도면 참조.

79 분황사모전석탑에서 구현된 공간표현의 의도는 탑리오층석탑에서는 소형의 감실로 이행된다. 그렇지만, 고선사지삼층석탑에서 門扉가 조성된 이후 석탑에서의 공간성 문제는 이를 통해 해결하고 있다. 이 같은 思惟는 부도의 건립에도 영향을 미쳐 신라 석조부도의 탑신에 문비가 조식될 수 있는 전거를 마련했다. 이 같은 흐름을 볼 때 분황사모전석탑에서 드러난 공간 재현의 의사는 이후 건립되는 석탑과 석조부

탑의 초층 탑신에는 네 벽에 문을 개설하고 있다. 미륵사지석탑에서는 비록 내부를 일주할 수는 없지만 일방통행이 가능한 ✚자형의 통로가 개설되어 목조건축의 재현에 충실한 면을 보이고 있는데, 이는 사리신앙과 직결되는 구도이다. 이에 반해 분황사모전석탑은 통행은 물론 예불 행위가 불가능한 규모의 감실을 개설했지만, 목조건축의 공간성을 구현하는 데 치중하고 있음을 알 수 있다.

4) 옥개석

옥개석은 처마를 기점으로 하면에는 층단형 받침이, 상면에는 낙수면을 구성하는 것이 보편적인 양식이다. 하지만, 양 석탑의 경우 하단에는 옥개받침이 공통적으로 조출되고 있지만, 상단부에서는 차이점을 보이고 있다.

먼저 미륵사지석탑의 옥개받침에 대해서 우현 선생은 목조건축의 공포로 출발했음을 적시하며, 고구려 고분의 천장받침을 이에 대한 증거로 보면서, 석조건축의 보편적인 기술력이 적용된 것으로 파악하고 있다.[80] 이에 비해 분황사모전석탑을 필두로 시작되는 신라석탑의 옥개받침에 대해서는 신라 諸塔의 층급받침수법을 전탑수법의 영향을 받은 것으로 해석해도 무방한 것으로 보아왔다.[81] 하지만, 이 역시 그간 축적된 고분을 비롯한 석조건축의 전통과 목조건축술이 한 데 어우러져 발생한 것으로 보는 편이 타당한 것으로 보인다. 왜냐하면 고구려의 墓制는 백제에만 영향을 준 것이 아니라 신라에도 영향을 주어 6세기 후반 경에는

도에 영향을 준 것으로 생각된다.

80 高裕燮, 『韓國塔婆의 硏究』, 乙酉文化社, 1948, pp.44-45 및 p.46.
81 高裕燮, 앞 책, p.47.

영주와 순흥지역에 고구려식 석실분이 조성되고 있기 때문이다.[82] 즉, 신라에서도 고구려 고분의 영향을 받아 같은 유형의 고분이 축조되고 있음을 보아 미륵사지석탑에서와 같은 양상으로 이해될 수 있다는 의미다. 따라서 미륵사지석탑의 옥개받침과 분황사모전석탑의 그것은 계통을 달리해서 해석해야 할 이유가 없다고 생각된다.

이처럼 옥개받침은 층단형 받침을 조출함으로써 공통적인 면을 보이고 있지만, 상면의 구조는 서로 다른 양식을 보이고 있다. 미륵사지석탑은 완만한 경사면을 지닌 낙수면을 구성하고 있는데, 이를 구성하는 석재는 대부분 뒤 뿌리를 길게 조성해 내부에 놓이는 석재들과 물리도록 구축되었다. 이 같은 석재의 치석과 구축 방식을 볼 때 미륵사지석탑의 건립에는 목조건축의 기술력뿐만 아니라 석성의 축조 방법 등 이제껏 구축된 목조건축과 석조건축의 기술력이 모두 동원된 것임을 알 수 있다.[83]

이에 반해 분황사모전석탑의 옥개받침은 1·2층은 6단, 3층은 5단인데, 낙수면 역시 1·2층이 각각 10단이고 3층은 방추형으로 구성되어 있다. 이 같은 옥개석의 양식은 중국 전탑의 영향설을 강하게 뒷받침하는 요인이었다. 옥개석의 상면을 이루는 부재는 장방형의 형태로 하단으로부터 상면으로 갈수록 들여쌓기 수법으로 조성되었다. 따라서 미륵사지석탑에 구현된 낙수면을 갖춘 옥개석과는 분명한 차별성을 보인다. 그렇다면, 분황사모전석탑의 옥개석은 기왕의 견해와 같이 중국 전탑의 영향을 받아 조성된 것일까 하는 의문이 대두될 수 있지만, 이에 대해서는 분황사모전석탑보다 먼저 건립된 숭악사 12각15층전탑(523년), 법왕사 隋塔(602년), 신통사 사문탑(611년)과의 비교를 통해 이들과는 다른 양식이

---

82 梨花女大博物館, 『榮州順興壁畵古墳發掘調査報告書』, 梨花女大出版部, 1984. 文化財研究所, 『順興邑內里壁畵古墳』, 1986, 啓文社. 大邱大學校博物館, 『順興邑內里壁畵古墳發掘調査報告書』, 1995.

83 박경식, 「미륵사지석탑과 수당대 정각형 불탑과의 비교」, 『백산학보』92호, 백산학회, 2012, pp.152-153.

| 미륵사지석탑 초반과 초석 |

| 미륵사지석탑 심주석 초반과 심주석 |

| 미륵사지석탑 초석 상면의 기둥받이 홈 |

었음을 앞서 언급한 바 있다. 따라서 분황사모전석탑에 구현된 옥개석은 석재를 벽돌과 같이 다듬어 건립함으로 인해 등장할 수밖에 없는 필연적인 양식으로 생각한다.[84] 결국 우현선생의 견해와 같이 "廣幅이 적은 재료로서 공간을 넓혀간다든지 좁혀간다든지 또는 塊體를 쌓아 모은다든지 이어 받자면 누구에게나 어느 곳에서나 물리학적 원칙에 의해 나올 수 있는 형식"[85]이라 하겠다. 이상과 같은 관점에서 보면 미륵사지석탑과 분황사모전석탑에 조성된 옥개석의 양식은 재료상의 차이에서 기인하는 것으로 생각된다.

---

84 이희봉 선생은 이에 대해 "중국 전탑과 연관 시키는 주 이유는 다름 아닌 구조방식상 다층구조의 옥개석 상하면의 층단 내밀기 방식, 즉 積出式일 것이다. 이런 층단 내밀기 방식은 조적방식의 구조상 필연적으로 나타나게 되며 인도 스투파의 꼭대기 소위 평두라 불리는 '하미카'에서 거의 예외 없이 나타난다. 즉, 중국의 전탑을 선례로 연관시킬 필요가 전혀 없다"라고 견해를 피력하고 있다. 이희봉, 「신라 분황사 탑의 '模塼石塔 說'에 대한 문제 제기와 고찰」, 『건축역사연구』 20-2, 대한건축학회, 2011, p.42.

85 高裕燮, 『韓國塔婆의 研究』, 乙酉文化社, 1948, p.46.

5) 구조

　석탑에서 구조적으로 가장 중요한 문제는 상부에서 내리 누르는 하중의 분산에 있다. 이 같은 문제는 목탑에서도 존재했겠지만, 재료상에서 확연히 다른 석재로의 변환은 보다 더 정교한 능력을 요구했을 것으로 판단된다. 더불어 이 문제를 해결하기 위해 조탑공들은 기왕에 구축되었던 목조건축술의 기술적인 차용과 더불어 새로운 기법도 고안·개발했을 것으로 판단된다. 물론 중국에서 시작된 기술적인 면에서의 영향을 전적으로 배제할 수는 없다.[86] 하지만, 앞서 살펴본 바와 같이 미륵사지석탑과 분황사 모전석탑은 중국의 불탑과는 구조와 양식적인 면에서 완전히 다른 석탑임을 파악한 바 있다.

　중국을 포함한 7세기에 이르기까지의 불탑은 조적식과 가구식으로 볼 수 있는데, 이 두 개념이 모두 포함된 이원구조체와 이들 중 하나가 최적화되어 표현된 일원구조체계로 구분된다.[87] 이 같은 관점에서 본다면 미륵사지석탑은 조적식과 가구식이 포함된 이원구조체를, 분황사모전석탑은 조적식의 구조를 이루고 있다는 차이점을 찾을 수 있다. 미륵사지석탑의 경우는 해체된 1층 탑신의 구조체에서, 분황사모전석탑은 1층 탑신에 구축된 감실의 외벽과 수리 전 북면의 모습에서 이 같은 양상을 확인할 수 있다.

　미륵사지석탑은 외벽은 잘 치석된 화강암을 사용했다. 그렇지만, 내부를 충적하고 있는 부재는 부정형의 석재를 사용함으로써, 각각의 하중

86　미륵사지석탑의 초석이 초반석과 초석의 2중구조인 점이 "중국 낙양 영녕사 탑지 실심체 내의 3중초석 구조나 북조시대 조팽성 불사 탑지의 승초석 구조와 동일한 것으로 보는 견해도 있다." 국립문화재연구소·전라북도, 『彌勒寺址石塔 기단부 발굴조사 보고서』, 2012, p.221.

87　조은경·박언곤, 「고대 동아시아 불탑 구조체계로 본 미륵사지석탑」, 『건축역사연구』78호, 한국건축역사학회, 2011, p.7.

| 미륵사지석탑 1층탑신 구조체(서쪽에서) | 미륵사지석탑 1층탑신 구조체(동남쪽에서) |

을 받을 수 있는 이원적인 구조체계를 이루고 있다. 2중 기단을 구비하고 있으면서도, 기단의 상면에는 초반과 초석 그리고 이를 연결해 주는 심방석은 물론 민흘림기둥까지 완벽한 목조건축의 벽체를 형성하고 있다. 특히 초반석은 기둥으로 집중되는 수직하중을 효과적으로 지반에 전달하기 위하여 기초의 깊이를 확보하는 하나의 방편으로 사용되었으며, 지반으로부터 올라오는 습기가 초석에 영향을 미치지 않도록 하는 완충재로서의 역할도 수행한 것으로 보고 있다.[88] 이와 더불어 기둥은 초석의 상면에 그대로 놓인 것이 아니라 초석의 상면에 기둥의 규모와 동일하게 홈을 파서 결구했는데, 이러한 방식은 기둥의 이탈을 방지함과 동시에 상부의 하중이 심초석을 통해 지면으로 전달하는 적절한 구조체계이다. 뿐만 아니라 기둥과 벽체를 구성하는 면석들 역시 서로 연결되는 부분에는 홈을 파서 양 부재가 결구되도록 한 구조 역시 석재의 이탈방지는 물론 각각의 부재들 간에 작용하는 장력을 활용할 수 있는 구조라 생각된다.[89] 아울러 기둥과 기둥을 연결하는 창방석과의 결구[90] 및 상면에

---

88 조은경 · 박언곤, 2011, 앞의 글, p.22.

89 이 같은 결구 방식은 신라에 전파되어 의성탑리오층석탑, 감은사지삼층석탑 등 여러 탑에서 확인되고 있다. 뿐만 아니라 고려시대에 건립되는 백제계 석탑에서도 공통적으로 보이는 결구방식이기도 하다.

90 기둥의 상면은 좌 · 우를 파내 T자형으로 가공하여 좌우 측면에 창방석이 결구되고 있다. 국립문화재연구소 · 전라북도, 2011, 앞 책, p.175.

┃미륵사지석탑 1층 탑신 동쪽 구조체┃ ┃미륵사지석탑 1층 탑신 서쪽 구조체┃

┃미륵사지석탑 1층 탑신 남쪽 구조체┃ ┃미륵사지석탑 1층 탑신 북쪽 구조체┃

놓인 평방석, 그리고 중간에 놓인 보조기둥들 역시 외벽 상부의 하중이 분산될 수 있는 원리를 원용한 것으로 판단된다. 이와 더불어 주목해야 할 점은, 각 층을 구분하는 옥개석에서 낙수면을 구성하는 석재는 대부분 뒤 뿌리를 길게 조성해 내부에 놓이는 석재들과 물리도록 구축되었다는 점이다. 이 같은 방식은 옥개석에서 뒤 뿌리를 길게 치석한 석재를 사용함에 따라 이 부재가 낙하되는 것을 방지함과 동시에 옥개석의 상면에 충적된 석재와 서로 맞물려 인장력을 높이는 결과를 가져온 것으로 생각된다.[91] 이 같은 정황을 보며 미륵사지석탑의 외벽은 판축된 지

91 박경식, 「미륵사지석탑과 수·당대 정각형 불탑과의 비교」, 『백산학보』 92호, 백산학회, 2012, p.156. 이와 더불어 이 같은 더불어 이 같은 방식은 석성의 축조에서 면석과 면석의 사이에 길이가 긴 心石을 박음으로써 뒤 채움석과 면석이 서로 맞물리도록 한 방법과 동일한 의도라 생각된다.

● ● ●

반, 심주, 기둥, 면석, 창방과 평방, 옥개석을 구성하는 부재들에 이르기까지 모든 구성 요인들이 상호 상승작용을 일으키며 외벽체에서 발생하는 하중을 분산하고 있음을 알 수 있다. 이에 반해 내부는 별개의 하중분산시스템을 구비하고 있다. 즉, 6층에서부터 1층 탑신에 이르기까지 해체하는 과정에서 드러난 구조체는 외벽과는 별개의 하중 전달체계를 갖추고 있다. 이 같은 체계는 매층 탑신석과 옥개석의 내부를 구성했던 수많은 석재와 더불어 1층 탑신에서 ✚자형의 통로의 4벽체를 구성하는 방형의 적심 구조체로서 이를 통해 미륵사지석탑은 외벽과 내부에서 전달되는 하중을 각각 치리하는 이원구조체로 건립되었음을 알 수 있다. 즉, 1층 탑신의 경우 십자형 통로를 중심으로 4면에 적심체가 구축되었는데, 각 적심체의 입면은 대체로 3단 3열로 구성되어 있다. 통로 쪽은 비교적 큰 석재를 2단으로 축조하고, 통로의 내부 쪽만 치석하고 나머지 면은 자연석을 적당히 가공해 축조했다. 입구 쪽을 제외한 나머지 면은 3~4단으로 조성했는데, 3열의 석재 중 좌·우의 석단은 대형의 석재가 사용되었다. 그럼에도 중간부는 동쪽 면을 제외하면 비교적 부정형의 석재를 사용한 탓에 마치 빈 여백을 채워 넣은 듯한 느낌을 주고 있다. 이 같은 경향은 남쪽면의 구조체에서 두드러지게 확인되고 있다. 뿐만 아니라 3단 3열의 석재를 구축함에 하중을 받기에 용이한 品자형을 축조한 것이 아니라 일자형으로 쌓아 틈새가 벌어질 수밖에 없는 구조를 이루고 있다. 이에 반해 북쪽면 좌측의 구조체만은 2단열에 장방형의 대형 석재를 놓아 비교적 안정적인 구조를 보이고 있다. 이 같은 상황을 보면 통로를 중심으로 네 곳에 구축된 적심체는 각각 독립적인 구조체로 판단되는데, 이는 통로의 상면에 놓였던 평천장과 내부에 충적된 적심석 등과 상호 유기적인 영향을 주고받았던 것으로 판단된다.[92] 한편, 북쪽면

---

92 이에 대해 목조건축의 사천주와 같은 역할을 했을 것으로 보는 견해가 있다. 국립문화재연구소·전라북도, 2011, 앞 책, p.188.

좌측의 구조체를 제외한 적심체의 구축방법을 볼 때 붕괴되기에 가장 쉬운 축조방법이 사용되고 있어[93] "석탑이 중심에서 바깥쪽으로 갈수록 기울어져 있다"는 보고서의 내용을 뒷받침한다.[94] 이런 맥락에서 볼 때, 과연 확인된 구조체의 모습이 건립 당시의 양상이었을까? 하는 의문이 제기된다. 중심에 놓인 심주석은 1층에서 4층 중간까지 총 17개가 수직으로 연속되어 있었고, 구조적으로 적심에서

┃ 미륵사지석탑 찰주 받침석 ┃

독립된 형식이었다(199p 도면 참조).[95] 따라서 미륵사지석탑의 심주석은 상부의 하중과는 무관한 구조체였음을 알 수 있는데, 가장 상면에서 확인된 부재에 직경 351~384mm, 깊이 95mm의 홈이 있어 찰주공으로 추정되고 있다.[96] 따라서 석탑에서 확인되는 심주석은 목조건축과는 달리 찰주를 받기위한 구조체로 판단된다. 이상과 같은 해체 상황을 보면 미륵사지석탑은 외벽과 내부의 하중 전달체계가 이원화된 구조를 지니고 있음을 알 수 있다. 즉, 내부는 ✚자형의 통로를 중심으로 1층 탑신에 구축된 적석구조체가 총체적인 하중을 받아내는 구조를 이루고 있다. 반면, 외벽은 판축된 지반, 심주, 기둥, 면석, 창방과 평방, 옥개석을 구성하는 부재들에 이르기까지 모든 구성 요인들이 상호 상승작용을 일으키며 외벽체에서 발생하는 하중을 분산시키고 있음을 알 수 있다. 이 같은 구조

93 이 같은 축조 방법은 일단 균열이 시작되면 계속 진행될 수밖에 없는 구조이다. 때문에 석재를 중첩해 축조하는 석축이나 성벽 등에서는 品자형으로 축조하는 것이 보편적인 방식이다. 미륵사지석탑과 같이 헤아릴 수 없을 만큼의 많은 적심석이 사용된 석탑의 가장 하부 적석부가 이같이 축조되었다는 사실이 이해되지 않는 측면이 있다.

94 국립문화재연구소·전라북도, 2011, 앞 책, p.187.

95 국립문화재연구소·전라북도, 2011, 위 책, p.188.

96 위의 책, 표3-17. 석탑에서 수습한 심주석 현황 참조.

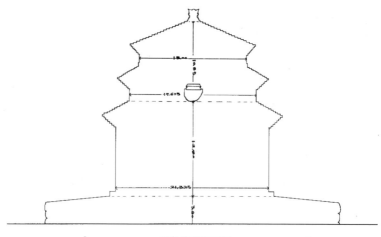

분황사석탑단면도
朝鮮總督府, 『朝鮮古蹟圖譜』 제3책, 1916에서 전재

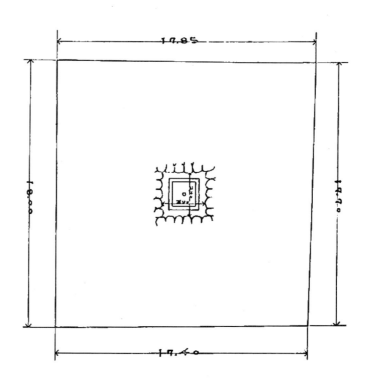

분황사석탑제2층평면도
朝鮮總督府, 『朝鮮古蹟圖譜』 제3책, 1916에서 전재

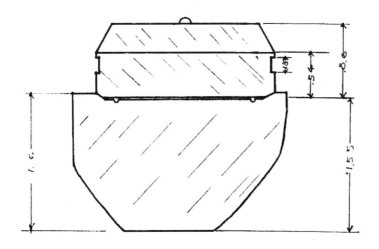

분황사석탑내발견석함도면
朝鮮總督府, 『朝鮮古蹟圖譜』 제3책, 1916에서 전재

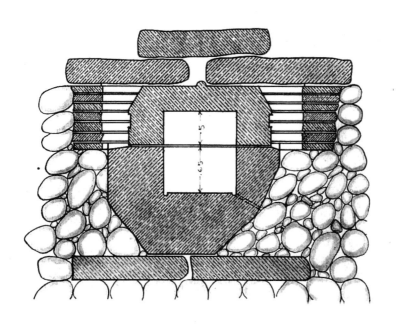

분황사석탑내발견석함
朝鮮總督府, 『朝鮮古蹟圖譜』 제3책, 1916에서 전재

251

분황사석탑 내 발견 석함
朝鮮總督府, 『朝鮮古蹟圖譜』 제3책, 1916에서 전재

분황사석탑 내 발견 석함(분리)
朝鮮總督府, 『朝鮮古蹟圖譜』 제3책, 1916에서 전재

는 목재에서 석재로 변환되는 과정에서 하중의 분산을 심사숙고했던 당시 조탑공들의 지혜이자, 백제 건축 기술의 정수라 생각된다.[97]

분황사모전석탑은 해체·수리한 과정에 대한 기록과 도면이 없어 적심시설을 확인할 방법이 없다. 그러나 감실 내부의 안쪽 벽면을 보면 여러 단 축조한 대형 자연석을 볼 수 있는데, 이 같은 현상이 네 벽면 모두에 적용됨을 보아 사각형의 입방체가 축조되어 있음을 알 수 있다. 이 같은 구조가 몇 층까지 계속되고 있는지 확인할 수 없지만, 『조선고적도보』에 수록된 사리장엄 관련 도면을 보면 장엄구 주변에서 자연석과 치석된 모전석이 확인되는 데다, 사리장엄구가 석탑의 중앙부에서 확인되므로 상층까지 연속되었을 것으로 추정된다. 뿐만 아니라 2층 탑신 평면도에 표현된 사리장엄과 주변에 석재가 표현된 점을 볼 때 최소한 2층까

97 이에 대해 "미륵사지석탑은 석재라는 재료를 사용하였기 때문에 외부에 구성되는 층수와 높이만큼 내부 구조체를 형성할 수 있었다는 점에서 재료의 전환을 통한 구조체계의 실현이 가능하였다고 판단된다. 이러한 구조체계는 절대높이 내에서 가능한 한 다층, 즉 9층이라는 층수를 표현하기 위해 선택되었으며 이러한 층수의 표현은 미륵사지 중원 탑보다는 전체 높이가 낮아짐에도 불구하고 동일한 층수를 표현하기 위한 조영 의식이 반영된 것으로 판단된다."는 견해도 발표된 바 있다. 조은경·박언곤, 2011, 앞의 글, p.26.

분황사석탑서면 및 북면(수축전)
朝鮮總督府, 『朝鮮古蹟圖譜』 제3책, 1916에서 선새

지는 연속되었을 것으로 판단된다. 이 같은 정황을 보면 분황사모전석탑의 중앙부에는 사면체의 적심구조가 존재하는 것으로 판단된다. 아울러 초층 탑신의 각 면에 설치된 감실의 좌우에는 미륵사지석탑에서와 같이 사방에 하중을 받을 수 있는 적심체가 마련되었을 것으로 보인다. 이는 『조선고적도보』에 수록된 해체 전 사진에 앞으로 기울어진 인왕상을 나무로 지탱하고 있는데, 주변에 무너진 부재의 정황을 보면 내부에까지 석재가 가득 채워져 있음을 알 수 있다. 이처럼 도면과 수리 전의 사진을 볼 때 분황사모전석탑은 중앙에 자연석으로 축조된 방형의 석조 심주가 조성되고, 사방에 개설된 감실의 좌우에 미륵사지석탑에서와 같은 적심체가 구축되었을 것으로 생각된다. 따라서 미륵사지석탑과는 달리 내·외부가 모두 동일한 석재로 구축된 조적식 구조였음이 분명하다. 이 같은 양상을 볼 때 분황사모전석탑은 내부에 실심체가 있는 중국의 불탑[98]과는 완전히 다른 양식으로 건립되었음을 알 수 있다. 그런데, 이 같은 정황은 일제강점기의 수리 전과 후의 양식을 비교한 것에 불과해 초층 탑신 내부의 원형에 대해서는 더 이상의 추론이 불가능하다. 물론 산동성 신통사 사문탑의 경우를 상정할 수 있지만, 이 석탑의 경우는 사방을 일주할 수 있는 통로가 개설되어 있다. 그러나 분황사모전석탑은 사방이 감실형의 구조이고, 9층으로 건립된 탓에 사문탑과는 별개의 양식으로 건립된 석탑으로 판단된다.[99]

이상에서 살펴 본 바와 같이 미륵사지 석탑(639년. 백제 무왕 40년)과 분황사모전석탑(634년. 신라 선덕여왕 3년)은 비슷한 시기에 건립되었지만, 양식과 기술력에서 공통적인 면 보다는 차이점이 두드러지게 나타남

98 중국의 초기 불탑에서 실심체가 확인된 경우는 영녕사 목탑지, 방산 사원사탑지, 조팽성 불사 탑지 등에서 확인된 바 있다. 조은경, 「미륵사지석탑의 목구조 표현과 해석」, 『대한건축학회논문집』 통권 266호, 2010. p.193.

99 박경식, 2013, 「분황사모전석탑의 양식 기원에 대한 고찰」, 『신라문화』 41집, 동국대학교 신라문화연구소, pp.176~179.

을 확인할 수 있었다. 이 같은 면면은 조성재료에 있어 화강암과 안산암이라는 점, 석재를 판석형과 모전 석재로 가공해 사용한 점, 기술력에서 이원구조체와 조적식이라는 차이가 빚어낸 결과로 판단된다. 이를 보면 백제와 신라는 최초의 석탑을 건립하면서 목조건축의 재현이라는 공통된 인식하에 서로 다른 기술력이 도입되었음을 알 수 있다.

IV
후대 석탑 건립에 끼친 영향

앞 장에서도 언급한 바와 같이 미륵사지석탑과 분황사모전석탑은 백제와 신라에서 최초로 건립된 석탑이면서, 각각 1기씩만 현존하고 있다. 다시 말하자면, 이 두 탑은 백제와 신라에서 각각 축조된 이래 두 번 다시 같은 양식의 탑이 건립되지 않은 유일한 석탑이다. 따라서 이들 석탑의 건립에 적용되었딘 다양한 기술력은 비록 초기적인 수법이었을지언정 그간 목조건축에서 축적된 모든 기술력의 집약체라 할 수 있다. 뿐만 아니라 이들에서 확인되는 양식과 기술력은 목조건축의 충실한 재현에 집중된 시원적인 성격을 띤다. 이로 인해 두 기의 석탑에서 확인되는 양식과 기술력은 통일신라는 물론 조선시대에 이르기까지 건립된 석탑의 양식과 기술력의 근간을 이루고 있다. 이 같은 양상은 이후 건립되는 석탑들이 이들 두 탑으로부터 발전되어 나가는 실재적인 양상 내지 궤적을 살필 수 있어 더욱 그러하다. 결국 한국 석탑의 양식과 기술력은 두 기의 석탑에서 비롯된 것임을 알 수 있는데, 양 석탑에서 구현된 양식과 석재를 처리한 다양한 방법들은 그대로 소멸된 것이 아니라 이후 건립된 여러 석탑에서 그 흔적들이 계승되고 있다. 따라서 양 석탑은 초기적인 양식을 구현하고 있다는 점에서도 그러하지만, 한국 석탑에서 이룩한 기술사적 측면에서도 중요한 의미를 지니고 있다고 할 수 있다. 본 장에서는 이 같은 점에 착안해 미륵사지석탑과 분황사모전석탑에서 확인되는 초기적인 양식이 후대에 건립된 석탑에 양식과 기술적인 면에서 어떻게 계승되고 발전되어 나가는가에 대해 살펴보고자 한다.

1. 미륵사지석탑

미륵사지석탑은 한국 최초로 건립된 석탑이라는 명칭에 걸맞게 많은 부분에서 초기적인 양식을 내포하고 있다. 더욱이 목조건축을 최초로 번안해 석재로 건축한 탓에 이에 내재되어 있는 목조건축의 양식은 당시 건축술의 수준을 엿볼 수 있게 한다. 물론 신라 역시 백제와 더불어 한국 석탑의 典型樣式을 이룩했다. 하지만, 신라석탑에 구현된 건축술에서부터 세부 양식에 이르기까지 대부분의 면모를 미륵사지석탑에서 찾을 수 있기에,[1] 석탑에 구현된 초기 양식의 특징을 미륵사지석탑에서 구함이 당연한 이치라 생각된다. 이 석탑은 통일신라시대에 건립된 석탑은 물론 고려시대에 이르러 백제의 옛 영토에서 건립되는 소위 "백제계 석탑"의 건립에도 지대한 영향을 주었다.[2] 따라서 미륵사지석탑에 구현된 초기적인 양식과 후대 석탑에 계승된 기술적인 요소에 대한 고찰은 한국 석탑의 발전사에 있어 중요한 의미가 있다고 생각된다. 미륵사지석탑에 구현된 양식과 기술력이 석조문화재의 발전과 후대 석탑에 미친 다양한 영향을 정리해 보면 다음과 같다.

---

1 일찍이 김정기 선생은 신라계 석탑의 양식에 선행되는 祖形석탑으로 본 견해도 발표된 바 있다. 김정기, 「전형양식의 석탑과 미륵사지석탑」, 『마한백제』1, 원광대학교 마한백제문화연구소, 1975. 이후 통일신라시대의 석탑에서 검출되는 양식 중 일부에서 그 근원이 백제석탑에 있음을 규명한 논고도 발표되었다. 박홍국, 「경주지역의 옥개석 귀마루 조식 석탑 연구」, 『경주사학』19, 경주사학회, 2000. 「경주 안강읍 정혜사지 석탑의 특이점에 대하여」, 『불교고고학』4, 위덕대학교 박물관, 2004 및 엄기표, 「백제석탑의 선후에 대한 고찰」, 『문화사학』16, 한국문화사학회, 2001 등이 대표적이다.

2 백제계 석탑에 연구 성과에 대해서는 머리말에서 이미 기술한 바 있다.

1) 석조문화재의 발전

미륵사지석탑은 익히 알려진 바와 같이 석탑의 발전에만 영향을 미친 것이 아니다. 이 석탑의 건립은 바로 목재 및 다양한 재료로 조성되는 불교미술에 지대한 영향을 주었다. 즉, 그 어떠한 재질로 조성된 조형물이라 할지라도 내구성과 화재라는 상황에 접했을 때 영속성을 담보할 수 없었다. 이로 인해 새로운 재료의 선택이라는 문제에 직면했을 때 백제의 석공들은 주변에 산재하면서 영속성을 보장받을 수 있는 소재로 화강암을 선택하게 된 것으로 판단된다. 이는 석공들이 우연한 기회에 착안한 것인지, 고뇌의 산물인지는 알 수 없지만 이로 인해 한국의 불교문화는 비약적인 발전을 이룩하게 된다. 즉, 미륵사지석탑의 건립은 향후 석불, 석등, 승탑, 비석에 이르기까지 다양한 조형물이 건립될 수 있는 전기를 마련했다. "석탑의 나라"로 불리 울 만큼 수많은 석탑이 건립됨은 물론 다양한 석조문화재가 조성되어 "석조문화"의 나라로 탈바꿈하는 발판을 구축했다. 궁극적으로 이처럼 석재를 이용해 종교적인 문화를 창출하는 것은 비단 한국에만 국한된 것은 아니다. 지금도 그리스와 로마에서 이룩한 석조문화가 전해져, 당시의 화려했던 문화의 일단을 보여주고 있다. 이를 통해 서양문명의 고전기에도 석재라는 소재를 택해 다양한 조형물을 조성했음과 더불어 이를 통해 그들의 문화적 능력을 발현했음을 알 수 있다. 따라서 미륵사지석탑의 건립은 바로 한국이 세계적인 문화의 조류에 편승하게 된 계기를 마련했고, 이에서 축적된 다양한 기술력과 능력은 바로 한국 석조문화의 중심에 있게 한 동력이라 생각된다. 미륵사지 석탑이 한국 석조문화재의 발전에 미친 영향을 정리해 보면 다음과 같다.

첫째, 기존의 목탑을 대체할 재료로 석재를 채용했고, 향후 한국 석탑은 물론 다양한 장르의 조형물이 건립될 수 있는 바탕이 마련되었다.

7세기 전반에 이르러 기존의 목탑이 지닌 여러 문제들이 본격적으로 나타남에 따라[3] 백제와 신라는 본격적으로 이를 해결하기 위한 노력을 했을 것으로 추론된다. 이때 목재 일변도로 건립되었을 탑의 소재로 화강암을 채택한 국가는 백제이다.[4] 석재는 탑이 지닌 다양한 종교적인 속성 중 永續性이라는 명제를 해결하기에 최적의 소재였다. 이 같은 발상은 단순히 백제인의 문화의식만을 보여주는 것은 아니다. 왜냐하면 한국의 문화에서 석재가 차지하는 비중은 이미 청동기시대로부터 시작되고 있기 때문이다. 당시 사람들은 수 톤에서 수십 톤에 이르는 석재를 이용해 지석묘를 축조하고 있음은 주지의 사실이다. 이 같은 기술력이 역사시대로 전승되면서 삼국은 공히 석성 축조와 더불어 수많은 무덤을 석재로 구축하고 있다. 특히 고구려에서 발휘된 성곽을 쌓는 기술력과 돌방무덤을 축조하는 기술력은 바로 백제와 신라로 전해졌음도 주지의 사실이다. 백제는 고구려에서 전래된 기술력과 그들 나름대로 축적한 문화적 역량을

| 설봉산성 성벽 |

---

3 목탑이 지닌 문제는 내구성이 약한 탓에 자주 수리를 해야 한다는 점, 화재에 취약하다는 점 등이다.

4 중국에서는 7세기 전반에도 화강암으로는 탑을 조성하지 않았다. 물론 북위시대와 북제 북량시대에 건립된 소형의 석탑들이 있지만, 이들은 대부분 응회암으로 조성된 특성을 지니고 있다. 뿐만 아니라 신라 역시 화강암을 건탑의 소재로 채택하는 것은 7세기 후반에 건립되는 탑리오층석탑에서 처음으로 시도되기 때문이다.

| 정림사지오층석탑 | | 의성 탑리오층석탑 | | 감은사지 동·서삼층석탑 |

바탕으로 늦어도 4세기 전반에는 대규모의 서성을 축조할 정도로 석재를 이용해 조형물을 이룩할 수 있는 능력을 확보하고 있었다.[5] 결국 청동기 시대 이래 축적된 기술력과 전쟁 경험을 통해 체득한 석재에 대한 믿음과 자신감은 그대로 탑의 건립에 채용되어 동아시아에서 전무후무한 미륵사지석탑을 완성하는 쾌거를 이룩해냈다. 미륵사지석탑에서 채택된 화강암은 정림사지오층석탑, 의성 탑리오층석탑, 감은사지 동·서삼층석탑을 거쳐 불국사 삼층석탑에 이르러 석재의 채취로 부터 가공 및 조립에 이르는 전 과정이 절정에 도달하게 된다. 이 같은 기술력의 완성은 고려와 조선시대로 계승되면서 '한국의 석탑' 하면 곧 '화강암'이라는 석재가 수식어로 떠오르는 계기가 마련되었다. 뿐만 아니라 목재에서 석재로의 발상 전환은 불상 분야로 파급되어 그간 금동불 일변도의 불상 조성에서 석불을 조성하게 된 轉機를 마련했다. 이로 인해 7세기 작으로 추정되는 미륵사지 인근의 연동리 석불좌상을 비롯해 정읍 보화리 석불입상, 예산 화전리 사방석불 등을 조성했다. 뿐만 아니라 신라에서도 경주 남산 삼화령 미륵삼존, 경주 남산 배리 삼존석불, 경주 남산 불곡 석조여래좌상 등의 석불을 조성할 수 있는 밑바탕을 마련했고, 석굴암 본

---

5 단국대학교 매장문화재연구소,『이천 설봉산성 2차 발굴조사보고서』, 2001.

┃ 불국사 삼층석탑 ┃

┃ 익산 연동리 석불좌상 ┃

┃ 정읍 보화리 석불입상 ┃

┃ 예산 화전리 사방석불 ┃

▌경주 남산 삼화령 미륵세존(본존) ▌　　　　▌경주 배리 석불입상 ▌

▌경주 남산 불곡 석조여래좌상 ▌

▮ 석굴암 본존불 ▮

▮ 복원된 미륵사지 석등(국립전주박물관) ▮

▮ 불국사 대웅전 앞 석등 ▮

| 법주사 쌍사자석등 | | 임실 용암리사지 석등 |

존불에 이르러 화강암제 석불이 만개할 수 있는 초석을 다졌다. 게다가 미륵사지에서 처음으로 조성된 석등 역시 통일신라시대에 이르러 평면 팔각을 기본으로 하는 팔각형 석등, 쌍사자 석등, 고복형 석등의 다양한 양식으로 발전할 수 있는 바탕을 조성했다. 이 같은 면면은 결국 한국 불교문화에서 석조문화재 건립의 효시가 미륵사지석탑임을 부인할 수 없게 한다. 미륵사지석탑이 건립되던 당시 중국에서 사문탑이 석재로 조성되었지만, 양 석탑은 양식과 기술적인 면에서 완전히 다른 유형임을 언급한 바 있다. 게다가 중국에서의 석탑은 대부분이 8세기에 들어서면서 건립되었다는 점에서 분명한 시간적 격차가 인정된다. 그 결과 중국이나 일본에 대비해 "한국은 석탑의 나라"라는 별칭에 걸맞게 헤아릴 수 없을 만큼의 많은 석조문화재를 보유하게 되었다. 이 같은 밑바탕에는 불탑의 재질을 목재에서 석재로 바꾼 발상의 전환과 이를 실현시킨 기술적 역량의 집결체인 미륵사지석탑이 자리한다.

　둘째, 석재의 채취에서부터 이를 치석해 건축구조물을 완성할 수 있는 기술력의 초석이 확립되었다.

미륵사지석탑이 건립되기 이전 삼
국시대에 건립되던 탑의 중심은 목탑
이었다. 나무로 건축물을 건립하는 것
은 주거지를 마련하는 것으로부터 사
찰 그리고 궁전에 이르기까지 어찌 보
면 인간의 삶에 가장 기본적인 요소를
충족시키기 위한 기본적인 틀이었다.
그러기에 목탑을 건립하는 데 있어서
는 그간 축적된 기술력이 있기에 큰
문제로 대두되지는 않았을 것으로 판
단된다. 그러나 소재가 석재로 바뀌는
순간 백제의 장인들은 지금으로서는
상상하기 어려운 문제에 봉착했을 것
으로 추정된다. 왜냐하면 나무와 돌이
지닌 현저한 무게의 차이는 이제껏 축
적되었던 목조건축의 기술력을 완전
히 뒤바꿔야 할 상황을 초래했기 때문

┃ 北京 云居寺 太極元年銘 石塔(712년) ┃

이다. 巖塊에서 필요한 만큼의 석재를 채취해서, 운반하고 치석하는 것
은 그렇다 치더라도 당장 이를 쌓아 올리는 문제는 무척 어려운 과제였
을 것으로 생각된다. 높이 올라갈수록 어떻게 석재를 운반하고 조립할
것인가? 석재가 높이 쌓일수록 가중되는 하중을 분산시키기 위해서는
어떤 방법을 사용해야 할까? 등등 당시 석공들이 당면한 과제는 기존의
경험에 토대하여 쉽게 해결할 수 있는 성질의 문제는 아니었을 것이다.
그러나 당시의 장인들은 지반의 구축에서부터 석재의 조립에 이르기까
지 발생할 수 있는 온갖 난관을 극복하고 미륵사지에 2기의 석탑을 건립
했다. 더욱이 현존하는 서탑의 경우 하층기단의 너비가 12.5m, 6층까지

의 높이가 14.2m인 점과 전체 무게가 2,071톤에 이르고, 기단부가 받아내야할 탑신부의 무게는 1,883톤에 달하며,[6] 지반은 1㎡당 8,960톤의 하중을 받고 있음이 밝혀진바 있다.[7] 이 같은 상황을 고려해 보면 당시 백제인들이 지녔던 토목공학적인 지식과 석재를 층층이 쌓아올릴 수 있는 기술, 그리고 하중을 계산할 수 있는 수학적인 능력은 우리의 상식을 뛰어넘는 것임을 알 수 있다. 목탑에서 석탑으로의 첫 전환 시도가 중간적인 실험단계도 거치지 않고 단 한 번에 완성되었음이 그저 놀라울 따름이다. 이처럼 미륵사지석탑을 건립하면서 체득한 기술력은 단절되지 않고 정림사지 오층석탑으로 이어지고, 이내 신라로 전파되어 통일신라로 계승되어 석가탑이라는 한국 석탑의 정형을 만들어 내는데 초석이 되었다. 뿐만 아니라 석불과 석등은 물론 석조부도와 석비 등 실로 다양한 유형의 자산을 건립할 수 있는 기반을 조성했다.

2) 삼국 및 통일신라시대의 석탑

신라 석탑은 시원기→전형기→정형기를 거치면 발전해 왔음은 주지의 사실이다. 이 같은 단계설정은 주로 양식 발전에 의해 성립한 것이지만, 한편으로는 이에 따른 기술적인 문제가 해결되고 있음을 알려주는 것으로 판단된다. 이 같은 양상은 신라 석탑의 전개와 발전과정에서 모두 확인되고 있는데, 이는 미륵사지 석탑에 기반을 두고 있는 것으로 판단된다. 신라 및 통일신라시대의 석탑에 전승된 미륵사지 석탑의 양식과 기술력을 정리해 보면 다음과 같다.

6   전라북도, 『익산미륵사지 서탑 실측 밑 동탑 복원 설계보고서』, 1979, p.29.
7   원광대학교 마한백제문화연구소, 「서탑 기초조사보고서」, 『마한백제문화』창간호, 1975, p. 29. 그렇지만, 이 보고서 작성 시에는 서탑을 7층으로 추정하고 내린 결론이기에, 동탑이 9층으로 복원된 점을 고려할 때 이 수치는 증가될 가능성이 농후한 것으로 생각된다.

첫째, 미륵사지석탑은 가구식과 조적식이 혼합된 이원구조체[8]로 건립되었는데, 이후 이 기술력은 한국 석탑의 근간을 이루는 주요한 공법으로 채택되고 있다.

미륵사지석탑은 외벽을 이루는 부재에서는 가구식이, 석탑의 내부구조는 조적식으로 건립되었다. 이 같은 방법은 거대한 탑을 석재로 건립할 때 필연적으로 대두될 하중의 분산이라는 측면에서 가장 적절한 공법이었다. 즉, 석탑의 외면과 내부에서 발생하는 하중 분산 문제를 말끔히 해결함과 동시에 시각적으로는 웅장하면서도 외관으로는 미려한 석조건축물을 완성했다. 이처럼 미륵사지석탑에 적용된 이원적 구조체계 중 내부에 적용된 조적식구조체는 중국에서 목탑에 적용된 다양한 유형의 실심체와는 완전히 다른 구조체였다.[9] 따라서 앞서 언급했던 미륵사지석탑이 지닌 석재의 무게와 이를 지탱하기 위한 하중의 분산에 따른 문제 등을 고려할 때 순수 석재만으로 구축된 내부 구조체는 동아시아 불탑에서 최초로 시도된 조적식 구조라 할 수 있다.[10] 이처럼 미륵사지석탑에서 시도된 이원적 구조체는 신라 및 통일신라시대 석탑의 근간을 이루는 기술력으로 자리 잡았다. 이는 미륵사지석탑의 기술력이 그만큼 우수했음을 입

---

8 조은경·박언곤, 「고대 동아시아 불탑 구조체계로 본 미륵사지석탑」, 『건축역사연구』78호, 한국건축역사학회, 2011, p.7.

9 물론 중국의 초기 불탑인 영녕사 목탑, 방산 사원사 탑지, 조팽성 불사 탑지에서는 불탑의 내부를 지탱해 주던 실심체가 확인된 바 있어 이들 역시 이원적 구조체계를 지닌 것으로 판단된다. 그렇지만, 영녕사 목탑은 흙과 나무로, 방산 사원사 탑지는 현무암과 삼합토층, 조팽성 불사탑지에서는 항토층과 난석층으로 구축된 것으로 보고 있다. 조은경, 「미륵사지 서탑의 목구조 표현과 해석」, 『대한건축학회 논문집』 통권 제255호, 2010, p.193.

10 만약 앞서 건립된 중국 목탑의 실심체와 같이 미륵사지석탑에서 적용되었다면, 이 석탑의 기단부가 받아야할 할 탑신부의 무게가 1,883톤인 점에서 그러하다는 것이다. 따라서 미륵사지석탑의 건립을 주도했던 백제의 장인들은 중국에서 시행된 다양한 실심체 수법을 그대로 적용한 것이 아니라 석재만으로 변화시켜 석탑에 적용한 것으로 판단된다.

증하는 것일 뿐만 아니라, 한국 석탑의 정형을 완성했던 통일신라석탑에서도 그대로 계승될 수밖에 없는 구조였다. 결국 통일신라시대 석탑의 저변에는 미륵사지석탑의 기술력이 그대로 적용되고 있음을 알 수 있다.

분황사모전석탑을 필두로 의성 탑리오층석탑을 거쳐 감은사지 동 · 서삼층석탑에서 정립된 신라석탑은 8세기에 이르러 불국사 삼층석탑에서 양식적인 완성을 이룩하게 된다. 이 같은 양식 발전의 이면에는 기술적인 측면의 발전도 그 궤를 함께 한다. 다시 말해, 불교의 발전과 이에 상응하는 석탑 양식의 정립은 바로 건탑 기술이 뒷받침되었을 때 비로소 절정에 이를 수 있음을 의미하는 것이다.

탑리오층석탑의 건립에서 불국사 삼층석탑으로 이어지는 양식의 계보가 완성되는 동안 조탑공들에게 주어진 과제는 바로 목조건축양식에 충실하면서도 최소의 시간과 경비로 증가하는 사찰의 석탑 수요에 부응하는 것이었을 것이다. 그로인해 시간이 흐를수록 석탑에 사용된 석재의 수가 감소하는 추세를 보이고 있다. 필자는 이 같은 측면에 착안해 전형기에서 정형기에 이르는 동안 사용된 석재의 수가 82매(Ⅰ群) → 30매 내외(Ⅱ群) → 22매(Ⅲ群) 내외의 3그룹으로 구분되고, 이러한 감소 추세를 신라 건탑 기술의 발전적인 측면으로 구명한 바 있다.[11] 이후 미륵사지석탑이 해체되었고, 이어 감은사지 동삼층석탑과 나원리오층석탑을 비롯한 여러 신라석탑들이 해체 · 수리되었다. 더불어 국립문화재연구소에 의해 많은 석탑들의 실측도면이 완성되어 과거보다는 좀 더 풍부한 자료를 토대로 보다 진전된 측면에서 신라석탑의 기술사적 발전에 대해 연구할 수 있는 발판이 구축되었다.[12] 이 같은 성과를 바탕으로 볼 때 가

11 박경식,「신라 典型 · 定形期 석탑의 비교」,『문화사학』22호, 한국문화사학회, 2004, p.123.

12 해체된 신라석탑을 통해 가장 먼저 기술사적인 면에서 주목한 연구는 정해두 · 장석하,「석탑 기단부 적심 구성방법에 대한 특성 고찰: 7~8세기 석탑 중 해체 수리한 석탑을 중심으로」,『건축역사연구』통권 54호, 한국건축역사학회, 2007, pp.55-65; 남시진,「감은사지 삼층석탑 석탑 구조에 관한 연구」,『건축역사연구』통권 58호, 한

장 주목되는 것은 신라석탑에서도 미륵사지석탑에서 적용된 가구식과 조적식이 혼합된 이원구조체가 그대로 적용되었다는 점이다. 이 같은 기술은 거대한 탑을 석재로 건립할 때 필연적으로 대두될 하중의 분산이라는 측면에서 가장 적절한 공법이었다. 이로 인해 신라석탑 역시 미륵사지석탑에서처럼 내·외부에서 발생하는 하중의 문제를 말끔히 해결함과 동시에 시각적으로는 웅장하면서도 미려한 석조건축물을 완성했다. 이처럼 백제 미륵사지석탑에서 시작된 이원구조체의 방식은 시원기로부터 정형기에 이르기까지 건립된 신라석탑에 그대로 전승되고 있다. 이를 신라석탑의 발전단계로 구분해 고찰하면 다음과 같다.

(1) 시원 및 전형기 석탑

미륵사지석탑의 이원구조체는 신라 시원기 석탑인 탑리오층석탑에서 계승되었고, 이어 전형기에 건립된 감은사지 동·서삼층석탑과 고선사지 삼층석탑에서도 그대로 적용되었다. 먼저 이들 3기 석탑의 규모를 정리해 보면 다음과 같다.

표-1. 신라 시원 및 전형기 석탑 제원표(단위:mm)[13]

석탑명	기단부 높이(A)	탑신부 높이(B)	A + B	사용 석재
의성 탑리오층석탑	1,129	8,507	9,636	
감은사지 동삼층석탑	2,600	6,900	9,500	82매
감은사지 서삼층석탑	2,600	6,900	9,500	82매
고선사지 삼층석탑	2,496	7,306	9,802	84매[14]

위의 표를 보면 단층기단으로 조성된 탑리오층석탑을 제외하면 기단

국건축역사학회, 2008, pp.7~21이 있다.

13 국립문화재연구소, 『경상북도의 석탑』 I 및 IV, 2007 및 2012 참조.

14 감은사지 동·서삼층석탑과 고선사지 삼층석탑에서 사용된 석재의 수는 전자의 석탑을 기준으로 볼 때 모두 82매가 사용되었다. 고선사지 삼층석탑의 부재수가 84매로 기록한 것은 복발과 앙화석을 포함한 수치임을 밝힌다.

부의 높이가 2.5*m* 이상이고, 탑신부 역시 7~8*m*에 달하는 규모를 지니고 있다. 석탑의 전체 높이는 상륜부를 제외해도 10*m*에 육박하고 있어 비록 미륵사지석탑의 잔존 높이인 14.24*m*에는 미치지 못하지만, 기단부의 규모가 축소된 점을 감안해 볼 때 석탑의 높이는 상당한 규모임을 알 수 있다. 더욱이 건탑에 80여 장의 석재가 사용되었음을 볼 때 초기 석탑의 양상인 목조건축의 재현에 충실했음이 파악된다. 그렇지만, 높이 10*m*에 이르는 석탑의 건립에 많은 수의 석재가 사용된 측면은 건탑의 기술력이 아직 완성 단계에 접어들지 못했음을 노정하는 대목이기도 하다. 이 같은 면을 보면 당시 조탑공들에게 있어서도 미륵사지석탑을 건립했던 백제의 경우처럼 상부로부터 전달되는 하중을 분산시키는 문제가 선결 과제였을 것이라 생각된다. 이런 까닭에 신라의 조탑공들은 문제 해결의 단서를 자연스럽게 미륵사지석탑에서 찾았을 것으로 보인다.[15] 실제로 상기한 4기의 석탑은 모두 기단부로부터 탑신부에 이르기까지 전체적인 면에서 이원구조체 공법이 적용되고 있어 이러한 추정을 뒷받침해준다. 즉, 미륵사지석탑에서와 같이 시원 및 전형기 석탑에서의 하중은 외부와 내부에서 각각 분산되는 구조를 이루고 있음을 실측도면과 해체 수리 보고서에서 확인할 수 있다.[16]

---

15 미륵사지석탑(639년)과 감은사지 동·서삼층석탑(682년)이 건립된 7세기경 중국에서는 이 같은 규모의 석탑이 건립되지 않고 있다. 뿐만 아니라 탑리오층석탑과 감은사지삼층석탑의 건탑이 삼국 통일을 전후한 시기라는 점을 감안해 볼 때 이들 석탑의 건립에 백제 조탑공과의 합작이 이루어졌을 가능성 또한 배제할 수 없다. 이 같은 견해는 한정호 선생에 의해 제기된 바 있다. 한정호, 「감은사지 삼층석탑 창건과정과 意匠計劃에 대한 연구」, 『미술사학연구』 253호, 한국미술사학회, 2007, pp.10-11.

16 國立博物館, 『感恩寺址發掘調査報告書』, 1961, 文化財管理局, 慶州史蹟管理事務所 『高仙寺址發掘調査報告書』, 1977. 경주시·(재)계림문화재연구원, 『경주 감은사지 동삼층석탑 해체수리보고서』, 2011. 이와 더불어 탑리오층석탑은 현재 부분적으로 해체 수리가 진행 중에 있어 이원구조체로 건탑되었음이 확인되고 있다. 현재 조사가 진행 중인 관계로 보다 정확한 상황에 대해서는 보고서 간행 이후로 미루는

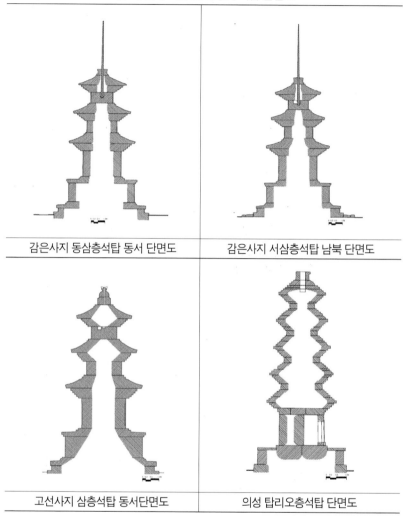

도면-1. 신라 시원 및 전형기 석탑 단면도[17]

감은사지 동삼층석탑 동서 단면도	감은사지 서삼층석탑 남북 단면도
고선사지 삼층석탑 동서단면도	의성 탑리오층석탑 단면도

앞의 표에서 제시된 도면을 보면 4기의 석탑은 모두 외벽체를 이루는 부재와 내부의 적심이 각각 독립적인 구조로 건립되어 있음을 알 수

것이 학문적인 도리라 생각되어 상세한 기술을 피하고자 한다.

17 본 도면은 주 17에 제시된 보고서 및 국립문화재연구소, 『경상북도의 석탑』Ⅰ, 2007 에서 발췌한 것임을 밝힌다.

| 감은사지 동삼층석탑 하층기단 적심부 |

| 감은사지 동삼층석탑 상층기단 적심부 |

| 감은사지 동삼층석탑 상층기단 적심부 축조상태 |

있다. 이처럼 신라 시원 및 전형기 석탑에서 기단과 탑신 내부에서 조적식 구조를 지니고 있음은 기단은 물론 탑신과 옥개석이 일석으로 조성되지 못하고, 여러 매의 석재를 사용해 조성한 데서 기인한 것으로 판단된다. 이 같은 면면은 1995년 12월 24일부터 1996년 10월 10일까지 문화재관리국에서 해체 보수한 감은사지 동삼층석탑에서 확인할 수 있다.[18]

이 석탑의 기단부에서 확인된 적심 구조체를 살펴보면 지반은 석재와 진흙을 사용해 판축한 것으로 판단되는데, 상면에는 부정형의 판석을 놓았다. 하층기단의 내부는 방형의 형태로 구획을 설정한 후 부정형의 판석을 놓음으로써, 사진 상에서 볼 때 최소 3단 정도로 축조되었을 것으로 추정된다. 하층기단 면석과 적심체 사이의 공간은 소형의 석재와 흙이, 적심체를 구성하는 판석형 석재 사이의 공간과 상면은 모두 흙과 소형의 석재가 충진되었다. 상층기단의 내부 역시 부정형의 장방형 석재로 구축되었는데, 면석과 갑석이 놓이는 부분에 따른 내부 공간의 차이

---

18 경주시 · (재)계림문화재연구원, 『경주 감은사지 동삼층석탑 해체수리보고서』, 2011.

가 관찰된다. 즉, 외벽체에서 기단 면석이 놓이고 그 상면에 갑석이 놓이는 구조적인 특성으로 인해 내부 공간 역시 하부가 상면에 비해 넓게 조성되었다. 완전히 해체된 사진을 보면 기단의 내부는 두께가 일정하지 않은 판석형 석재를 이용해 최소 4단 정도로 구축한 것으로 판단되는데, 네 벽에 해당하는 부분에는 비교적 큰 석재를 사용해 하중이 한쪽으로 쏠리는 것을 방지하고 있다. 석재 사이사이 틈새가 모두 흙으로 충전됨으로써 내부를 구축하는 석재들 간의 완충공간이 마련되었다.[19] 이상과 같이 보고서에 게재된 사진을 통해 감은사지 동삼층석탑의 내부 상황을 살펴보았는데, 정리하면 다음과 같다.

판축된 지반 위에 일석으로 조성된 지대석과 하층기단 면석을 놓고, 내부에는 부정형의 석재로 구축된 정방형의 구조체를 구축했다. 상층 기단 역시 면석과 갑석으로 외곽을 구축하고, 내부에는 기단으로부터 갑석에 이르기까지 너비를 달리하며 높이가 일정하지 않은 판석형의 석재를 사용해 구조체를 마련하고 있다. 결국 상·하층 기단의 내부가 관통되어 있어 상부에서 전달되는 하중이 자연스럽게 지면으로 전달되는 적층식 구조[20]가 형성되었는데, 이는 미륵사지석탑에서 확인된 축조 방식과 일치하는 것이다. 뿐만 아니라 면석과 갑석을 구성하는 석재는 상면에 놓이는 부재가 적절한 위치를 잡을 수 있고 하중을 그대로 받을 수 있도록 부정형으로 치석했다. 이 같은 구조를 미륵사지석탑의 1층 탑신 내부에서 확인된 ✚자형의 통로의 4벽체 중 한 부분에 그대로 적용시키면 바로 감은사지 동삼층석탑의 기단구조와 일치함을 알 수 있다. 외벽과 내부의 하중 전달체계가 독립적으로 건립된 기단부의 축조 기법은 탑신부에서도 그대로 적용되고 있다. 즉, 탑신석과 옥개석이 모두 별석으로 조성된

---

19 남시진, 앞 논문, p.12.
20 이를 적층식과 심주형이 결합된 구조로 보는 견해도 있다. 정해두·장석하, 앞 논문, p.59.

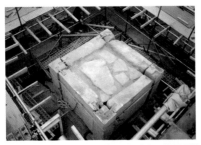

┃감은사지 동삼층석탑 1층 탑신 적심부 해체 전┃ ┃감은사지 동삼층석탑 1층 탑신 적심 해체 후┃

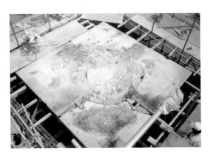

┃감은사지 동삼층석탑 1층 옥개받침석 적심 해체 전┃ ┃감은사지 동삼층석탑 1층 옥개받침석 적심 해체 후┃

탓에 내부에는 상당한 공간이 형성되어 있을 뿐만 아니라 기단부에서와 같이 장방형 내지는 부정형의 석재로 구축되었고, 석재의 사이사이는 흙으로 충전되었다. 그러나 3층 탑신석만은 1석으로 조성되어 사리장엄과 함께 찰주 받침석으로서의 역할을 수행하고 있다.[21]

---

21 3층 탑신석만은 1석으로 조성했는데, 이는 사리장엄구와 찰주가 놓일 수 있는 공간을 확보하기 위한 방편으로 이해된다. 그러나 서 삼층석탑 수리 시 확인된 찰주의 규모가 길이 2,288mm, 밑지름 179mm, 윗지름 40mm인 점을 볼 때 찰주와 이에 결합된 상륜부재가 전달하는 하중 역시 만만치 않았을 것으로 판단된다. 결국 3층 탑신석이 일석으로 조성된 것은 사리장엄의 봉안과 더불어 찰주 받침석으로서의 역할을 복합적으로 수행하기 위한 목적도 내재되어 있을 것으로 판단된다. 이 같은 정황을 보면 미륵사지석탑에서 상륜부 받침석이 등장하는 것과 동일한 맥락에서 이해될 수 있다. 이 같은 관점에서 보면 미륵사지석탑의 찰주 받침석은 감은사 3층 탑신석으로 그 역할이 계승된 것으로 추정된다. 더불어 탑신의 규모가 1·2층에 비해 상대적으로 소형인 탓에 이를 일석으로 조성하기에 용이했던 것 역시 작용했을 것으로 추정된다. 뿐만 아니라 건탑 기술적 측면에서 보면 일석으로 탑신을 조성한 것

❚ 감은사지 동삼층석탑 2층 탑신 적심부 해채 전 ❚

❚ 감은사지 동삼층석탑 2층 탑신 적심부 해체 후 ❚

❚ 감은사지 동삼층석탑 2층 옥개받침석 해체 전 ❚

❚ 감은사지 동삼층석탑 2층 옥개받침석 해체 중 ❚

❚ 감은사지 동삼층석탑 3층 옥개석 상면 구조 ❚

IV · 후대 석탑 건립에 끼친 영향

277

이상에서 파악된 감은사지 동삼층석탑의 면면을 보면, 이원구조체가 적용된 석탑임을 알 수 있는데, 이는 미륵사지석탑에서 시도된 기술력이 그대로 전이된 결과로 판단된다[22]. 특히, 필자가 제시한 시원 및 전형기 석탑의 도면을 보면 내부가 모두 관통된 점으로 보아 미륵사지석탑에서 확립된 이원구조체의 건탑 방식이 그대로 신라에 전승되었고, 이를 통해 신라석탑 나아가 한국 석탑이 지속적으로 건립될 수 있는 기술적인 기반이 완성된 것으로 생각된다.

(2) 정형기 석탑

시원 및 전형기 석탑 전체에 걸쳐 확인되는 이원구조체는 8세기에 들어 석탑을 구성하는 부재가 각각 일석으로 조성됨에 따라 기단부에서만 적용되고 있다. 이는 그만큼 석탑을 건립하는데 따른 시간과 비용이 감소되었음을 의미할 뿐만 아니라 석탑 건립에 따른 기술력이 발전되었음을 반증하는 현상으로 이해된다. 다만, 기단부에서만은 2층으로 조성되었고 이에 따라 많은 양의 석재가 사용되었기에 내부에 공간이 형성될 수밖에 없는 구조를 지니고 있다. 이로 인해 기단부에서만 이원구조체가 적용됨은 당연한 귀결이라 생각된다. 기왕에 해체 수리된 석탑과 작성된 도면을 통해 확인되는 기단부의 적심구조는 모두 5가지 유형으로 분석된다. 정형기의 석탑에서 확인되는 기단부의 내부 구조의 변화상을 유형별로 살펴보면 다음과 같다.

이 이 석탑의 3층 탑신에서 최초로 나타났다는 점에서 주목되며, 이는 훗날 탑신과 옥개석을 일석으로 조성할 수 있는 단초라 판단된다. 국립문화재연구소·경주시, 『감은사지 서삼층석탑 수리보고서』, 2010, p.142.

22 제시된 사진은 (재)계림문화재연구원에서 제공한 것임을 밝힌다.

① Ⅰ형식[23]

이 형식은 나원리오층석탑에서 확인되는데, 초층 탑신까지 내부에 적심구조가 구축되어 있다.

필자가 분류한 Ⅰ형식 석탑은 기단부터 탑신에 이르기까지 전체적인 부분에서 이원구조체가 확인되는 시원 및 전형기 석탑과 달리 초층 탑신까지만 같은 구조가 확인되는 유형이다. 나원리오층석탑이 전형기 석탑에 이어 건립된 석탑임을 볼 때 적어도 8세기 초반에는 이 같은 양상이 나타나는 것으로 생각된다.[24] 이처럼 초층탑신까지만 이원구조체가 확인되는 것은 탑신석과 옥개석이 일석으로 단일화되는 현상에 따른 것으로 판단된다. 즉, 이 석탑의 탑신부는 초층 탑신만 4매의 판석으로 조립하였을 뿐, 나머지 탑신은 모두 一石으로 조성하였다. 뿐만 아니라 옥개석 역시 1층과 2층은 낙수면과 받침부를 각각 別石으로 구성했으나, 3층 이상은 一石으로 조성했다. 전형기 석탑에서와는 달리 5층으로 조성했음에도 불구하고 사용된 석재의 수가 감은사지 동삼층석탑이 82매임에 비해 32매로 줄어들었고, 탑신부 역시 전자가 37매임에 비해 15매로 감소되는 현상을 보이고 있다. 그럼에도 높이에 있어서는 노반까지만 볼 때 감은사지 동삼층석탑이 10m 전후임에 비해 9.992mm로 비슷한 양상이다.[25] 이를 보면 나원리오층석탑에 이르러 층수가 높아짐에도 불구하고

---

23 제시된 사진은 (재)계림문화재연구원에서 제공한 것임을 밝힌다.

24 박경식, 「신라 전형기 석탑에 대한 고찰」, 『문화사학』 20호, 한국문화사학회, 2003. p.136. 이에 반해 나원리오층석탑이 석가탑과 비슷한 시기의 건립으로 보는 견해가 제시된 바 있다. 한정호, 「경주지역 신라 전형석탑의 전개과정에 관한 연구」, 『불교고고학』4, 위덕대학교 박물관, 2004, p.111. 하지만, 최근 진행되고 있는 석가탑의 해체 상황을 보면 양 석탑은 다른 방식의 내부 구조를 지니고 있음을 알 수 있다. 더불어 초층 탑신의 구성 역시 각각 1석과 4매의 석재로 결구된 것 역시 다른 방식으로 판단된다. 양 석탑의 건립 시기에 대한 문제는 차후 석가탑에 대한 해체 수리보고서 발간 이후 면밀한 검토를 진행해야 할 것으로 판단된다.

25 국립문화재연구소, 『경상북도의 석탑』 Ⅰ, 2007, pp.78~82 및 179~182 참조.

석탑 전체의 높이는 비슷하게 유지되면서도, 사용된 석재의 수가 현저히 감소되는 기술적인 발전이 이룩된 것으로 판단된다. 이 같은 변화의 이면에는 탑신부에서 탑신석과 옥개석이 각각 일석으로 조성되었다는 점이 직접적인 원인인 것으로 판단된다. 이에 따라 신라석탑은 탑신부 전체에서 전달되는 수직하중을 어떻게 처리하는가에 더욱 집중하게 되었고, 이로 인해 미륵사지석탑에서의 이원구조체의 영향도 초층 탑신과 기단부에 국한되는 것으로 발전하게 되었다.

나원리오층석탑은 1995년 11월 27일부터 1996년 9월 17일까지 해체 보수되어 석탑의 전체적인 구조가 파악된 바 있다.[26] 먼저 지대석까지 해체된 사진을 보면 지반은 자연석과 진흙을 이용해 판축한 정황이 관찰된다. 판축은 기단 면석 외곽으로 확대되어 있고, 내부에는 판축된 토층이 그대로 적용되었을 뿐만 아니라 커다란 석재와 진흙을 이용해 더욱 조밀하게 판축한 것으로 판단된다. 하층기단 갑석 상면의 현황을 보면 장대석을 이용해 적층형식으로 중앙부 적심을 구성했는데, 부분적으로는 치석하고 사용되지 못한 석재들이 활용된 것으로 파악된 바 있다.[27] 상층기단 내부 역시 장대석을 가로와 세로 방향으로 4단 정도 축조했는데, 하층기단 적심부와 기단 면석 사이의 공간에는 작은 돌과 진흙을 사용해 충전한 것으로 판단된다. 1층 탑신의 내부 역시 장대석을 사용해 6단 정도로 축조했는데, 상면에는 2매의 판석형 장대석을 나란히 놓아 마감했다. 적심을 구성하는 석재 사이와 면석과의 공간에는 작은 돌을 채워 완충 공간을 형성했다.

이상과 같은 양상을 종합하면, 나원리오층석탑은 하층기단의 내부 저면에 큼직한 자연석과 진흙을 활용한 판축층이 구축되었고 상면에는 초층탑신에 이르기까지 장대석을 활용한 적심이 축조된 것으로 보인다.

---

26 경주시 · (재)계림문화재연구원, 주 19의 책.
27 경주시 · (재)계림문화재연구원, 주 19의 책, p.81.

더불어 장대석의 사이와 면석과의 간극에는 작은 석재를 활용해 완충공간을 형성한 것으로 생각된다. 이처럼 해체 수리된 결과를 보면 나원리오층석탑에서 탑신부에서 사용된 석재 수의 감소에 따라 가장 문제 시되었던 것은 상부로부터 전달되는 수직하중이었는데, 당시의 조탑공들은 기단부와 초층 탑신에 장대석을 활용한 적심구조를 구축함으로써 이를 해결했던 것으로 판단된다. 나원리오층석탑에서 시작된 이 같은 구조체는 이후 건립되는 석탑에서 탑신부를 구성하는 탑신석과 옥개석이 모두 일석으로 조성됨에 따라 널리 활용되지 못한 것으로 판단된다.

┃ 나원리오층석탑 하층기단 적심 ┃

도면-2. Ⅰ형식 석탑의 기단부 실측도면[28]

0 0.2 0.5   1.0M

나원리오층석탑 기단부 단면도

---

28 이 도면은 국립문화재연구소, 『경상북도의 석탑』 Ⅰ과 Ⅲ, 2007 및 2009에서 각 석탑
의 단면도를 발췌한 후 기단부만을 편집한 것임을 밝힌다.

‖ 나원리오층석탑 하층기단 갑석 해체 전 적심 ‖

‖ 나원리오층석탑 상층기단 내 적심 ‖

‖나원리오층석탑 1층 탑신 내 적심 ‖

‖나원리오층석탑 1층 탑신석 내부 적심 상면‖

② Ⅱ형식

신라석탑의 발달사에 있어 가장 주목되는 점은 전형기 석탑에서 정형기 석탑에 이르러 양식적으로 완성되는 동안 기술적으로도 완성도를 높이고 있다는 사실이다. 이는 건탑에 사용되는 부재의 수가 감소되고, 높이 역시 낮아지고 있음을 볼 때 건탑에 소요되는 시간과 경비 역시 절감되었을 것으로 생각된다.[29] 8세기에 이르러 신라석탑에서 가장 주목되는 현상은 탑신석과 옥개석이 각각 일석으로 조성되고 있다는 점이다. 이에 따라 건탑 방식에 있어 다양한 양상이 등장하게 되었다. 즉, 탑신부에서 전달되는 수직하중의 처리 문제가 전면에 대두되었고, 이를 해결하기 위한 조탑공들의 노력이 다각도에서 모색되었을 것으로 생각된다. 이로 인해 조탑공들의 주된 관심은 기단부로 모아졌고, 이에 따라 내부의 적심 구성에도 다양한 변화가 일어나게 된 것으로 판단된다.

기단부에서 변화의 양상은 일단 구황동 삼층석탑에서 가장 먼저 확인된다. 즉, 상·하층 기단의 내부가 관통되었고, 이로 인해 내부의 적심체가 바로 상부의 하중을 받아 하부의 판축토층으로 분산되는 구조이다. 더불어 상층기단 갑석이 완전히 막힌 구조가 아니라 장방형의 구멍을 내어 초층 탑신의 하면과 연결되고 있는데, 이는 상층기단 내부의 적심체가 갑석의 하면과 완전히 밀착되도록 마무리 작업을 하기 위한 공간으로 추정된다. 이 석탑은 신문왕이 692년(天授 3)에 승하하자 다음 왕인 효소왕이 부왕의 명복을 빌기 위해 건립한 점으로 보아[30] 7세기 후반에 이르러 기단부에서의 변화가 시작된 것으로 생각된다. 이처럼 7세기 후반 구황동 삼층석탑에서 시작된 기단부의 내부 구조는 장항리사지 오층석탑을 거쳐 불국사 삼층석탑을 위시하여 통일신라시대에 건립된 전반적인 석탑에 확대되는 현상을 보인다. 이 같은 면면은 제시된 석탑의

29 박경식, 주 12의 논문. pp.120~126.
30 黃壽永, 『韓國金石遺文』, 一志社, 1976, pp.140~141.

구황동 삼층석탑 기단부	장항리사지 오층석탑 기단부	마동 삼층석탑 기단부
불국사 삼층석탑 기단부	용명리사지 삼층석탑 기단부	청도 봉기동 삼층석탑 기단부
남산리 서 삼층석탑 기단부	무장사지 삼층석탑 기단부	영천 화남동 삼층석탑 기단부
운문사 서삼층석탑 기단부	장연사지 동삼층석탑 기단부	효현리 삼층석탑 기단부

도면을 통해서도 입증되는데, 이들 석탑들이 7세기 후반으로부터 9세기에 걸쳐 건립되었다는 점을 감안하면, 신라석탑 전반에 걸쳐 가장 널리 활용된 구조체라 생각된다. 따라서 구황동 삼층석탑의 구조를 볼 때, 기단부에서는 미륵사지석탑의 영향을 받은 이원구조체가 탑신부에서는 조적식 구조가 본격적으로 활용되면서 신라석탑은 양식적인 면과 더불어 기술적인 측면에 이르기까지 완성을 이룩한 것으로 보인다. 뿐만 아니라 9세기에 이르러 시작된 석탑의 전국적인 확산과 궤를 함께하며 점

Ⅳ. 후대 석탑 건립에 끼친 영향

차 경주 이외의 지역으로 확대된 것으로 판단된다.

③ Ⅲ형식

이 형식의 석탑은 앞서 언급한 Ⅱ형식과 같은 양상을 지니고 있지만, 지대석과 면석, 그리고 하층기단 갑석이 일석으로 조성되는 변화가 확인된다. 즉, Ⅱ형식의 석탑에서는 하층기단 갑석과 면석이 각각 일석으로 조성된 탓에 탑신으로 부터의 수직하중이 한쪽으로 치우치는 편심하중을 받을 경우 하층기단 면석이 이탈되는 것을 방지하기 위해 비교적 넓은 공간을 구축하고 있다. 그렇지만, 지대석으로부터 갑석에 이르기까지 모두 일석으로 조성된 유형의 석탑에서는 하층기단에서 상면으로 부터 전달되는 하중을 받을 수 있는 충분한 구조가 완성된다. 이로 인해 하층기단의 내부가 좁아져도 상부로부터의 수직 하중 역시 받아낼 수 있도록 변화시킨 것으로 생각된다. 아울러 도면에 제시된 4기의 석탑은 모두 8세기에 건립된 것으로 추정됨에 따라[32] 하층기단에서의 부재의 단일화 역시 이 시기에 이르러 변화되는 양식으로 판단된다. 이 형식의 석탑은 지대석과 하층기단이 일석으로 조성되어 석탑을 구성하는 부재의 수가 감소되었고 구조적으로도 앞서 서술한 Ⅱ형식에 비해 진전된 양식으로 판단된다.

31 이 도면은 국립문화재연구소, 2007~2011, 『경상북도의 석탑』Ⅰ~Ⅵ에서 각 석탑의 단면도를 발췌해, 기단부만을 편집한 것임을 밝힌다.
32 박경식, 주 26의 논문.

도면-4. Ⅲ형식 석탑의 기단부 실측도면[33]

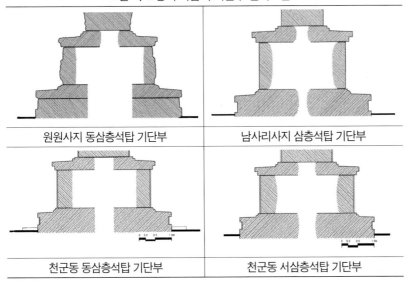

원원사지 동삼층석탑 기단부	남사리사지 삼층석탑 기단부
천군동 동삼층석탑 기단부	천군동 서삼층석탑 기단부

④ Ⅳ형식

이 유형의 석탑은 전체적으로는 Ⅱ형식과 유사하지만, 상층기단 갑석이 일석으로 조성되어 기단의 상면을 완전히 덮고 있는 형식이다. 다시 말해 앞서 서술한 Ⅱ형식에서 변형을 이룬 것임을 알 수 있는데, 이로 인해 기단부에서의 가구식 구조와 탑신부의 조적식이 각각 독립적인 하중을 받는 구조로 완성되고 있다. 이 유형의 석탑 중 동화사 비로암 삼층석탑이 경문왕 3년(863)에 건립되었고,[34] 도면에 제시된 석탑이 모두 9세기 후기에 건립된 점으로 보아[35] 이 시기에 이르러 확립된 기단의 구조라 생각된다. 더불어 이 같은 변화는 석탑의 높이가 대체로 3~4m 사이에서

33 이 도면은 국립문화재연구소, 2007~2009, 『경상북도의 석탑』Ⅱ~Ⅲ에서 각 석탑의 단면도를 발췌한 후 기단부만을 편집한 것임을 밝힌다.

34 黃壽永, 「新羅敏哀大王石塔記-桐華寺毘盧庵三層石塔의 調査」, 『史學志』 3, 檀國大學校史學會, 1969, pp.53-86.

35 박경식, 주 33과 같음.

건립되고, 탑신부를 이루는 부재의 크기 역시 작아지는 경향에서 비롯된 것으로 생각된다. 이 같은 변화는 9세기 후기의 석탑에서 주로 나타나는 정황임을 볼 때 상층기단 갑석만으로도 탑신의 하중을 받아낼 수 있다는 조탑공의 자신감에서 비롯된 것으로 생각된다. 이처럼 석탑 건립에 있어 당초 미륵사지석탑의 영향을 받아 이원구조체로 건립되기 시작한 이래 9세기 후기에 이르러 기단과 탑신이 각각 별개의 구조체로 확립되고 있음을 보여주고 있다.

도면 5. Ⅳ형식 석탑의 기단부 실측도면[36]

동화사비로암 삼층석탑 기단부	동화사금당암 삼층석탑 기단부	불국사 삼층석탑 기단부
금둔사지 삼층석탑 기단부	실상사 동삼층석탑 기단부	영천 신월동 삼층석탑 기단부

---

36 이 도면은 국립문화재연구소, 2012~2011, 『경상북도의 석탑』Ⅳ~Ⅴ, 2004, 『전라북도의 석탑』, 2006, 『전라남도의 석탑』Ⅲ에서 각 석탑의 단면도를 발췌한 후 기단부만을 재편집 한 것임을 밝힌다.

⑤ V형식

이 형식의 석탑은 문화재 연구소에서 작성한 실측도면을 보면 예천 동본동 삼층석탑에서만 확인되는 유형이다. 전체적으로는 IV형식의 수법을 따르고 있지만, 하층기단 갑석이 완전히 막혀 있어 상·하층 기단의 힘이 각각 분리된 기단 구조이다. 이 같은 유형은 비록 한 기에 불과하지만, 다른 석탑에 비해 기단의 규모가 축소되는 데서 기인한 것으로 판단된다. 즉, 예천 동본동 삼층석탑의 기단은 상·하층 기단의 너비가 거의 같은 규모를 지니고 있고, 하층기단 갑석이 다른 석탑이 비해 두껍게 조성되어 이것만으로도 상층기단의 하중을 받기에 충분한 구조를 지니고 있다.[37]

도면-6. V형식 석탑 기단부 실측도면[38]

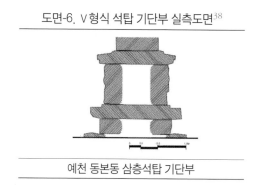

예천 동본동 삼층석탑 기단부

이상에서 신라석탑에서 확인된 건탑 기술력에 대해 기 작성된 해체수리 보고서 및 국립문화재연구소에 의해 작성된 도면을 통해 살펴보았

---

37 이처럼 이층기단을 구비한 석탑에서 상·하층 기단의 너비가 거의 비슷한 예는 고려시대에 건립한 마곡사 오층석탑, 담양 읍내리 오층석탑, 나주 송제리 오층석탑, 계룡산 오층석탑 등이 있다 더불어 정읍 은선리 삼층석탑과 장문리 오층석탑 그리고 월남사지 모전석탑은 단층기단을 구비하고 있다. 이처럼 백제계 석탑으로 분류되는 예에서는 다층이던 2층이던 관계없이 모두 상면의 부재에 비해 너비가 좁은 기단을 구비하고 있다는 공통점을 찾을 수 있다.

38 이 도면은 국립문화재연구소, 2011,『경상북도의 석탑』V에서 단면도를 발췌한 후 기단부만을 재편집한 것임을 밝힌다.

다. 물론 내부의 적심형태가 부분적으로만 알려진 탓에 내부구조에 이르기까지 전모를 파악하기에는 한계점을 내포하고 있다.[39] 그럼에도 불구하고 신라석탑에 적용된 기술적인 변천 과정을 확인할 수 있었다. 먼저 시원기와 전형기 석탑에서 확인된 점은 석탑 전체에 전달되는 수직 및 수평 하중은 내·외부에서 각각 전달·분산되는 독립적인 구조를 지니고 있다. 이 같은 양상은 고선사지 및 감은사지 삼층석탑에 대한 해체 수리를 통해 분명히 확인된 바 있는데, 이들 석탑의 기단 및 탑신부는 모두 면석과 내부의 적심체로 구성되어 있다. 즉, 석탑의 내부에는 석재로 구축된 직심체가 있어 이것이 상부로부터의 하중을 받아내고 있다. 뿐만 아니라 석탑의 외벽을 이루는 면석은 모두 판석으로 조성해 외벽체에서 전달되는 하중을 내부의 적심과는 무관하게 받아내는 구조를 이루고 있다. 이러한 현상이 탑리 오층석탑에서도 확인되는 점을 볼 때 미륵사지석탑의 기술력은 신라 시원기 및 전형기 석탑에 그대로 적용되었음을 알 수 있다.

이 같은 상황을 보면 미륵사지석탑이 초기 신라석탑에 미친 영향은 지대했음을 알 수 있지만, 신라석탑은 정형기에 이르러 기단부에만 적용되는 기술적인 변화를 보이고 있다. 즉, 신라석탑의 발전상에서 볼 때 가장 큰 특징은 시간이 흐를수록 건탑에 사용된 부재의 수가 감소한다는 데 있기 때문에,[40] 당시 조탑공의 당면 과제는 면석으로 조립된 기단부에서 탑신의 하중을 어떻게 분산시키는가 하는 것에 집중되었고, 이에 따라 기단부는 이원식 구조로 탑신부는 적층식으로 건립하게 되는 변화를 맞이

---

39 본고에서 인용한 도면은 모두 면석만 기록된 단면도들이다. 때문에 내부의 적심의 구조와 구축 방법에 대해서는 확인할 수 없었다. 그렇지만, 현재 석가탑에 대한 해체 수리가 진행되고 있어 기단 내부적심에 대한 면면이 파악되고 있다. 이에 대해서는 현재 조사 중이고, 보고서의 출간이 이루어지지 않은 탓에 정확한 현황의 분석은 후일로 미루고자 한다.

40 주 12와 같음.

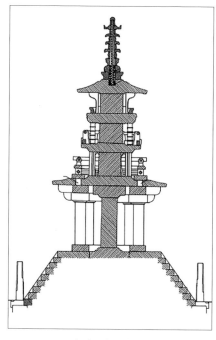

| 다보탑 단면도 |

하게 된다. 이에 대한 해결책으로 상·하 2층으로 조립된 기단부 전체가 관통되고, 이에 적심체가 구축되면서 탑신부의 하중을 분산하게 되는 구조를 이룩하게 되었다. 따라서 신라석탑은 시원 및 전형기에는 석탑 전체에 걸쳐 이원구조체가 적용되었지만, 정형기에 이르러 기단부에서만 이원식 구조가 나타나, 전체적으로 볼 때 5가지 형식으로 구분됨을 알 수 있었다. 뿐만 아니라 필자가 분류한 II형식이 기본을 이루면서 부분적으로 변화되는 것으로 파악되었다. 이처럼 신라석탑의 기단부에서 이원구조체가 확인됨은 미륵사지석탑에서 이룩된 기술력이 신라석탑 전반에 영향을 미치고 있음을 알 수 있다. 이와 더불어 대대적인 수리가 진행된 다보탑[41]과 석가탑[42]의 기단부에서 명확히 이원구조체의 기술력이 확인되고 있다, 나아가 고려시대의 석탑에서도 이를 찾아볼 수 있어서 미륵사지석탑에서 시작된 이원적 구조체는 한국 석탑을 이루는 기술력의 중심에 있음을 알수 있다.

---

41 국립문화재연구소·경주시,『불국사 다보탑 수리보고서』, 2011.
42 석가탑은 현재 해체 수리가 진행되고 있는 관계로 이에 대한 정확한 양상을 밝히기에는 한계가 있다. 다만, 필자가 해체수리 작업에 관여하면서 상·하층 기단 내부에서 적심구조를 확인했기에 일단의 상황만 밝힐 따름이다. 보다 명확한 상황에 대해서는 향후 수리보고서에서 다루어질 것으로 기대한다.

둘째, 미륵사지석탑에서 구현된 목조건축의 다양한 기술력은 고스란히 신라석탑에 전승되어 향후 한국 석탑의 양식 근원을 목탑에서 찾을 수 있는 단초를 제공했다.

미륵사지석탑에서 구현된 제반 양식은 목조건축에 기반을 있고 있음은 많은 연구자들에 의해 익히 규명된 바 있다. 이를 종합해 보면 石造로 翻案하는 과정에서 間의 나눔, 계단, 민흘림, 안쏠림, 平枋과 唱枋, 門扉, 撑柱, 옥개석의 反轉등으로 집약된다.[43] 이처럼 미륵사지석탑에 구현된 목조건축의 기법은 비단 양식적인 면에서 뿐만 아니라 석재에 직접 가해진 기술력에서도 확인된다. 이 중에서도 가장 주목되는 방법은 나비장과 결구수법이다.

미륵사지석탑은 거대한 규모에 걸맞게 면석과 옥개석은 물론 곳곳에서 수많은 석재가 사용되었다. 따라서 이들이 서로 이탈하지 않고 지탱할 수 있는 여러 방안들이 고안되었다. 이 중 가장 주목되는 부분은 석재를 조립하는 방법에 있어 Ⅰ자형 은장과 鐵塊를 비롯 T자형 홈을 만들었다는 점이다.[44] 이처럼 대형의 석재가 사용된 석탑에서 이를 연결하고, 인장력을 높이기 위해 부재가 사용된 예는 의성 탑리오층석탑,[45] 감은사지 동·서삼층석탑,[46]에서 볼 수 있다. 이 석탑들은 해체조사시 연결부를 구성하는 석재의 이탈을 방지하기 위해 「L」자 및 나비형 철제은장을 사용해 조립했음이 확인된 바 있다. 이 기법은 현재 수리가 진행 중인 석가탑에

43 千得琰,『百濟系石塔의 造形特性과 變遷에 관한 研究』, 고려대학교 대학원 박사학위논문, 1990, p.170.

44 文化財管理局,『彌勒寺址東塔復元設計報告書』, 1990, p.81 및 p.187 ED-10받침석, p.189 ED-14받침석, ED-16 p.190 받침석에서 확인된다.

45 현재 탑리 오층석탑은 부분적으로 해체 수리가 진행되고 있어 자세한 상황을 밝히기에는 한계가 있다. 다만, 필자가 이 작업에 참여하고 있어 「L」자형 철제 은장이 사용된 것을 확인한 바 있다. 보다 자세한 상황은 이 탑에 대한 수리보고서에서 다루어질 것으로 기대한다.

46 주 19의 책, pp.78~95.

┃ 의성 탑리오층석탑 기단부 탱주와 면석의 접합부 1 ┃　┃ 의성 탑리오층석탑 기단부 탱주와 면석의 접합부 2 ┃

┃ 감은사지 서삼층석탑 기단부 탱주와 면석의 접합부 ┃　┃ 감은사지 서삼층석탑 2층 탑신 우주와 면석의 접합부 ┃

| 감은사지 동삼층석탑 1층 옥개석에 사용된 은장 |

서도 확인되고 있을 뿐만 아니라[47] 여러 석탑에서 채용한 석재 결구의 한 방식이었다. 이처럼 신라석탑에서 확인되는 나비장이음 기법은 석재를 서로 이어 인장력이 약해지는 부분에 적용되고 있다. 하지만 이 기법은 미륵사지석탑에서 처음으로 적용되었음을 볼 때 이 석탑은 양식뿐만 아니라 기술적인 측면까지도 목조건축의 그것을 응용하고 있음을 알 수 있다. 이와 더불어 목조건축에서 사용되는 결구수법이 확인되고 있다. 즉, 우주가 놓이는 초석의 상면에 기둥의 바닥 너비만큼의 홈을 파서 서로 꼽히도록 한 것과, 기단 면석의 조립에서 기둥과 맞닿은 면에 턱이 진 홈을 파서 각 판석이 서로 물리도록 한 방식이 채용되고 있다. 뿐만 아니라 문을 구성하는 수직부재와 횡부재의 결구에는 전자의 상면에 L자형의 턱을 조성해 석재를 놓았다. 이 같은 석재의 결구방법은 각각 별개의 석재로 구성된 탑신부에서 석재의 이탈을 방지함과 동시에 인장력을 배가시키기 위한 방식으로 판단된다. 이처럼 석탑에 구현된 목조건축의 결구

| 감은사지동삼층석탑 2층 옥개석 조립에 사용되었던 은장 |

| 감은사지동삼층석탑 3층 옥개석 조립에 사용되었던 은장 |

47 주 42와 같음.

| 부여 장하리삼층석탑 기단상면에 1층탑신의 우주석을 놓기 위해 파낸 기둥 홈 |

수법은 그대로 신라석탑에 전승되어 의성 탑리오층석탑과 감은사지삼층석탑은 물론 고려시대의 석탑에 이르기까지 널리 활용되고 있다.

　셋째, 미륵사지석탑의 부재에 사용된 이원적인 치석방법은 신라석탑에 전승되고 있다. 미륵사지석탑의 기단과 탑신에 사용된 면석을 볼 때 전면은 정교한 가공을 했지만, 배면은 뒤 뿌리를 두어 상면에 놓인 부재의 안정과 더불어 하중의 분산을 꾀하고 있다. 뿐만 아니라 옥개석에 사용된 석재의 뒤 뿌리를 길게 가공해 상면에서 전달되는 하중을 받도록 치석했다. 이 같은 석재의 치석과 하중의 분산 방식은 이원구조체의 한 특성으로 파악된 바 있다. 이 같은 방식은 신라석탑에서도 확인되는데, 바로 판석으로 조성된 기단면석의 배면을 튀어나오게 조성해 안정감을 부여함은 물론 탑신부로부터 전달되는 하중을 면석에서도 분산시키는

| 감은사지 동삼층석탑 1층탑신면석 배면 구조 | 홍천 물걸리삼층석탑 상층기단 면석 배면구조 |

방식을 택하고 있다.[48] 즉, 기단의 면석 상대를 볼 때 직접 갑석에 맞닿은 상·하면은 비교적 정교한 가공을 했지만, 면석의 배면을 뒤로 돌출시켜 마치 구형 TV나 컴퓨터 모니터의 측면과 같은 형상이다. 통일신라시대 의 석탑에서는 이처럼 치석된 면석을 기단 갑석으로 활용함으로써 상면 에 놓인 갑석의 안정성과 더불어 하중을 받아내고 있다. 이처럼 기단 면 석의 안과 밖이 다른 치석 방식은 고려시대에 건립된 상오리오층석탑과 금골산 오층석탑에서도 확인되고 있다. 따라서 앞서 언급했던 여러 내용 들을 종합해 보면 통일신라시대와 더불어 고려시대에 건립된 여러 석탑 의 기술적 원천은 미륵사지석탑에 있음은 자명한 사실이라 하겠다.

48 이 밖에도 석탑에 구현된 기술로는 "지대석 부분에서 귀 부분의 부재를 보면 기단 우주석이 놓이는 부분이 탑의 안쪽방향으로 경사지어 거칠게 가공한 것을 관찰할 수 있다. 기단은 건물의 수직하중을 넓은 지반에 고루 분산시켜야하기 때문에 지대 석이 밀려나는 것을 방지해 주고 지반에 하중을 전달하기 위한 것으로 추측된다. 또 한 굄돌의 형태를 보면 기단면석과 접하는 부분이 지각이 아닌 鈍角으로 直絶되어 있다. 이것 역시 면석을 안쏠림 수법으로 세워 기단부가 받는 橫壓力을 최대한 지 지하기 위한 것임을 쉽게 집작할 수 있다."; "우천시 처마를 타고 내려오는 빗물은 처마면의 가공상태가 비교적 거칠기 때문에 생겨난 수많은 거친 線에 머물러 아 래층의 옥개석 낙수면에 떨어지므로 스며드는 빗물은 극히 적은 것으로 관찰 되었 다." 라는 보고도 있다. 국립문화재연구소·전라북도, 『미륵사지석탑해체조사보고 서IV』, 2011, p.87 및 p.98.

| 불국사 삼층석탑 상층기단 면석 배면 구조 |

| 상주 상오리오층석탑 기단 면석 배면 구조 |

| 금골산 오층석탑 기단 면석 배면 구조 |

넷째, 미륵사지석탑에서 구축된 이중기단은 이후 신라석탑의 기단부 양식에 영향을 주고 있다.

미륵사지석탑은 한국 최초의 석탑인 것은 분명한 사실이지만, 이로써 양식적인 면에서 완성을 이루었음을 의미하는 것은 아니다. 그럼에도 불구하고 목재에서 석재로의 전환이 최초로 이루어진 단계이기에 이 석탑에는 가장 초기적인 양식이 적용되었을 것임은 자명하다. 이 같은 양상은 석탑의 기단부에서 잘 드러나고 있다. 즉, 미륵사지석탑은 이층기단으로 건립되었는데, 하층기단의 면석이 직접 지면과 접촉하고 있어 이것을 지대석으로 보고자 하는 견해가 제시되었지만[49], 이를 "초기적인 이층기단의 양식"[50]으로 보는 입장도 존재한다. 필자 역시 미륵사지석탑의 기단부에 구축된 토층 양상과 기단의 면적 그리고 지대석을 구축하는데 따른 문제점 등을 추론해 볼 때 이중기단으로 보는 것이 타당하다고 생각한다.[51] 더불어 미륵사지석탑이 건립되기 이전 중국에서 건립된 많은 불탑에서도 이중기단의 존재는 찾아볼 수 없다.[52] 따라서 미륵사지석탑에 조성된 이중기단은 현존하는 동아시아의 불탑 중에서 가장 먼저 등장하는 구조체로 판단된다. 더불어 신라 시원기 석탑 중 기단부가 확실한 의성 탑리오층석탑은 단층기단을 조성했지만, 이어 건립된 전형기 석탑에서는 정형화된 이층기단이 조성되고 이는 신라석탑의 기본 양식으로 정착된다. 즉, 판축된 토층 상면에 지대석을 두고 면석에 우주와 탱주

---

49 주 48의 책, p.143, 주 4.

50 천득염, 『백제계석탑 연구』, 전남대학교 출판부, 2003, p.40.

51 이처럼 판축된 지반 위에 바로 면석을 놓은 경우는 상당수 건물지 기단부에서 확인되고 있다. 더욱이 비록 소형이라 하지만, 면석으로 볼 수 있는 부재가 가로방향으로 연결되어 있어 이는 하층기단 면석으로 보는 것이 더 합리적일 것으로 판단된다.

52 미륵사지석탑이 639년에 건립된 것임을 볼 때 중국에서 이보다 먼저 건립된 불탑은 북위시대에 조성한 운강석굴에 부조된 불탑과 숭악사 12각 15층 전탑 등 수 기에 불과하다. 이들 석탑에는 대부분 낮은 단층기단이 조성되어 있다.

를 두어 구조 및 시각적인 안정감[53]을 부여했음은 물론 기단 면석의 상면을 갑석으로 덮는 신라 특유의 기단양식을 완성하게 된다. 따라서 전형기 석탑에 조성되는 정형화된 이층기단의 양식은 미륵사지석탑에서 축조된 초기적인 양식이 전승되어 신라 전형기 석탑에 이르러 양식적으로 정착된 것으로 생각된다.

신라 전형기 석탑에서 이중기단이 등장하는 이유에 대해서는 금당의 기단 높이에 비례해 등장했다는 설,[54] 미륵사지석탑 기단의 영향설[55], 가람배치 상에서 차지하는 면적과 대체로 3층 탑신으로 조성되어 탑의 상승감을 강조하기 위한 의도[56] 등 다양한 견해가 제시된 바 있다. 필자 역시 기왕의 견해처럼 탑과 금당과의 조화는 물론 미륵사지석탑에 비해 현저히 축소된 규모를 지닌 석탑에 상승감을 부여하기 위한 조치는 당연한 결과라 생각된다. 한편, 전형기 석탑에 이르러 탑신부에 사리가 봉안됨에 따라 높직한 기단으로 인해 탑신을 높임으로써 이에 대한 숭앙의식을 더욱 함양하기 위한 조치로도 볼 수 있다. 이럼에도 불구하고 가장 주목되는 점은 미륵사지석탑에서 처음으로 시도된 초기적인 이중기단이 통일 직후에 건립된 석탑에서 양식적 완성을 이루고 있다는 점이다. 결국 미륵사지석탑에서 이중기단이라는 발상이 태동되었고, 이 모티브가 신

---

53 우주와 탱주가 별석으로 조성된 시원 및 전형기 석탑에서는 엔타시스가 적용된 우주 및 탱주가 별석으로 조성되어 구조적인 안정감의 역할을 수행한 것으로 판단된다. 그렇지만, 면석이 일석으로 조성되어 우주와 탱주가 모각되는 정형기 석탑에 이르러는 구조적이라기보다는 주로 시각적 안정감에 그 역할이 주어진 것으로 생각된다. 더불어 신라석탑의 기단부에 구현된 우주와 탱주는 구조적·시각적 안정감과 더불어 목조건축의 재현에 충실했음 역시 잘 드러내는 대목이라 하겠다.

54 韓政鎬, 「新羅 石塔의 二重基壇 發生原因에 대한 고찰」, 『신라문화제학술발표논문집』 24집, 동국대학교 신라문화연구소, 2003.

55 朴寶敬, 「慶州 高仙寺址 伽藍配置와 三層石塔의 연구」, 동국대학교 대학원 석사학위 논문, 2004.

56 신용철, 「新羅 石塔의 발생과 성립과정에 관한 고찰」, 『건축역사연구』 71호, 한국건축역사학회, 2010.

라에 전승되어 신라석탑 특유의 기단이 완성된 것으로 판단된다. 이러한 측면은 백제가 이룩한 석조건축의 능력과 기술력이 통일신라시대에 이룩된 석조문화를 구성하는 근간이었음을 반증하는 것으로 보인다.

3) 고려시대 석탑

미륵사지석탑은 단 한기만 건립되었지만, 이로써 백제석탑의 시원양식을 이룩했다. 이후 정림사지 오층석탑에 이르러 기술과 양식적인 면에서 완성을 이룩하게 된다. 이 석탑에 적용된 기술력은 신라로 전승되어 한국 석탑의 양식과 기술력의 근간을 이루고 있지만, 백제의 멸망으로 인해 같은 형상의 석탑은 자취를 감추게 된다. 하지만, 미륵사지석탑의 잔형은 고려시대에 이르러 부활하고 있는데, 바로 "백제계석탑"이 그것이다. 고려시대에 이르러 충청도와 전라도 지역에 건립되는 이 유형의 석탑을 통해 그 양식과 기술력이 재현되고 있는데, 이 계통의 석탑이 지닌 특징을 정리해 보면 다음과 같다.[57]

첫째, 미륵사지석탑은 이층기단임에도 불구하고 기단부가 탑신에 비해 매우 낮게 조성되어 외형상 마치 기단이 없는 것처럼 보이고 있다. 그러나 통일신라시대의 석탑이나 고려식 석탑에서는 기단부가 탑신부와 적절한 비례를 이루고 있으며 이는 충청도와 전라도뿐만 아니라 전국적으로 건립된 석탑에서 공통적으로 나타나는 특징이다. 그런데 유독 백제계 석탑에서만은 낮은 기단을 유지하고 있어 백제시대에 정착된 양식을 재현하는 데 치중했음을 알 수 있다. 뿐만 아니라 일부에서 이층기단을 구비한 석탑이 보이지만, 이 역시 하층기단이 상층기단에 비해 낮은 형

한국 석탑의 양식 기원 – 미륵사지석탑과 분황사모전석탑 –

57 미륵사지석탑의 양식이 백제계 석탑에 나타나는 요인에 대해서는 박경식, 「백제계 석탑의 건립 배경에 관한 고찰」, 『문화사학』24, 한국문화사학회, 2005, pp.61~65의 내용을 요약했음을 밝힌다.

| 익산 왕궁리 오층석탑 |

| 부여 무량사 오층석탑 |

상이다.

둘째, 통일신라시대 석탑에서는 시대가 지날수록 부재가 單一化 되어가는 것을 볼 수 있었다. 뿐만 아니라 고려시대의 석탑에서는 앞 시기보다 더 적극적인 부재의 단일화가 이루어지고 있다. 그런데 백제계석탑에서는 오히려 이와 정반대의 현상이 나타나고 있다. 즉 부재의 個別化가 이루어지고 있다. 이 같은 수법은 백제와 신라시대에 건립되었던 초기 석탑의 특징적인 수법으로 근본적인 목적은 목조건축의 재현에 있는 것으로 보았다. 결국 백제계석탑에서 보여준 부재의 개별화 현상은 기본적으로는 목조건축의 재현이라는 석탑의 근본목적에 충실하면서도 미륵사지석탑의 전통을 계승한 것으로 생각한다.

셋째, 미륵사지석탑의 옥개석에서는 각형 3단의 받침, 여러 매의 판석으로 구성된 낙수면, 그리고 합각선에 구현된 두툼한 우동이 양식적특성으로 파악되었다. 그런데 백제계석탑의 옥개석에서도 합각선에 두툼한 隅棟이 묘사되어 기와지붕의 그것과 같은 양식이 나타난다. 뿐만 아니라 옥개받침에 있어서도 각형 3단 내지는 목조건축의 공포를 약식

┃ 비인 오층석탑 ┃

┃ 부여 장하리 삼층석탑 ┃

┃ 김제 귀신사 삼층석탑 ┃

┃ 강진 월남사지모전석탑 ┃

화 한 수법이 주를 이루고 있다. 아울러 처마의 끝에서 옥개받침부에 이르는 길이가 신라석탑에 비해 길게 조성되었으며 기둥이 놓이는 면에는 홈을 가공해 밀려나는 것을 방지하고 있다.

이상에서 살펴본 바와 같이 미륵사지석탑의 건립은 이제껏 동양 삼국이 건립하던 목탑에 대한 기존의 통념을 일거에 깨트리는 쾌거였다. 재료의 선택에서부터 이를 고층으로 축조한 기술력과 더불어 이에 구현된 목조건축술의 응용은 백제인의 문화적 소양과 역량이 한껏 발휘된 소산이었다. 비록 구조적인 면에서 어느 정도의 결함이 있다는 지적도 있다.[58] 그렇지만, 순전히 화강암만으로 건립한 최초의 석탑이라는 측면, 더욱이 기존에 확립된 목재건축의 전통을 석재로 뒤바꾼 발상의 전환이라는 측면에서 볼 때 완벽하지 못함은 오히려 당연한 결과라 생각한다. 결국 미륵사지석탑을 통해 확인되는 것은 백제인의 실험정신과 이를 물적으로 실체화 해낸 그들의 기술력과 문화적 자부심이라 하겠다.

---

58 千得琰, 『백제계석탑 연구』, 전남대학교 출판부, 2003, p.29.

2. 분황사모전석탑

분황사모전석탑은 신라에서 최초로 건립된 석탑이자, 안산암을 벽돌과 같이 다듬어 건립한 석탑이다. 하지만, 이후에 건립된 석탑에서는 화강암을 주재료로 조성했기에 이 석탑과의 연관성을 배재하는 것이 순리일지도 모른다. 그러나 모전석탑이라는 양식과 탑신부에 개설된 감실 및 이에 부조된 인왕상 등은 이후 건립된 석탑의 근원을 이루는 것으로 판단된다. 즉, 이 석탑 역시 후대에 건립된 석탑에 미친 영향은 실로 지대하다. 이에 대해 구체적으로 살펴보면 다음과 같다.

첫째, 동아시아에서 최초로 건립된 모전석탑으로, 이로부터 시작된 석탑의 양식이 계승되고 있다.

앞에서도 고찰한 바와 같이 분황사모전석탑과 견줄 수 있는 중국의 불탑으로는 신통사 사문탑이 유일하다. 이 탑은 그간 모전석탑으로 알려져 왔지만, 사용된 석재의 규모로 보아 모전석탑으로 분류될 수 없음은 이미 논증한 바 있다. 이 같은 점을 고려해 볼 때 중국과 한국의 불탑을 통틀어 보아도 석재를 벽돌과 같이 다듬어 건립한 것은 분황사모전석탑이 유일하다. 이 석탑에서 시작된 모전석탑이라는 양식은 후대로 계승되고 있다.

신라시대에 건립된 모전석탑은 분황사모전석탑 외에 의성 탑리오층석탑이 있다. 이 석탑은 분황사모전석탑과는 달리 판석형과 괴체형의 석재로 조성되었지만, 옥개석의 상하면에 층단형의 받침을 조출했기에 모전석탑으로 분류되고 있다. 따라서 한국의 모전석탑은 분황사계와 탑리계로 양분되어 연구되고 있다.[59] 이는 분황사모전석탑과 같이 석재를 벽돌과 같이 자르고 다듬어 건립한 석탑과, 탑리오층석탑에서 시도된 옥개석의 전통이 계승되고 있다는 반증이기도 하다. 이 중 분황사계 모전석탑은 통일신라와 고려시대에 이르러 다수가 건립되고 있어 백제계석탑과 유사한 양상을 보이고 있다. 분황사모전석탑은 인근에 축조되었을 또 다른 같은 형식의 석탑을 건립한 후[60] 적어도 동일한 양식의 범주만을 국한시킬 때 상주의 石心灰皮塔을 거쳐 고려시대에 이르기까지 독자적인 계보를

┃ 영양 봉감 모전5층석탑 ┃

┃ 영양 현2동 5층모전석탑 ┃

┃ 군위 남산동모전석탑 ┃

59　분황사모전석탑과 의성 탑리오층석탑의 계통 분류에 대해서는 이미 다양한 견해가 표방된 바 있다. 분황사모전석탑을 "모전석탑"이라 부르는 데는 모두 동의하면서도, 의성성탑리오층석탑에 대해 진홍섭 선생은 "第 2類"로 규정한 바 있다. 秦弘燮,「韓國模塼石塔의 類型」,『文化財』3호, 文化財管理局, 1967, P.13;『芬皇寺石塔實測調査報告書』에서는 "석탑계모전석탑"으로 규정하고 있다. 문화재관리국, 앞의 책, P.16 표3-2「전탑 및 모전탑의 분포위치」참조. 박홍국 선생은 분황사모전석탑을 "모전석탑", 의성탑리오층석탑을 "전탑협석탑"으로 구분하고 있고, 양자를 총칭해 "모전탑"으로 분류하고 있다. 박홍국, 앞의 책, p.28. 필자는 이들 견해 중 분황사모전석탑은 "모전석탑", 의성탑리오층석탑은 "석탑계모전석탑"이라는 명칭을 사용하고자 한다.

60　분황사 동방사지 및 구황동탑지의 석탑을 말하는 것으로, 이에 대해서는 일제강점기부터 주목되어 왔는데, 장충식선생은 분황사동방사지의 탑은 신빙성이 없는 것으로 보고 있다. 張忠植,「新羅模塼石塔考」,『新羅文化』1, 東國大 新羅文化研究所, 1984, pp.145~169.

| 제천 장락리 7층모전석탑 |　　　　| 정선 정암사 수마노탑 |

형성하였던 것으로 보인다. 이 같은 예로는 영양 봉감 모전5층석탑, 영양 현2동 5층모전석탑, 영양 삼지동모전석탑, 안동 대사동모전석탑, 군위 남산동모전석탑, 제천 교리모전석탑, 제천 장락리 7층모전석탑, 정선 정암사 수마노탑 등이 있다. 이들 석탑의 조성 시기는 통일신라시대에서 고려시대에 걸쳐있지만, 석재를 일일이 다듬어 건립해야 한다는 조형상의 문제점으로 인해 크게 성행하지 않았음을 알 수 있다.

둘째, 초층탑신에 개설된 감실의 계승과 발전이다.

미륵사지석탑과 분황사모전석탑은 한국 석탑사에서 가장 먼저 건립된 탑들이기에 목조건축의 재현에 충실하고자 했던 일면이 가장 잘 드러난다. 이 가운데서도 가장 확연한 것은 초층 탑신에 형성된 공간이다. 미륵사지석탑에서는 십자형의 통로가 있는 공간이, 분황사모전석탑에서는 초층 탑신의 사방에 각각 독립된 공간이 구성되었다. 이처럼 초층탑신에 통로를 개설하고 사방에 공간을 마련한 것은 석탑의 규모와 직결된다. 그렇지만, 현존하는 한국의 불탑 중에서 미륵사지석탑과 분황사모

■ 탑리오층석탑 1층 탑신 감실 ■

■ 고선사지 삼층석탑 1층 탑신 문비형 ■

전석탑과 같은 규모를 지닌 탑은 이 두기에 불과하다. 이는 양 석탑의 건립 이후에 건립되는 석탑의 규모가 축소되었음을 바로 보여주는 것이다.[61] 따라서 양 석탑에서 구축된 초층 탑신의 공간은 신라석탑에서 적극적으로 변화를 시도한다. 즉, 신라석탑 사상 두 번째로 건립된 탑리오층석탑에는 기단과 탑신부의 규모가 축소됨에 따라 초층 탑신의 전면에만 감실을 조성해 공간성을 직접 보여주고 있다. 그렇지만, 이후 건립되는 석탑에서는 초층 탑신에 판석형의 석재가 사용되는 구조적 변화가 나타나 감실을 조성하는 데 기술적인 문제가 대두되었다. 이에 따라 통일직후에 건립된 고선사지 삼층석탑에서는 초층 탑신에 목조건축에서의 문을 형상화한 門扉形이 표현되고 있다. 이 같은 변화는 앞서 건립된 분황사모전석탑이나 탑리오층석탑에 표현된 감실 조성의 어려움을 일순간에 해결하면서 석탑이 상징성을 지닌 신앙의 대상물로 확고한 위치를

---

61 이 같은 경향은 백제시대의 정림사지 오층석탑, 신라시대의 의성 탑리오층석탑과 통일 직후에 건립된 감은사지 동·서삼층석탑을 비롯해 이후에 건립된 석탑의 양식을 보아 그러하다는 것이다. 즉, 기단의 규모가 현저히 축소되고, 탑신부 또한 같은 양상을 보이고 있다. 이 같은 경향은 바로 건탑의 기술이 발전하고 있음을 보여주는 것으로도 이해된다. 한국 석탑에서의 이 같은 변화는 중국의 불탑에서도 같은 경향으로 나타난다. 즉, 현존하는 중국의 불탑 중 기단과 탑신부가 가장 큰 규모를 지닌 것은 앞서 언급한 사문탑이다. 하지만, 이후 건립되는 같은 계통의 불탑은 물론 樓閣式塔이나 密檐式塔 역시 기단부가 축소되고, 탑신 역시 高峻해 지고 있다.

┃ 장항리사지 서오층석탑 1층 탑신 문비형 ┃

구축하는데 기여한 것으로 생각된다.[62] 따라서 문비형은 괴체형의 탑신에 공간이 구성되어 있음을 암시해 주는 조식으로, 1차원적인 평면을 3차원으로 승화시킨 莊嚴으로 생각된다. 이후 장항리사지 오층석탑에서는 초층 탑신에 문비형을 모각하고, 이에 문고리를 달아 보다 적극적으로 탑신 내부에 공간이 있음을 보여주고 있다. 뿐만 아니라 문비 좌·우에 인왕상을 부조함으로써 이 같은 측면을 더욱 극대화 하고 있다. 결국 분황사모전석탑에 조성되었던 실체 출입이 가능했던 대형의 감실은 탑리오층석탑에 이르러 소형으로 변화되고, 통일 직후에 건립된 고선사지 삼층석탑에서 문비형으로 정형화되는 변화 과정을 보여준다. 그러므로 신라석탑은 물론 고려 및 조선시대 석탑에 이르기까지 주로 초층 탑신에 표현된 문비형은 분황사모전석탑의 감실에 그 연원이 있다고 말할 수 있다. 한편, 문비형의 조식이 가장 많이 등장하는 조형물은 9세기에 이르러 건립되는 승탑이다. 이 역시 스님의 사리를 봉안한 墓塔으로 목조건축을 충실히 재현했다는 데서 석탑과 동질성을 찾을 수 있다. 뿐만 아니라 통일신라시대에 조성된 팔각원당형 승탑의 경우 탑신에는 어김없이 문비형을 표현하고 있어 고선사지 삼층석탑에서 시작된 문비의 조식은 후대에 이르러 다른 유형의 조형물에도 영향을 주고 있음이 확인된다.

셋째, 초층 탑신의 감실 좌·우에 인왕상이 부조되어 있어 석탑에 등

---

62 朴慶植,「新羅 典型期 石塔에 대한 考察」,『文化史學』제20호, 韓國文化史學會, 2003, p.145.

장하는 표면장엄의 효시를 이루고 있다.

분황사모전석탑의 초층 탑신 네 벽에 구현된 감실의 좌·우에는 인왕상이 부조되어 있다. 仁王은 二王 또는 二天王이라 하기도 하고 金剛力士 또는 密迹金剛이라기도 하며 執金剛·夜又·那羅延天 또는 不可越의 上向이라고도 하는 등 다양한 명칭을 지니고 있으며 원래는 인도 재래의 門을 지키던 神을 불교화 시킨 護法神이다.[63] 따라서 분황사모전석탑의 감실 좌·우에 부조된 인왕상은 인왕 본래의 기능인 수문장의 역할을 충실히 수행한다는 의미를 구현한 것으로 생각된다. 뿐만 아니라 속세의 사악한 것들로부터 석탑을 수호하겠다는 적극적인 의지의 표현으로도 간주된다. 이처럼 분황사모전석탑에서 비롯된 인왕을 배치하는 양상은 8세기 이후에 건립되는 석탑에 이르러 사방불, 사천왕, 팔부신중, 십이지, 비천상 등 다양한 장엄조식이 탑 표면에 부조될 수 있는 계기를 조성했다.[64] 더욱이 이들이 지닌 의미가 탑 내에 봉안된 舍利의 수호 내지는 供養에 있다는 관점에서 볼 때[65] 신라석탑의 浮彫像은 불탑 내부에 봉안된 불사리에 대한 外護的 기능에 제 1위적 목적을 두고 이룩되었다고 볼 수 있다.[66] 따라서 신라석탑은 물론 고려 및 조선시대에 이르기까지 석탑에 부조된 다양한 장엄조식은 분황사모전석탑에서 그 연원을 찾을 수 있다고 생각된다.

634년에 건립된 분황사모전석탑은 단 한기만이 조성되었지만, 후대에 건립되는 분황사계 모전석탑에 막대한 영향을 주었고, 이 석탑에 구

63　文明大, 「韓國塔浮彫(彫刻)像의 연구(1): 新羅仁王像(金剛力士像)考」, 『佛敎美術』 4, 東國大博物館, 1979, p.39.

64　신라석탑에 부조된 장엄조식은 주로 9세기 석탑에 등장하는데, 10종류의 장엄이 확인되고 있다. 朴慶植, 『統一新羅石造美術研究』, 學硏文化社, 1994, p.102.

65　秦弘燮, 「塔婆」, 『國寶』6, 藝耕産業社, 1983, p.194.

66　張忠植, 「統一新羅 石塔浮彫像의 研究」, 『考古美術』154·155 合輯, 韓國美術史學會, p.115.

현된 여러 양식은 다음 시기에 건립되는 수많은 석탑에 지대한 영향을 끼쳤다. 특히 후대 석탑과 승탑에서 가장 많이 부조되는 문비형의 효시로서 감실이 조성되었는데, 그 주변에 부조된 인왕상은 10여 종에 이르는 석탑의 부조상으로 발전할 수 있는 기반을 이룩했다. 뿐만 아니라 안산암을 벽돌과 같이 치석해 조성한 동아시아 최초의 모전석탑인 분황사모전석탑은, 고려시대에 이르러 같은 계통의 석탑이 건립될 수 있는 양식적인 근거를 마련했다. 따라서 분황사모전석탑은 좁게는 신라석탑의 시원양식으로 분류되지만, 미륵사지석탑과 더불어 한국 석탑의 양식적 근간을 이룩하는데 중요한 위치를 차지하는 석탑으로 평가된다.

V

맺음말

한국 탑파사에서 가장 초두에 놓이는 불탑은 단연 백제의 미륵사지석탑과 신라의 분황사모전석탑이다. 전자는 그간 축적된 목조건축의 기술력이 석조건축으로 轉移된 최초의 석탑이다. 이와 더불어 후자는 기왕에 확립된 목조건축과 중국의 전탑 기술이 혼재되어 건립된 석탑으로 알려져 왔다. 이 같은 견해는 우현 고유섭 선생께서 주창하신 이래 한국 초기 석탑을 이해하는 밑거름이 되어 왔다. 이로 인해 기왕의 연구 경향은 이들 석탑이 지닌 양식 분석과 함께 후대 석탑과의 영향 관계에 집중되었다. 그 결과 미륵사지석탑과 분황사모전석탑에 대한 비교연구나 이들과 비슷한 시기 또는 앞서 건립된 중국 불탑과의 비교연구는 매우 소략하게 진행되어 왔다.

앞에서 살펴본 바와 같이 7세기를 전후한 중국에서는 樓閣式塔, 密檐式塔, 亭閣式塔 등 실로 다양한 불탑이 건립되었다. 이들 중 본서의 주제인 미륵사지석탑 및 분황사모전석탑과 양식과 구조적인 면에서 가장 높은 친연성을 지닌 것은 정각식탑이다. 따라서 이 유형의 불탑에 대한 양식과 구조에 대한 철저한 규명은 바로 한국 석탑의 시원양식의 기원을 찾는 데 매우 중요한 역할을 할 것이라 생각된다. 뿐만 아니라 미륵사지석탑과 분황사모전석탑에 대한 비교 연구 역시 백제와 신라에서 시작된 석탑의 건립의 출발점 및 양식과 구조적인 특성에서 상호 영향 관계를 파악할 수 있는 단초가 될 것이라 판단된다. 이 같은 관점에 따라 7세기를 전후한 시기에 중국에서 중심을 이루었던 정각형 불탑, 미륵사지석탑과 분황사모전석탑이 지닌 양식에 대해 상세한 고찰을 진행했고, 이를 바탕으로 정각불탑과 미륵사지석탑 및 분황사모전석탑은 물론 양 석탑을 비교 검토했다. 뿐만 아니라 양 석탑이 후대에 미친 영향에 대한 문제

또한 다뤘다. 앞에서 살펴본 내용을 정리해 보면 다음과 같다.

먼저 7세기를 전후한 시기에 중국불탑의 주류를 이루었던 정각형 탑을 그 기원과 조성재료에 따라 석탑과 전탑으로 구분하고 양식과 구조적인 문제에 대해 고찰했다. 중국에서 정각형 불탑은 운강석굴의 벽면에 부조된 양식으로 등장한다. 이어 불광사 조사탑을 건립하면서 지상의 건축물로 등장하고 있다. 따라서 정각형 불탑들은 운강석굴의 조성 연대에 비추어 볼 때 5세기 후반 경 북위에서 태동한 불탑의 새로운 양식이었다. 이후 북제시대에 이르러 563년에 조성된 靈泉寺 道憑法師塔에서 실물로 등장하지만, 이 무렵에는 지상의 환조 건축물로서 활발하게 건립되지 못했다. 그렇지만, 이 시기에 조성된 많은 불상의 광배에 장엄으로 조식된 것과 더불어 河北省 邯鄲市에 소재한 北响堂山石窟 중 大佛洞에 이르러는 매우 화려한 양식으로 부조되고 있다. 따라서 전체적인 양상을 보면 7세기 이전의 중국에서 새롭게 건립되기 시작한 정각형 불탑은 불광사 조사탑을 제외하면 주로 영천사 도빙법사탑에서와 같이 소형이거나, 운강과 북향당산석굴사원에서 보듯이 벽면에 부조탑으로 조성되었다. 그럼에도 불구하고 기능적인 측면에서 한편으로는 불상을 봉안하기 위한 전각, 다른 한편으로는 입적한 승려를 기리기 위한 묘탑으로 건탑 목적이 양분됨을 볼 수 있다. 이처럼 초기적인 형태의 정각형 묘탑은 다음 시대인 수와 당대에 이르러 대형 건축물로 건립되기 시작했는데, 재료 상 석재와 벽돌로 구분될 뿐만 아니라 건탑 목적 역시 더욱 분명해져 중국 불탑사의 한 장을 형성하게 된다.

정각형 석탑은 수나라 때 건립된 사문탑과, 당나라 때 건립된 영암사 혜숭탑 및 법흥사 사리탑 등이 현존하고 있다. 이 중 사문탑은 611년에 건립된 대형 석탑이다. 때문에 "석탑의 나라"로 알려진 우리나라 석탑의 발생과 완성이라는 면에서 중국 건탑문화와의 영향관계를 규명할 수 있는 매우 중요한 석탑이라 생각된다. 전체적으로 볼 때 낮은 기단과 이에 오르는 계단, 네 곳에 설치된 문, 내부에 개설된 공간과 구조, 옥개석의 양식 등에서 목조건축의 양식을 계승해 건립되었음을 알 수 있었다. 아울러 이들 석탑에 사용된 석재의 크기는 소위 모전석탑으로 불리기에는 적합하지 않을 만큼의 차이가 있음을 확인했다. 그리고 이러한 맥락에서 정각형 석탑을 북위시대 이래 줄곧 건립되어 오던 전통이 수나라 때 이르러 석조 불탑으로 계승되었고, 당나라를 거쳐 송과 명대에 이르기까지 지속적으로 건립된 불탑으로 보았다.

정각형 전탑의 전체적인 특징은 낮은 기단부, 방형의 평면, 탑신부의 출입시설과 내부 공간, 화사한 상륜부로 파악되었다. 물론 이 같은 양상은 정각형 석조탑파에서도 공통적으로 검출되는 양식이기도 하다. 그럼에도 불구하고 내부 구조와 상륜부는 확연한 차이를 보인다. 우선 내부 공간을 살펴보면, 정각형 석조탑파는 내부에 충분한 공간이 확보되어 탑 내부를 일주하거나 예불행위를 할 수 있다. 이에 반해 정각형 전조탑파는 수정사탑을 제외하면 공간이 협소해 예불은 차치하고 출입조차 어렵다. 이 같은 공간 규모의 차이로 인해 이 유형의 탑은 다시 두 계통으로 구분된다. 즉, 내부에 공간이 확보된 경우는 사문탑(611년)·수정사탑(627~659년)·법흥사 사리탑(673년)·영암사 혜숭탑(742~755년)의 계보를 이루며 발전을 하게 된다. 반면 공간이 확보되지 못한 경우는 불광사 조사탑에서 시작되어 소림사 동광선사탑(770年)과 법완선사탑(791年) 그리고 법왕사 탑(3기)으로 계승되고, 주로 승려의 묘탑으로 건립된다. 그러므로 정각형 탑파는 당초부터 한국과는 달리 불탑과 부도의 양식을 뚜렷하게 구분하여 정립하지 않고 동시에 활용된 양식임을 알 수 있다. 한편 양 탑이 지닌 양식적 차이는 상륜부에서도 확인된다. 즉, 석조탑파에 비해 전조탑파의 상륜부는 석재와 벽돌을 함께 사용했는데, 석재로 조성된 부분에 부조된 가릉빈가와 연화문 등 화사한 조식이 특징이다.

정각형 석탑과 전탑은 초층 탑신에 감실을 조성하고 불상을 봉안하는 공통점을 지닌다. 이는 불탑을 佛堂, 宗廟, 堂宇의 관념으로 이해했던 後漢代 이래의 인식이 작용한 결과라 생각된다. 또한 탑의 전면에 감실을 조성하고 불상을 봉안하는 인도의 전통이 신강지역에 전래되고, 운강석굴에 이르러서는 정각형 불탑에 불상이 봉안된 양상으로 나타났음을 알 수 있다. 5세기 후반 경에 발생한 정각형 불탑은 수와 당대를 거치면서 승려의 사리탑으로 건립되면서 중국 불탑의 한 장르로 자리 잡은 것이다. 즉, 정각형 불탑은 비록 양식적으로는 단순하지만, 가장 초기적인 중국 불탑의 양상을 파악하는데 핵심적인 자료라 할 수 있다.

중국에서는 정각형 불탑이 주류를 이루던 7세기를 전후한 시기의 백제와 신라에서는 미륵사지석탑과 분황사모전석탑이 건립되었다. 639년(백제 무왕 40년)에 건립된 미륵사지 석탑은 조성재료만 석재로 바뀌었을 뿐, 양식적인 면에 있어서는 세세한 부분에 이르기까지 모두 기존에 축적된 목조건축의 전통을 재현한 석탑이다. 결과적으로 눈에 보이는 것은 석탑이지만, 마치 그 구조는 목탑을 바라보는 것 같은 착각이 들 정도로 정교하고 섬세하게 돌을 다듬어 건립하였던 것이다. 이 같은 면면은 2층으로 축조된 기단, 초층 탑신에 구현된 초석과 민흘림기둥·출입문·내부에 구성된 십자형의 공간·통로 중앙에 위치한 심주,·옥개석에 구현된 전각의 반전 및 체감비 등 석탑 곳곳에서 목조건축의 요소가 분명하게 확인된다.

뿐만 아니라 석탑의 건립에 수천 매의 석재를 사용한 탓에 상부로부터 누르는 하중을 분산시키는 문제가 시급한 당면과제로 대두되었을 것이다. 석탑을 건립했던 조탑공들은 이를 위해 벽체와 적심체가 각각 하중을 받고, 그 무게를 분산시킬 수 있는 이원구조체로 건립했다. 이 같은 구조가 적용된 미륵사지 석탑에서는 벽체를 구성하는 면석과 기둥 그리고 초석은 외벽체의 하중을 받아내고, 내부를 충적한 석재의 하중은 1층 탑신의 십자형 통로를 중심으로 외곽에 구축된 방형의 적심체가 받아낸다. 이와 같은 이원적 구조는 6층까지의 높이만 14.2m에 이르는 거대한 석탑을 지탱하는 기술적인 원동력이다. 이러한 미륵사지석탑 건립으로 이제까지 나무로만 집을 짓던 백제인들은 석재를 사용하는 건축 능력을 과시하고 검증받으며 그들 스스로 상당한 자부심과 긍지를 느꼈으리라 짐작된다. 더욱이 처음 건립한 석탑이 9층 높이라는 사실은 그들의 경제력·기술력과 더불어 투철한 신앙심을 대변한다. 나아가 주변지역에서 쉽게 구할 수 있는 화강암—특히 익산지방에서 산출되는 황등석을 재료로 활용했다는 점에서 자연친화적인 발상이 돋보인다. 게다가 이를 통해 等身大의 석불 조성은 물론 석등에 이르기까지 다양한 석조 조형물을 건립할 수 있는 바탕을 마련했다. 이로써 미륵사지석탑은 규모나 양식, 구조적인 면에서 볼 때 중국의 불탑과는 완전히 다른 시각에서 건립되었음을 알 수 있다.

신라 역시 634년(신라 선덕여왕 3년)에 분황사모전석탑을 건립하면서 신라석탑의 기원을 열었다. 이 석탑은 안산암을 벽돌과 같이 자르고 다듬어 건립한 탓에 '模塼石塔'으로 분류되고 있다. 백제와는 달리 석재의 치석방법이 벽돌과 동일하다는 점에서 분황사모전석탑은 기왕의 목탑과 중국의 전탑 양식이 혼재되어 건립된 것으로 이해되어 왔다. 그러나 이 석탑을 모전석탑으로 보는 견해에 대해서는 분황사와 황룡사 등 석탑이 건립될 당시에 건립된 사찰들에 대한 발굴조사 결과에서 보듯이 "벽돌의 생산에 따른 어려움으로" 단정하기에는 문제가 있어 보인다. 이와 관련하여 7세기 이전에도 중국에서는 숭악사 전탑과 법왕사 塼塔이 현존하고 있지만, 당시 주류를 이루었던 정각형 불탑은 모전석탑이 아니라는 사실도 고려되어야 할 것이다. 이러한 맥락에서 신라인들이 벽돌 생산보다 시간과 경비가 더 많이 소모되는 모전석탑을 건립했음은 중국 전탑 양식의 전래로 보지 않고 인도 석탑의 양식이 전래된 결과로 이해했다. 그리고 이 모전석탑이 비록 현재 3층까지만 남아있지만, 본래는 9층으로 조성되었음을 밝혔다. 나아가 초층 탑신 사면에 개설된 출입구와 내부 공간은 목조건축의 공간성을 구현하고자 했던 의지의 발현으로 보았다.

미륵사지석탑과 분황사모전석탑의 양식과 특성을 규명하기 위해서는 이들과 앞서거나 비슷한 시기에 건립된 중국의 불탑과의 비교 연구가 필수적으로 뒤따라야 한다. 이러한 문제의식 하에서 양 석탑과 건립 연대 뿐만 아니라 양식과 규모면에서 가장 비슷한 신통사 사문탑(611년) 과의 비교 연구를 진행했다.

신통사 사문탑과 미륵사지석탑에 대해 양식과 구조적인 면에서 비교 연구를 진행한 결과, 양 석탑은 기단을 구축하고 탑신부에 공간을 구성 하는 등 곳곳에서 목조건축을 재현했다는 공통점은 있을지언정, 세부적 인 면에 있어서는 완전히 다른 각도에서 건립된 불탑임을 알 수 있었다. 이 같은 면면은 층수에서 확인된다. 사문탑은 당초부터 1층으로 계획되 고 건립되었지만, 미륵사지석탑은 9층으로 설계되고 축조된 탑이었다. 이 같은 규모의 차이는 기술적인 측면에서 空筒式과 가구식과 조적식이 혼합된 이원구조체라는 분명한 차이로써 나타난다.

특히 탑신부에 구성된 공간에 있어 사문탑의 경우는 일단 문을 들어 서면서 불상을 대하고 사방을 일주할 수 있는 구조인 반면, 미륵사지석 탑은 십자형의 통로와 중앙에 심주가 조성된 탓에 되돌아 나올 수밖에 없는 구조이다. 뿐만 아니라 문을 들어섰을 때 전자가 불상을 대면하는 구조라면, 후자는 숨체를 대면하는 구조이므로 불탑의 본래 기능에 더욱 충실했던 것은 미륵사지석탑이라고 할 수 있다. 게다가 사문탑의 옥개석 은 상·하면에 층단형 받침이 조출됨과 동시에 처마가 일직선으로 형성 되어 전탑의 그것과 동일한 양식이다. 이에 반해 미륵사지석탑은 옥개석 의 하면에는 층단형 받침이 조출되었지만, 상면은 목조건축의 지붕과 같 이 낙수면을 형성했다. 게다가 처마는 전각에서 반전을 이루고 있어 목 조건축의 지붕을 충실히 재현하고 있다. 이처럼 양 석탑은 부분적으로는 동일한 요소를 지니고 있지만, 근본적으로는 양식적인 면에서나 구조적 인면에서 완전히 다른 양상을 보이고 있었다. 즉, 미륵사지석탑의 건립 으로 한국은 전탑의 나라 중국과 대별되는 석탑의 나라로 발전할 수 있 는 중요한 전기를 마련했다. 나아가 7세기 초반 백제에서 미륵사지석탑 을 통해 이룩한 재료의 변환과 기술력은 바로 중국의 불탑문화와는 차별화된 길로 들어서는 요인이 되었고, 이는 신라로 계승되고 더욱 발전한 결과 한국 석탑의 定型을 확립하는데 시금석이 된 것으로 생각된다. 그러므로 불교문화의 한 축을 이루는 불탑에 근거할 때 중국은 중국대로, 한국은 한국대로 각각의 자연환경과 축적된 기술력을 바탕으로 독자적인 문화를 구축해온 것이다. 요컨대 미륵사지석탑은 그간 축적된 모든 방면의 기술력과 예술적인 역량의 집약체인 석조문화의 寵兒이자, 한국이 중국과는 다른 불교문화를 발전시킬 수 있는 시금석이라 할 수 있다.

신통사 사문탑은 분황사모전석탑의 건립에 지대한 영향을 미친 것으로 이해되어 왔다. 이 같은 통설의 타당성을 검증하기 위해 사문탑과 숭악사 12각15층전탑 및 법왕사 15층전탑과 다각적인 면에서 양식과 구조에 대한 비교를 진행해 보았다. 그 결과 분황사모전석탑은 중국 초기 불탑과의 양식적 연관성은 거의 없는 것으로 파악되었다. 특히 중국 전탑의 영향설을 강력하게 뒷받침하던 옥개석의 양식 문제 역시 층단형을 이루는 점에서는 동일하지만, 양식적으로는 서로 다르다는 점을 검토했다. 뿐만 아니라 이제껏 모전석탑으로 분류했던 사문탑 역시 사용된 석재의 크기로 보아 이 범주에 포함시키기 어려운 층적식 석탑임을 확인했다. 그러므로 옥개석은 물론 탑신의 축조방법 등에서 보인 확연한 차이점은 분황사모전석탑이 사문탑이나 중국 전탑의 영향을 받아 건립되지 않았음에 대한 분명한 반증인 것이다. 게다가 탑신부에 구성된 공간 역시 분황사모전석탑은 각각 독립된 구조를 지니고 있어 내부에 불상을 봉안하고, 사방을 일주할 수 있는 사문탑과는 완전히 다른 양식이다. 한편 이제껏 산동반도 지역에 산재한 모전석탑으로 분류된 여러 불탑들과 비교해 보아도 건탑에 모두 장대석 크기의 석재를 사용했고, 空筒式으로 축조되었다는 점에서 석재를 벽돌과 같이 다듬어 층적식으로 건립한 모전석탑은 동아시아에서 분황사모전석탑이 유일함을 파악했다.

이와 더불어 미륵사지석탑과 분황사모전석탑에 대한 비교 연구 또한 진행하였다. 양 석탑은 모두 파괴되어 원형을 상실하여 기단부와 1

층 탑신을 중심으로 비교 연구를 진행했다. 양 석탑의 비교에서 가장 주목해야 할 사항은 미륵사지석탑이 조적식과 가구식이 포함된 이원구조체라면, 분황사모전석탑은 충적식의 구조라는 점이다. 이러한 차이점은 한편으로는 양 석탑의 지닌 재료의 상이성에, 다른 한편으로는 백제와 신라가 보유한 명백한 기술력의 격차에 기인한다. 기술력과 관련하여 눈길을 끄는 사실은 중국에서 시행되고 있는 실심체 구조와는 완전히 다른 양태를 보이고 있어 백제와 신라는 중국과도 차별된 기술력을 보유하고 있다는 점이다. 이와 같이 중국과 구분되는 미륵사지석탑과 분황사모전석탑에서 확인된 구조체, 특히 미륵사지의 그것은 통일신라는 물론 조선시대에 건립되는 석탑의 기단부에서도 확인되고 있다. 따라서 7세기에 건립된 석탑에서 확인된 이원구조체의 구축법은 한국 석탑의 기술적인 근간임을 알 수 있다. 더불어 양 석탑에서 확인되는 기단부의 이층기단과 층단식 기단의 양상, 초층 탑신에 구현된 4문과 더불어 내부의 구조에는 공통점만큼이나 분명한 차이점이 존재함을 검증할 수 있었다. 한편 양 석탑에서 파악된 옥개석의 양상은 분명한 양식적 차이점에도 불구하고, 석재를 조립하는 보편적인 기술력이 적용된 결과로 이해했다. 이와 같은 결과를 종합할 때 백제와 신라는 각각 독자적인 기술력으로 석탑을 건립했음이 분명해진다.

마지막으로, 미륵사지석탑과 분황사모전석탑에서 시작된 다양한 양식이 이후 건립되는 석탑에 미친 영향에 대해 살펴보았다. 이로써 미륵사지석탑에서 시도된 이원구조체는 신라석탑의 기단부를 구성하는데 절대적인 영향력을 행사했음을 확인할 수 있었다. 뿐만 아니라 석재와 석재를 결구하는 수법 역시 의성 탑리 석탑을 거쳐 통일 직후에 건립되는 감은사지 삼층석탑은 물론 조선시대의 석탑에까지 영향을 미치고 있어, 미륵사지석탑은 가히 "한국 석탑의 大夫"라 불리질 만한 위치를 점하고 있음을 알 수 있었다. 미륵사지석탑은 기왕에 건립되어온 목탑을 석재로 번안한 최초의 석탑으로 향후 다양한 석조건축과 석불이 조성될 수 있는 바탕을 마련한 탑이다. 비록 백제시대에는 단 한기의 건립에 그치고 있었지만 고려시대에 이르러 건립되는 수많은 "백제계석탑"에 영향을 주었다. 이와 더불어 분황사모전석탑 역시 이후 건립되는 석탑에 지대한 영향을 주었음을 파악할 수 있었다. 즉, 감실의 조성에서 이를 간략화시킨 문비형으로의 발전, 문 옆에 인왕상을 부조함으로써 향후 10여 종의 장엄조식이 석탑을 비롯한 다양한 석조물에 등장할 수 있는 모티프를 제공했다. 뿐만아니라 고려시대에 이르러 건립되는 "신라계석탑" 중에서 분황사계 모전석탑이 건립될 수 있는 기반을 구축했다. 이같은 면면을 통해 미륵사지석탑과 분황사모전석탑은 백제와 신라에서 각각 1기씩만 건립되었지만, 이에 구현된 제반 양식은 통일신라는 물론 고려시대에 이르기까지 지속적이고 방대한 영향을 끼쳤음을 알 수 있다.

중국과 한국은 불교를 숭상했다는 점에서 문화적 기반을 공유한다. 때문에 양국 문화의 저변에는 불교문화를 공통분모로 삼는 보편적인 측면과 함께 각기 독자적인 문화적 역량을 발현시킨 특수한 측면이 공존한다. 이 중 우리가 주목해야 할 점은 후자인 바, 이 책의 주제인 불탑에서 볼 때 전탑과 석탑이라는 유형은 물론 사용된 재료와 양식상의 차이가 그것이다. 앞에서 살펴 본 바와 같이 북위시대에서부터 당에 이르기까지 건립된 정각형불탑은 중국 역사상 누각식과 더불어 가장 먼저 건립된 불탑의 유형이었다. 때문에 이 불탑에는 중국 불탑의 가장 초기적인 양식이 내재되어 있음은 자명하다.

7세기 초반에 건립된 신통사사문탑(611년)과 미륵사지석탑(639년) 및 분황사모전석탑(634년)은 양식적인 면에서는 부분적으로 공통점이 확인되지만, 전체적인 면에서는 영향 관계를 논할 수 없을 만큼 서로 다른 계통의 불탑임을 확인할 수 있었다. 따라서 불탑의 건립과 발전이라는 측면에서 볼 때, 백제와 신라는 결코 중국의 문화적 영향력에 종속된 나라가 아니었음이 분명하다. 미륵사지석탑과 분황사모전석탑에 내재된 양식과 기술력은 중국의 초기 불탑으로부터 영향을 받아 건립된 것이 아니다. 이들은 석재를 주재료로 선택했고, 목조건축의 기법을 완벽하게 적용·변안해 한국 석탑의 양식을 완성했다는 점이 이를 반증한다. 이같은 필자의 관점은 석탑에만 국한되는 것이 아니라, 여러 유형의 조형물에서도 적용될 수 있다고 생각하는데, 이러한 측면은 이미 김원룡 선생에 의해 지적된 바 있다. 신라 팔각원당형석조부도의 기원에 대해 피력한 아래의 관점이 그것이다.

"8세기 쯤 해서 中國式舍利塔의 아이디어가 들어왔고 그것을 받아들일 때 신라의 工匠들이 팔각탑신 밑에 在來式 佛臺座形式을 변화시켜 첨가해서 하나의 韓國式舍利塔을 만들어 냈다고 생각된다. 또 중국식을 따른 山雲文式에 있어서도 龍을 가하고 또 팔각형이라는 기본형을 망각하지 않은 한편 雲龍紋 자체를 自體內에서 변화시켜 마침내 순 한국식형식으로 끌어갔다고 할 수 있다"[1]

즉, 사리탑의 건립에 대한 아이디어와 양식은 중국으로부터 전래되었지만, 당시 장인들은 이를 그대로 수용한 것이 아니라 신라 특유의 팔각원당형 승탑으로 발전시고 정착시켰음을 밝힌 것으로 이해된다. 이같은 논리는 앞서 살펴본 7세기 한국과 중국의 불탑 발전사에도 그대로 적용됨을 알 수 있다. 백제와 신라는 중국으로부터 불탑건립에 관한 모든 것을 수용했지만, 이를 그대로 적용한 것이 아니었다. 자국의 자연적 환경과 문화적 역량에 걸맞은 석탑 즉, 동아시아에서 前無後無한 미륵사지석탑과 분황사모전석탑을 건립한 것이다.

---

1 金元龍, 「唐朝의 舍利塔」, 『考古美術』4권 4호, 考古美術同人會, 1963.

VI
—
부록

참고문헌

1. 사료

『三國史記』, 『三國遺事』, 『新增東國輿地勝覽』, 『東京雜記』,

2. 저서

高裕燮, 『韓國塔婆의 研究』, 乙酉文化社, 1947.

_____, 『韓國美術史 及 美學論攷』, 通文館, 1963,

_____, 『韓國建築美術史草稿』, 考古美術資料 第 6輯, 考古美術同人會, 1964.

_____, 『韓國塔婆의 研究 - 各論草稿』, 考古美術資料 第 14輯, 韓國美術史學會, 1967.

_____, 『韓國塔婆의 研究』, 同和出版公社, 1975.

金禧庚, 『韓國塔婆研究資料』, 考古美術同人會, 1968.

박경식, 『한국의 석탑』, 학연문화사, 2008.

朴興國, 『韓國의 塼塔研究』, 學研文化史, 1998.

新羅文化宣揚會, 『芬皇寺의 諸照明-新羅文化祭學術發表論文集』, 1999.

張忠植, 『新羅石塔研究』, 一志社, 1987.

秦弘燮, 『韓國의 塔婆』, 『國寶』6, 藝耕産業社, 1983.

정영호, 『한국의 석조미술』, 서울대학교 출판부, 1998,

천득염, 『백제계석탑 연구』, 전남대학교 출판부, 2000,

黃壽永, 『黃壽永全集』, 도서출판 혜안, 1999.

羅哲文,『中國古塔』, 中國靑年出版社, 1985.

河南省古代建築硏究所・河南人民出版社,『宝山靈泉寺』, 1991.

羅哲文,『中國古塔』, 河北少年儿童出版社, 1991.

朱耀廷 外,『古代名塔』, 遙寧師範大學出版社, 1996.

常靑,『中國古塔』, 陝西人民美術出版社, 1998.

肅黙 主編,『中國建築藝術史』, 文物出版社, 1999.

張馭寰,『中國塔』, 山西人民出版社, 2000,

淸州市博物館,『淸州北朝佛敎造像』, 北京出版社, 2002.

郭學忠 外,『中國名塔』, 中國撮影山版社, 2002.

劉繼文,『濟南神通寺』, 山東友誼出版社,, 2005.

張馭寰,『中國佛塔史』, 科學出版社, 2006.

朝鮮總督府,『朝鮮古蹟圖譜』, 3, 1915.

關野貞,『韓國建築調査報告』, 1904.

藤島亥治郎,『建築雜誌』1930.5 및 1933.12.

SUSAN L.HUNTINGTON, THE ART OF ANCIENT INDIA, WEATHERHILL
　　　　New York・Tokyo, 1993.

3. 보고서

경주시・(재)계림문화재연구원,『경주 감은사지 동삼층석탑 해체수리보
　　　　고서』, 2011.

　　　　　　　　　　　　　　　,『경주 나원리 오층석탑 해체수리보고서』, 2011.

국립부여문화재연구소,『益山 彌勒寺址 東塔址 基壇및 下部調査報告書』,
　　　　1992.

국립문화재연구소・전라북도,『미륵사지석탑 해체조사보고서Ⅰ・Ⅱ・
　　　　Ⅲ・Ⅳ』, 2003・2004・2005・2011.

　　　　　　　　　　　　　　,『미륵사지석탑 사리장엄』, 2013.

국립문화재연구소·경주시,『불국사 다보탑 수리보고서』, 2011.

國立慶州文化財研究所,『芬皇寺發掘調査報告書 I 』, 2005.

국립부여문화연구소,『미륵사지 서탑-주변발굴조사 보고서』, 국립부여
　　　문화재 연구소, 2001.

동국대학교 경주캠퍼스박물관,『錫杖寺址』, 1994.

문화재관리국 문화재연구소,『미륵사 유적발굴조사보고서 I 』, 1989.

　　　　　　　　　　　　　　,『미륵사 유적발굴조사보고서 II 』, 1996.

문화재관리국,『彌勒寺址 東塔址 復元設計報告書』, 1990.

文化財管理局,『芬皇寺石塔實測調査報告書』, 1992.

미륵사지유물전시관,『미륵사지 석탑』, 2001 및『기록으로 보는 미륵
　　　사』, 2004.

원광대마한백제문화연구소,「益山 彌勒寺址 東塔址 및 西塔 調査報告
　　　書」,『마한백제문화』창간호, 1975.

　　　　　　　　　　　　,『彌勒寺址 東塔址 二次發掘 調査報告書』, 1977.

4. 논문

高裕燮,「朝鮮의 塼塔에 대하여」,『韓國美術史及美學論考』, 通文館,
　　　1963.

＿＿＿,「전형양식의 석탑과 미륵사지 석탑」,『백제연구』1, 원광대학교
　　　마한백제문화연구소, 1975.

＿＿＿,「미륵사탑과 정림사탑」,『고고미술』164, 한국미술사학회, 1984,

金善卿,「靈泉寺 塔林硏究 試論」,『美術史學研究』260, 韓國美術史學會,
　　　2008.

남시진,「감은사지 삼층석탑 구조」,『문화재』38호, 국립문화재연구소,
　　　2005.

文明大,「韓國塔浮彫(彫刻)像의 研究(1)-新羅 仁王像(金剛力士像) 考-」,

『佛敎美術』4, 東國大學校 博物館, 1978.

朴慶植, 「芬皇寺 模塼石塔에 대한 考察」, 『芬皇寺의 諸照明』, 新羅文化宣揚會, 1999.

_____, 「新羅 始原期 石塔에 대한 考察」, 『文化史學』제19호, 韓國文化史學會, 2003,

_____, 「新羅 典型期 石塔에 대한 考察」, 『文化史學』제20호, 韓國文化史學會, 2003.

_____, 「백제계석탑의 건립 배경에 대한 고찰」, 『문화사학』24, 한국문화사학회, 2005.

_____, 「四門塔에 대한 小考」, 『文化史學』27號, 韓國文化史學會, 2007.

_____, 「隋·唐代의 佛塔硏究(Ⅰ)-亭閣形 石造塔婆」, 『文化史學』29號, 韓國文化史學會, 2008.

_____, 「彌勒寺址 石塔과 隋·唐代의 亭閣形佛塔과의 比較」, 『白山學報』92號, 白山學會, 2012.

_____, 「분황사 모전석탑의 양식 기원에 대한 고찰」, 『신라문화』41집, 동국대학교 신라문화연구소, 2013.

_____, 「隋·唐代의 佛塔硏究(Ⅱ)-亭閣形 塼造塔婆」, 『동양학』53집, 단국대학교 동양학연구원, 2013.

_____, 「미륵사지 석탑과 분황사 모전석탑의 비교 고찰」, 『백산학보』98호, 백산학회, 2014.

_____, 「백제석탑의 독창성과 한국 석탑에 미친 영향-미륵사지 석탑을 중심으로」, 『백제연구』62집, 충남대학교 백제연구소, 2015.

申龍澈, 『統一新羅 石塔 硏究』, 東國大學校 大學院 美術史學科 博士學位論文, 2006,

嚴基杓, 「中國 小林寺의 唐代 僧墓塔 考察」, 『忠北史學』19집, 忠北大學校 史學會, 2007.

_____, 「백제석탑의 선후에 대한 고찰-목조건축 요소를 중심으로」, 『문

화사학』16호, 2001.

이경회, 「한국석탑양식과 그 변천에 관한 계통적 연구」, 연세대학교 건축
　　　공학과 석사학위논문, 1964,

李殷昌, 「百濟樣式系石塔에 대하여」, 『佛教學報』3·4, 佛教文化研究所,
　　　1966,

이희봉, 「신라 분황사 탑의 ‘模塼石塔 說’에 대한 문제 제기와 고찰」, 『건
　　　축역사연구』제20권 2호, 대한건축학회, 2011.

林永培 千得琰 朴益秀, 「韓國과 中國의 塔婆形式에 관한 研究(Ⅱ)-初期塔
　　　婆의 類型을 중심으로」, 『대한건축학회논문집』통권 44호, 1992.

장경호, 「백제 탑파 건축에 관한 연구」, 『백제논총』3, 백제문화개발연구
　　　원, 1992,

張忠植, 「新羅模塼石塔考」, 『新羅文化』1, 東國大 新羅文化研究所, 1984.

＿＿＿, 「統一新羅 石塔浮彫像의 研究」, 『考古美術』154.155 合輯, 韓國美
　　　術史學會.

전지혜, 「백제양식석탑의 형성과 전개의 시발점」, 『문화재』42-4. 국립문
　　　화재연구소, 2009.

정선종, 「백제계 석탑에 관한 일고찰」, 『사학지』20, 단국사학회, 1986,

鄭永鎬, 『新羅石造浮屠研究』, 단국대 박사학위논문, 1974.

정주성 외, 「한국석탑의 백제 양식에 관한 연구」, 『대한건축학회 학술대
　　　회논문집』8-2, 대한건축학회, 1988.

정주성, 「한국석탑의 백제양식에 관한 연구」, 전남대학교 건축공학과 석
　　　사학위논문, 1989,

＿＿＿, 「백제양식계 석탑의 조형특성에 관한 연구」, 『대한건축학회논문
　　　집』5-3, 대한건축학회, 1989,

＿＿＿, 「백제계석탑의 구성 요소 분석에 관한 연구」, 『대한건축학회논문
　　　집』6-1, 대한건축학회, 1990

＿＿＿, 「백제계 석탑의 조영특성과 변천에 관한 연구」, 『건축역사연구』

2-1, 한국건축역사학회, 1993

_____,「백제계석탑과 신라석탑의 비교론적 고찰」,『건축역사연구』4-1,
한국건축역사학회.

조은경,「미륵사지서탑 축조의 구조 원리에 관한 기초 연구」, 文化財제
42권 제2호, 2009.

_____,「미륵사지석탑의 목구조 표현과 해석」,『대한건축학회논문집』통
권 266호, 2010.

조은경·박언곤,「고대 동아시아 불탑 구조체계를 통해 본 미륵사지 석
탑」,『건축역사연구』통권 78호, 2011.

曺忠鉉,『後漢代 佛塔 認識과 起源 問題』, 檀國大學校 大學院 史學科 碩
士學位論文, 2010.

周炅美,「분황사 석탑 출토 불사리장엄구의 재검토」,『시각문화의전통과
해석』, 예경, 2007.

홍재선,「백제계 석탑의 연구」,『초우 황수영박사 고희기념 미술사학논
총』, 통문관, 1988,

長廣敏雄,「雲岡の中層塔」,『中國美術論集』, 講談社, 1984.

鳴慶洲,「中國佛塔塔剎形制研究 上」,『古建园林技術』1994年 4期.

_____,「中國佛塔塔剎形制研究 下」,『古建园林技術』1995年 1期.

解金昌,「北魏王朝與雲岡石窟」,『北朝研究』總第15期, 平城北朝研究會,
1994, p.151.

孫機,「我国早期单层佛塔建筑中的粟特因素 下」,『宿白先生八秩华诞纪念
文集』, 2003.

찾아보기